노자老子
도덕경道德經

빅뱅 前 後

老子 道德經

빅뱅전후

뜻풀이 : 時間관찰자

머리말

나는 누구지?

나를 찾는 여정은 이런 질문에서 시작된다.
아주 어린 나이에, 더러는 인생의 후반전에 이런 이상한 질문을 던진다.
내가 나에게 묻는다. 나는 누구냐고.
매우 쉽게 답할 것처럼 느껴지는 이 질문에 답하기 어렵다.

집으로 돌아오는 길은 언제나 익숙하다.
우리는 육체의 집을 찾는데 불편함을 느끼지 않는다.
하지만 정신의 집을 찾는 것은 참으로 난감하다.
우리는 왜 정신의 집을 찾는 것이 그리 어려울까?
내가 누구인지 모르기 때문이다.

그 이유는 이렇다.

육체의 집은 항상 그 자리에 있지만
마음의 집은 끊임없이 움직이고 변하기 때문이다.
우리는 수시로 변덕 부리는 그 마음을 잡지 못하고 쫓기듯 살아간다.
나를 찾는 과정은 항상 그 자리에 있는 마음의 집을 발견하는 것이다.

빅뱅 전前, 후後

生氣를 부여하고 만물을 이롭게 하려는 것이 神의 의지다.
神이 우리에게 요구하는 것은 살라는 것이다. 죽지 말라고 한다.
우리가 직면한 가장 큰 문제다.
神은 우리에게 사는 방법만 가르쳤고 죽는 방법을 가르쳐주지 않았다.
어쩌면 스스로 찾아보라고 숙제를 남겼을지 모른다.

生氣를 부여했으니 生氣를 앗아가는 것도 神의 의지가 분명할 것인데
우리는 죽음에 익숙하지 않다.
내가 소유한 生氣를 빼앗기는 것이 극도로 두렵다.

그렇다.
우리는 生을 살면서 死의 세상에 대한 두려움을 상쇄하고자
종교, 철학에서 마음의 집을 쫓는다. 그 어딘가에 불멸이 있을 거라 믿으면서…

求道의 길은 녹록하지 않았다.
마음의 집을 찾기 어려웠다. 지금도 여전히 모르겠다.
다만, 이젠 더 이상 나를 찾지 않을 것이다.

지구 四季의 순환원리를 찾는 과정에 地藏干을 만났다.
시간과 공간이 끊임없이 이어져 있음을 느꼈다.
하지만 나는 없었다. 그래서 태양계로 나가고,
우주가 열리던 순간으로 돌아가니
내친김에 그 이전까지도 보고 싶다는 욕심이 생겼다.

노자老子 도덕경道德經

표현은 거창하지만 매우 쉬운 것이다.
빅뱅 이전이 있었기에 빅뱅 이후가 있었으니까.
왜 거기까지 갔을까 곰곰이 생각해보니 내 마음의 집을 찾기 위해서였다.
익숙하고 편안한 집을 찾기 위해서 빅뱅의 순간까지 갔던 것이다.

2016년 丙申年.
老子가 궁금해졌다.
그 이전에 가끔 들춰보았던 노자의 생각은 매우 어려웠다.
도대체 무슨 말을 하는 것인가?

그러던 어느 날
노자가 빅뱅이전과 이후를 설명하고 있음을 느꼈다.
천지창조 과정을 설명하는 것이구나.!
神의 의지가 무엇인지 설명하는 것이구나.!

도덕경을 번역한 책은 참으로 많다.
하지만 노자의 생각을 빅뱅이전과 이후로 나누어 설명하는 책은 찾지 못했다.
오로지 노자가 무엇을 말하는지에만 집중했다.
4종류의 판본도, 다양한 해설서들도 넘쳐나지만
노자의 생각을 따라잡으려고 노력했다.

빅뱅 전前, 후後

노자의 의도는 명확했다.
빅뱅 이전과 이후를 설명하면서 神의 의지를 보여주었을 뿐만 아니라
나를 찾는 길을 제시하고 있었다.
흔들리지 않는 마음의 집을 찾으라는 것이었다.

바로 노자의 道였다.

道德經은 나를 찾는 과정에 반드시 읽어야할 지침서다.
그는 매우 독특한 길(道)을 제시한다.
너무도 황당하게 느껴져서 대부분 터무니없다고 던져버리고 만다.
내가 누구인지 답하는 자 극히 드문 이유다.

나는 누구인가?
老子 道德經에서 그 길을 찾기를 희망하며……………

2021년 1월 19일
時間관찰자

차례

|제1부| 노자老子는 왜 도덕경道德經을 남겼을까?

제1장 노자老子는 왜 도덕경道德經을 남겼을까? ·············· 13

|제2부| 도덕경道德經 본문本文

제1장 빅뱅 이전 ··· 49

01 움직임을 멈추지 않는다 · 51
道德經 25章 51 | 道德經 4章 61 | 道德經 56章 70

02 근본 틀은 변할 수 없다 · 73
道德經 6章 73 | 道德經 26章 78 | 道德經 16章 83 | 道德經 32章 87
道德經 28章 92 | 道德經 36章 97 | 道德經 35章 101

03 인간의 능력으로는 알 수 없다 · 105
道德經 14章 105 | 道德經 15章 110 | 道德經 21章 115 | 道德經 41章 119
道德經 67章 123 | 道德經 70章 128

04 크다 · 131
道德經 45章 131 | 道德經 61章 135 | 道德經 66章 139

05 빅뱅 이전 내용 요약 · 142

제2장 빅뱅 이후 ································· **146**

01 천하의 시작・150
道德經 52章 150 | 道德經 1章 157 | 道德經 42章 168

02 어디에도 존재하는 것・177
道德經 39章 177 | 道德經 22章 186 | 道德經 10章 190

03 팽창한다・197
道德經 5章 197 | 道德經 43章 204 | 道德經 40章 208 | 道德經 62章 214

04 無爲의 특징・218
道德經 37章 218 | 道德經 48章 225 | 道德經 63章 235 | 道德經 27章 238
道德經 7章 243 | 道德經 9章 248 | 道德經 33章 252 | 道德經 34章 255
道德經 24章 258 | 道德經 73章 261 | 道德經 64章 265 | 道德經 77章 270
道德經 29章 274 | 道德經 47章 278 | 道德經 68章 281 | 道德經 65章 284

05 수시로 변한다・288
道德經 23章 288 | 道德經 49章 294

06 만물萬物을 이롭게 하는 생기生氣・297
道德經 8章 297 | 道德經 51章 301 | 道德經 76章 305 | 道德經 78章 309
道德經 55章 313 | 道德經 46章 317 | 道德經 50章 319 | 道德經 81章 322

07 비어있음의 가치・325
道德經 11章 325

08 빅뱅 이후 내용 요약・328

제3장 색계色界 ･･････････････････････････････････ 333

01 색계色界 · 334

道德經 2章 334 | 道德經 3章 338 | 道德經 12章 342 | 道德經 13章 345
道德經 20章 351 | 道德經 44章 356

02 유위有爲 · 358

道德經 18章 358 | 道德經 19章 362 | 道德經 38章 365 | 道德經 71章 369

03 권력과 전쟁 · 372

道德經 30章 373 | 道德經 31章 376 | 道德經 69章 380

04 정치政治 · 384

道德經 17章 385 | 道德經 53章 388 | 道德經 54章 391 | 道德經 57章 395
道德經 58章 399 | 道德經 59章 404 | 道德經 60章 407 | 道德經 72章 411
道德經 74章 415 | 道德經 75章 419 | 道德經 79章 422 | 道德經 80章 425

05 색계色界 요약 · 429

| 제3부 | **도道를 찾아서** ··· 433

제1장 도덕경道德經에서 찾는 도道 ···························· 435

제2장 도덕경道德經 밖에서 찾는 도道 - 부록 ··············· 446

| 제1부 |

노자老子는 왜
도덕경道德經을 남겼을까?

제1장 노자는 왜 도덕경을 남겼을까?

제1장
노자老子는 왜 도덕경道德經을 남겼을까?

　道德經은 수천 년 동안 다양한 정체를 드러냈으며 현재까지도 時間이나 神처럼 그 신비로움을 유지하고 있다. 道德經의 독특함은 책을 읽은 사람만큼 서로 다르게 이해하는 것이다. 정치, 병법, 정신수양, 양생, 道家, 철학 등 천차만별로 다양하게 느낀다. 그만큼 난해한 책이 분명하다. 저자는 老子가 천지창조 과정을 설명하고 있다는 생각을 버릴 수 없다. 현대물리학 용어로 빅뱅 이전과 이후 과정을 표현하고 있다. 거기에 멈추지 않고 우주, 자연 법도를 설명하고 삶의 지혜를 제시한다. 군더더기처럼 정치와 전쟁도 있지만 그 내용을 들여다보면 사실 정치, 전쟁과는 거리가 먼 내용이다.

　老子가 道德經을 쓴 이유는 무엇일까? 道德經을 어떤 각도에서 살피던, 老子의 생각은 명료해 보인다. 인간의 행위와 자연의 행위는 너무도 다르다. 자연은 스스로 그러함에도 인간은 물질과 권력의 탐욕만 가득하다.

우주 어미는 만물을 이롭게 하는데 인간은 무질서, 탐욕, 살인 등으로 잔인하다. 정치는 권력을 유지하고자 백성을 괴롭힌다. 이런 행위가 답답하게 보였던 老子는 빅뱅 전과 후의 상황을 묘사하고, 자연이 스스로 그러한 이유를 설명한 후, 인간도 우주 어미처럼 살아야 한다고 강조한다.

우주자연 - 무위無爲	인간 - 유위有爲
▪ 행위가 자연스럽다.	▪ 시간을 거스른다.
▪ 시간이 자연스럽게 순환한다.	▪ 중력으로 이기적이며 집착한다.
▪ 만물을 이롭게 한다.	▪ 자신을 이롭게 한다.
▪ 생기를 부여한다.	▪ 집착으로 억지로 행한다.
▪ 억지로 하지 않는다.	▪ 생기를 없애려 한다.

老子는 인간의 억지스런 人爲를 자연의 無爲로 바꾸라고 요구하는 것이다. 어떻게 바꿔야 하는가? 道를 따르라는 것이다. 老子는 다양한 방법으로 道의 정체를 보여주려고 노력한다. 그 표현들은 참으로 모호하다.

심지어 老子도 道의 정체가 무언지 모르겠다고 한다. 우리는 道를 따르기 위해서는 반드시 道의 정체를 규정해야만 한다. 道는 과연 무엇인가? 神이나 時間처럼 모호하여 영원히 알 수 없을 것만 같은 道의 정체를 규정하지 못하면 道德經을 천 번 읽어도 의미가 없다. 우리의 딜레마는 여기에 있다. 老子는 다양한 방식으로 道를 묘사했지만 그도, 우리도 道의 정체를 모른다.

道德經의 전체구조를 크게 道와 德으로 나누고 37章까지는 道, 38章 이후는 德이라고 구분하는 것은 적절치 않다. 1章에서 81章까지 내용을 살펴보면 앞장과 뒷장이 매끄럽게 이어지는 章이 거의 없기 때문이다.

이 책은 도덕경을 좀 더 합리적이고 명확하게 이해하고자 동일하거나 유사한 내용을 묶어서 살펴볼 것이다. 정리하면 아래와 같다.

빅뱅 이전을 묘사한 내용들

道德經 25章, 道德經 4章, 道德經 56章, 道德經 6章, 道德經 26章, 道德經 16章, 道德經 32章, 道德經 28章, 道德經 36章, 道德經 35章, 道德經 14章, 道德經 15章, 道德經 21章, 道德經 41章, 道德經 67章, 道德經 70章, 道德經 45章, 道德經 61章, 道德經 66章 **총 19章**

빅뱅 이후를 묘사한 내용들

道德經 52章, 道德經 1章, 道德經 42章, 道德經 39章, 道德經 22章, 道德經 10章, 道德經 5章, 道德經 43章 道德經 40章, 道德經 62章, 道德經 37章, 道德經 48章, 道德經 63章, 道德經 27章, 道德經 7章 道德經 9章, 道德經 33章, 道德經 34章, 道德經 24章, 道德經 73章, 道德經 64章, 道德經 77章, 道德經 29章, 道德經 47章, 道德經 68章, 道德經 65章, 道德經 23章, 道德經 49章, 道德經 8章, 道德經 51章, 道德經 76章, 道德經 78章, 道德經 55章, 道德經 46章, 道德經 50章, 道德經 81章, 道德經 11章 **총 37章**

색계와 물질계를 묘사한 내용들

道德經 2章, 道德經 3章, 道德經 12章, 道德經 13章, 道德經 20章, 道德經 44章, 道德經 18章, 道德經 19章, 道德經 38章, 道德經 71章,道德經 30章, 道德經 31章, 道德經 69章, 道德經 17章, 道德經 53章, 道德經 54章, 道德經 57章, 道德經 58章, 道德經 59章, 道德經 60章, 道德經 72章, 道德經 74章, 道德經 75章, 道德經 79章, 道德經 80章

총 25章

道德經을 이해하기 어려운 이유는 무얼까? 한문으로 써져 있기 때문은 결코 아닐 것이다. 老子의 설명이 오래되고 낡아서도 아닐 것이다. 가장 큰 문제는 시각차이라 느껴진다. 老子는 천지창조 과정을 설명하는데 우리는 정치, 병법, 양생, 교양서적으로 읽는다. 시간의 순환으로 이루어지는 無爲를 설명하는데, 인간의 욕망은 그 방식을 좋아하지 않기에 그의 주장을 이해하기 어렵다. 예로, 道 혹은 道를 실행하는 자를 聖人이라고 표현하는데 우리는 聖人의 정체를 잘못 이해하여 마치 "道를 깊이 깨우친 자" 로 곡해한다. 이런 행태가 답답한 老子는 67장과 70장에서 불만을 토로한다. 내 생각은 명료한데 왜 나를 이해하지 못하고 불초하다 하는가? 라고. 老子는 우주 어미를 설명하는데 우리는 인간의 행위에 집중하니 시각차가 좁혀지지 않는다.

老子의 생각을 따라잡으려면 뛰어넘어야할 장벽이 있다. 가장 넘기 어려운 장벽은 時空間이다. 그 외에도 열, 중력, 대칭, 無, 양자물리학이 있다. 時空間은 철학, 종교, 命理를 관통하는 핵심이며 열, 중력, 대칭, 無, 양자물리와의 연관성을 이해해야 한다. 道德經을 해석하면서 왜 이런 골치 아픈 단어들을 언급하는지 황당할 수도 있지만, 그 내용들이 모두 도덕경과 깊은 관련이 있기 때문이다.

1. 양자물리학 – 근원적 움직임과 변화

　우주, 자연에서 가장 작은 단위의 세계를 연구하는 학문이 양자물리학이다. 레벤후크(Antonie van Leeuwenhoek, 네덜란드 과학자)가 현미경으로 미생물의 세계를 발견했지만, 이와는 비교가 안 될 정도로 작은 것이 양자세계다. 양자 구조는 원자핵과 전자로 극히 간단하지만, 그 움직임과 변화의 특징이 너무도 독특하다. 파인만(Richard Feynman, 미국 물리학자)은 이런 움직임을 이해할 사람은 세상에 없다고 말한다. 양자 세계에서 보여주는 현상은 우리의 예상을 벗어나 멋대로 드러난다. 원자핵과 전자사이의 거리는 엄청나게 멀고, 중간에 텅 빈공간이 있다. 70억 인구의 진공을 다 빼면 사과 한 톨 만한 크기가 되는 이유다. 이 구조는 결과적으로 道德經에 언급되는 無(무), 虛(허), 空(공), 波動(파동), 時空間(시공간), 沖(충), 反(반), 復(복) 등의 개념들과 연결된다.

　원자의 움직임에서 무엇을 배우는 것인가? 원자의 뚜렷한 특징은 불확정성이다. 어디로 튈지 모르고 동시다발적이다. 입자에서 파동으로 파동에서 입자로 빛처럼 마음대로 요동친다. 관찰하면 입자로, 관찰하지 않으면 파동으로 변한다. 원자내부에서 빅뱅이 계속 발생하는 것처럼 보인다. 우주가 여전히 팽창하는 이유는 원자의 접촉면이 많아지면서 충돌하기 때문이리라. 조금 황당하게 들리겠지만 道德經에서도 양자물리학을 설명하는 장이 꽤 있다. 5장에서 원자의 움직임을 풀무(橐籥)로 비유하면서 계속 팽창하며 어디로 튈지 모른다고 설명한다. 23장에서도 그 이치를 표현했다.

　사실 양자물리학에서 배울 점은 따로 있다. 그것은 가장 작은 단위의 세계에서도 <u>움직임과 변화를 본성</u>으로 한다는 점이다. 이것이 전혀 어울리지 않아 보이는 道德經에서 양자물리학을 언급하는 이유다. 우리는 움직임과 변화를 본성으로 하는 세상에 살고 있다. 따라서 원자나 인간이나 움직임의 속성은 동일할 수밖에 없다. 인간도 원자의 특징을 물려받았기 때문이다. 오랜 세월 나의 정체를 규정하지 못하는 이유가 바로 이런 원자의 불확정적인 움직임 때문이리라. 老子는 25章에서 有物混成(유물혼성) 先天地生(선천지생)이라는 표현으로 원자의 움직임을 묘사하면서 불확정성의 특징을 설명하고 있다.

이런 속성을 물려받은 인간은 끊임없이 움직이며 변하기에 어디로 튈지 모르는 존재다. "나는 왜 한시도 멈추지 않고 변하는가?"라는 질문에 답하려면 원자의 불확정성 원리를 이해해야 한다. 움직임의 다른 표현은 변화다. 세상의 가장 작은 단위인 원자가 끊임없이 변하기에 우주 어디에도 변하지 않는 것은 없다. 그렇다면 움직이고 변하고, 어디로 튈지 모르게 만드는 원인과 이유는 무엇일까? 물리학도 이런 이치를 설명하고 있다.

> 양자물리학의 불확정성 원리에 따르면, 진공은 텅 비어있지 않고, 에너지, 입자, 장(field)등으로 들끓고 있다. 즉, 진공에서 전자와 양전자(반전자)와 같은 가상 입자들이 나타났다가 사라지기를 반복하는데, 이를 "양자요동"이라 한다. 우주의 표준모형에 따르면, 우주 속의 은하, 별, 행성, 그리고 인간은 태초에 있었던 이런 양자요동에서 탄생했다.
> ≪빅뱅 이전의 우주 : 보이드≫ 프랭크 클로우스 지음 | 이 충환 옮김

無라고 생각했던 원자는 결코 텅 비어 있지 않다. 핵은 원자 내부에서 공간을 가득 채우는 강력한 전기장의 원천인데 이 사실은 1906년에 레더퍼드(Ernest Rutherford, 영국 핵물리학자)가 발견했다. 현대에 와서야 우리는 원자에 대해 많이 이해하게 되었다. 양자물리학과 道德經이 어떤 연관성이 있는지 간략하게 살펴보고 넘어가자.

4장 道沖而用之 或不盈 도충이용지 혹불영
    道는 沖 작용으로 가득차지 않고 계속 팽창한다.

6장 綿綿若存 면면약존
    면면이 이어져 있는 것처럼 보인다. 끊임없이 회오리친다.

14장 混而爲一 繩繩不可名 혼이위일 승승불가명
    섞여 하나로 엉키고 이어져 정체를 규정할 수 없다.

25장 有物混成 周行不殆 유물혼성 주행불태
    섞여서 이루어진 것이 끊임없이 움직이고 있다.

56장 挫其銳 解其粉 和其光 同其塵 좌기예 해기분 화기광 동기진
    마구 섞여서 어지럽게 움직이고 있다.

5章 其猶橐籥乎 虛而不屈 動而愈出 기유탁약호 허이불굴 동이유출
풀무처럼 계속 팽창하는 듯하구나. 비어있으나 다함이 없고, 움직일수록 더 드러난다.

모든 설명들은 원자의 불확정성과 팽창하는 움직임을 설명하고 있다.

2. 시간時間

태초의 근원적인 힘이 우주를 탄생시켰다. 모든 에너지가 단 한 번의 폭발로 분출되어 단 하나의 선물을 남겼다. 그것은 바로 존재였다.
≪우주이야기≫ 토마스 베리, 브라이언 스윔 지음 | 맹영선 옮김

"時間이 바로 神이었구나" - 時間관찰자

무엇이 존재를 결정하고 규정하는지 추적하다보면 필연적으로 시간을 만난다. 시간이 없다면 존재는 불가능하다. 존재를 규정할 수 있는 유일한 방법은 시간이라 느껴진다. 움직임과 변화를 결정하기 때문이다. 道德經 내용 중에서 이해하기 어려운 점은 이것이다. 時間은 움직임과 변화의 척도인데 老子가 생각하는 도는 恒常을 요구한다. 본질이 변하면 道가 될 수 없기 때문이다.

따라서 老子의 常은 참으로 규정하기 어려운 용어다. 움직이면서도 움직이지 않음, 변하면서도 변하지 않음을 뜻하기 때문이다. 有物混成

으로 마구 섞여 끊임없이 움직이면서도 변하지 않는 기준을 常이라 표현했다. 시간을 규정하는 표현들을 몇 개만 살펴보자.

1. 시간은 변화의 數다. - 라이프니츠(Gottfried Wilhelm Leibniz, 독일 철학자, 수학자)
2. 시간이란 물질과 인간에게 일정한 기간을 부여하는 척하는 뇌의 발명품이다. - 쇼펜하우어(Arthur Schopenhauer, 독일 철학자)
3. 時間은 모든 일이 한꺼번에 일어나지 않도록 해주는 자연방식이다. - 존 아치볼드 휠러(John Archibald Wheeler, 미국 이론물리학자)
4. 시간이란 前과 後로 배열되는 움직임의 수다. - 아리스토텔레스
5. 사물은 필요에 따라 변하고, 시간의 순서에 따라 정당화 된다. 변화의 척도가 시간이다. - 아낙시만드로스(Anaximandro, 고대 그리스 철학자)

인류 역사에서 時間의 정체를 밝히려는 시도들은 넘쳐난다. 時間은 다양한 면모를 가졌기에 인간은 時間의 모습을 담아내기 바쁘다. 인간은 아직노 시긴의 정체를 모르는 듯하다. 3천 년 넘도록 時間의 정체를 밝히지 못하는 이유는 무엇일까? 神, 時間, 道, 원자는 참으로 풀기 어려운 숙제다. 우리는 物形(물형) 변화를 통하여 시간의 존재를 확인하지만, 시간 그 자체는 역사가 없기에 우리는 시간의 정체를 잘 이해하지 못한다. 신기하게도 물형변화를 이끌어내는 시간과 공간의 순환방식을 표현할 유일한 방식은 地藏王 뿐이다. 실타래처럼 얽히고설킨 時空間의

순환원리를 명확하게 설명할 수 있는 것은 오직 地藏干 밖에 없다는 사실에 놀라울 따름이다. (地藏干에 관심이 있는 독자라면, '時空間부호 地藏干－紫雲'을 읽어보시길 바란다.)

지장간은 自然의 변화과정을 보여준다. 自然은 순환원리로 時間의 정체를 보여준다. 1차원을 흐르는 時間이 3차원 空間에 반응하여 물질이 생겨나 色界를 이루고, 생명이 다하면 사라졌다가 다시 생겨나기를 반복한다. 時間이 空間으로 변하고, 空間은 다시 時間으로 변하기를 반복하는 것이다. 시간은 아무런 행위도 하지 않기에 과거 현재 미래도 없고 특징도 없지만 우리는 감각적으로 時間이 있다고 믿는다. 인간이 神이라는 관념을 창조했듯이 時間을 창조했기 때문이다. 우리는 감각적으로 시간을 느낄 뿐이다.

3. 공간空間

"時間은 모든 사건의 근본적 자산이다. 시간은 움직임과 변화를 요구하는데 이러한 움직임은 시간을 필요로 한다. 시간 그 자체는 역사가 없으며 변화도 없지만, 그것이 가진 규칙성을 통해 우리는 변화의 표상을 감지한다. 시간은 움직임을 필요로 하고 움직임은 시간을 필요로 한다. 둘 다 대상과 공간을 필요로 한다.

"물리적 거리로서 시간의 최대치는 바로 광년이다. 측정 가능한 가장 최대치의 광년은 140억 년 전에 이루어진 빅뱅의 시기까지다. 공간의 끝이 시간의 시작이다." 시간과 공간의 끝에 빅뱅이 있다.

≪시간의 탄생≫ 알렉산더 데만트 지음 | 이덕임 옮김

사실 공간도 시간만큼 모호한 존재다. 과학자들은 시공간은 분리될 수 없는 것이라고 주장한다. 예로 1년 365일 회전하는 지구와 1년에 36일 회전하는 時空間 구조는 전혀 다르다. 둘을 비교하면, 시공간의 특징을 규정하는 것은 회전속도처럼 보인다. 비교대상이 없을 때에는 불변의 진리처럼 보였던 시공간이 두 개를 비교하는 순간, 恒常의 원리가 아님을 깨닫는다. 우리에게 주어진 時間은 불변의 진리가 아니었다.

道德經에는 時間을 암시하는 표현들이 넘쳐난다. 전지전능해 보이는 정체불명의 존재가 계속 등장하는데, 우리가 알고 있던 神의 태도와 전혀 다르다. 神은 극히 능동적이다. 무엇이라도 원하는 일은 쉽게 해내고 필요한 것은 바로 만들어낸다. 하지만 老子의 神은 매우 수동적이고 내성적이어서 뒤로 숨으려고만 한다. 老子가 즐기는 표현 하나를 예로 들어보자.

以輔萬物之自然而不敢爲 이보만물지자연이불감위

따라서 聖人은 만물이 자연스럽게 이루어짐에 보조를 맞출 뿐 감히 하지 않는다. 여기에서 주어는 聖人으로 道를 뜻한다. 이렇게 老子의 神은 감히 하는 존재가 아니라 감히 못하는 神이다. 신비로운 것은 수동적이면서도 이루지 못하는 것도 없다. 그것이 老子가 주장하는 道, 聖人, 無爲의 정체다. 이런 이유로 老子의 생각을 따라잡기 어렵다. 老子는 왜 이런 방식으로 표현하는지 알 수 없다. 聖人은 만물을 아이처럼 다루는 존재인데 왜 감히 못할까(不敢爲)? 전지전능하기에 원하는 것을 뚝딱 만들면 그만인데 왜 뒤로 물러설까?

우리는 이것을 이해해야만 비로소 老子가 주장하는 道, 無爲, 聖人을 만날 수 있다. 지금부터 道德經에 나오는 독특한 표현들을 살펴보면서 時間과의 연관성을 찾아볼 것이다. 거의 30章에 걸쳐 등장하는 老子의 표현에 익숙해지면 道德經 문장을 쉽게 이해하는 자신을 발견한다. 道德經의 표현들 중에서 時間의 특징과 가장 유사한 것은 無爲로 보인다. 無爲는 억지로 하지 않지만 이루지 못하는 것이 없는 이상한 존재다. 다양한 표현들 속에서 聖人은 "의인화된 時間"일지도 모른다는 생각이 들 것이다.

2章. 生而不有 爲而不恃 功成而弗居 夫唯弗居 是以不去
생이불유 위이불시 공성이불거 부유불거 시이불거

生하면서 소유하지 않고, 이루면서도 집착하지 않고, 공을 이루면 머무르지 않는다. 머물지 않기에 사라지지도 않는다. 시간은 순차적으로 흐를 뿐 作爲가 없다. 物이 생겨나고 이루면 자연스럽게 사그라졌다가 순환하기를 반복한다. 이런 이치를 머물지도 않고 가지도 않는다고 표현했다. 움직이고 변하지만 끝없이 순환하는 시간을 표현하고 있다.

3章. 爲無爲 則無不治 위무위 즉무불치

無爲로 다스리지 못할 것이 없다. 시간은 만물의 창조자이자 살인자라는 표현과 다를 바 없다. 모든 것은 시간이 지나면 자연스럽게 이루어지기에 無爲라 부른다. 세상에서 無爲로 이룰 수 있는 것은 오로지 時間뿐이다.

5章. 天地不仁 以萬物爲芻狗 聖人不仁 以百姓爲芻狗
　　　천 지 불 인　이 만 물 위 추 구　성 인 불 인　이 백 성 위 추 구
천지는 不仁하여 만물을 지푸라기처럼 여기고, 聖人도 불인하여 생명체를 지푸라기처럼 여긴다. 천지와 성인을 시간으로 규정하면 이해가 쉽다. 不仁은 특정한 움직임과 변화에 가치를 부여하지 않는다는 뜻이다. 예로, 현재의 시간이 좋다, 나쁘다 판단하지 않으면 시간이 흐르지 않는다. 올해 1억을 벌어서 매우 좋다거나, 1억을 잃어서 매우 나쁘다고 판단하지 않으면 시간은 정지하고 만다. 분별이 없기 때문이다. 그것이 老子가 주장하는 不仁이다.

6章. 綿綿若存 用之不勤　면면약존 용지불근
이어지고 이어져 마치 존재하는 것과 같구나. 사용하고 사용해도 작용력은 끝이 없구나. 이런 능력을 가진 자는 神을 제외하면 오로지 時間뿐이다. 老子는 시간이 영원히 이어져 있음을 표현하고 있다.

7章. 天地所以能長且久者 以其不自生 故能長生
　　　천 지 소 이 능 장 차 구 자　이 기 부 자 생　고 능 장 생
천지가 영원할 수 있는 것은 스스로 생하려 하지 않기에 오래도록 장생한다. 이 문장의 주체도 時間이며 영원한 순환을 뜻한다. 시간은 흘러갈 뿐이기에 스스로 생하지 않는다. 老子는 시간의 특징을 의인화시켜서 인간이 행동하는 것처럼 표현한다.

8章. 夫唯不爭 故無尤 부유부쟁 고무우
다툴 일이 없으니 탓할 일도 허물도 없다. 우리가 사는 지구에서 다투지 않는 것은 時間 밖에 없다. 老子는 시간과 가장 유사한 물질을 물로 보았다.

9章. 功遂身退 天之道 공수신퇴 천지도
공을 이루었으면 몸을 물리는 것이 하늘의 도다. 老子의 표현은 독특하다. 시간이 흘러 필요로 하는 바가 이루어지면 스스로 몸을 뒤로 물린다. 시간의 움직임을 인간의 행동으로 표현하고 있다. 老子의 독특한 표현에 익숙해지면 道德經이 편해진다.

10章. 生而不有 爲而不恃 長而不宰 생이불유 위이불시 장이부재
生하면서 소유하지 않고, 이루면서도 집착하지 않고, 기르면서도 지배하지 않는다. 인간이 할 수 없는 행위다. 聖人을 "道를 깊게 체득한 사람"으로 해석하는 순간 전체 맥락이 이상해진다. 老子의 화려한 문장들이 "시간의 순환"을 표현하고 있다는 것을 인식하기 어렵다. 시간은 生하지만 소유하지 않고, 시간은 모든 것을 이루지만 그냥 흘러갈 뿐이고, 시간은 영원히 이어지지만 인간의 삶에 개입하지 않는다. 天地와 聖人이 不仁한 이유다.

14章. 迎之不見其首 隨之不見其後 영지불견기수 수지불견기후
이어지고 이어져 시작이 어디인지, 끝이 어디인지 볼 수 없다. 뱀이 자신의 꼬리를 물고 이어지듯 영원한 시간을 상징한다.

15章. **孰能濁以靜之徐淸 孰能安以久動之徐生** 숙능탁이정지서청 숙능안이구동지서생
누가 탁한 상태로 조용함을 유지하면서 천천히(徐) 청하게 만들고, 누가 안둔의 상태로 조용함을 유지하면서 천천히 생기를 만들 수 있는가? 오로지 시간뿐이다. 빅뱅 이전에서 이후로의 변화과정을 설명하고 있다.

夫唯不盈 故能蔽不新成 부유불영 고능폐불신성
가득 채우려하지 않기에 낡아도 새로워질 필요가 없다. 물질은 낡으면 반드시 버리고 새로운 것으로 바꿔야하지만 시간은 흘러갈 뿐 아무리 낡아도 새로워지지 않으며 그럴 필요도 없다. 이런 묘한 표현들 때문에 道德經을 이해하기 어렵다. 이 표현들은 팽창하는 우주를 설명하고 있다. 138억 년이 지난 현재도 우주는 팽창을 멈추지 않으며 그것이 不盈이다.

17章. **功成事遂 百姓皆謂 我自然** 공성사수 백성개위 아자연
공을 이루고 일이 성사되면 백성들은 모두 내가 그렇게 한 것이라 한다. 이런 표현들은 정치를 논하는 것처럼 보이지만 시간이 흐르면서 자연스럽게 이루어지는 과정을 표현한다. 모든 것들은 인위적일 필요가 없기에 정치가 백성의 삶에 개입하지만 않는다면 모든 것이 자연스럽게 이루어진다. 왕이 뒤로 물러나면 세상은 學, 知, 智, 賢, 貴難得之貨(귀난득지화)의 문제에서 벗어날 수 있다고 강조하고 있다.

22章. 不自見故明 不自是故彰 不自伐故有功 不自矜故長
　　　　불 자 현 고 명　불 자 시 고 창　불 자 벌 고 유 공　불 자 긍 고 장
　　　　夫唯不爭 故天下莫能與之爭
　　　　부 유 부 쟁　고 천 하 막 능 여 지 쟁

스스로 보지 않기에 밝으며, 존재를 드러내지 않기에 널리 드러내고, 자랑하지 않기에 공을 이루며, 교만하지 않기에 오래 지속된다. 다투지 않기에 천하에 다툴 자가 없다. 이 모든 표현들은 시간의 특징을 표현한다. 시간만이 이런 행위들을 자연스럽게 해내기 때문이다.

23章. 故飄風不終朝 驟雨不終日 孰爲此者 天地
　　　　고 표 풍 부 종 조　취 우 부 종 일　숙 위 차 자　천 지
　　　　天地尚不能久 而況於人乎
　　　　천 지 상 불 능 구　이 황 어 인 호

폭풍도 아침이 지나면 그치고, 폭우도 종일 내리지 않는다. 누가 이것을 행하는가? 하늘과 땅이다. 천지도 꾸준함을 오래 유지할 수 없는데 하물며 사람임에랴! 이 모든 표현은 자연스럽게 흘러가는 시간과 변화를 설명한다. 모든 것은 움직이고 변하기에 동일한 상태나 현상을 지속할 수 없다. 오로지 인간만 현재의 상태에 집착하고 버리지 못하여 문제를 만들어낸다. 시간을 거스르는 행위에서 번뇌가 생겨난다.

24章. 故有道者不處 고 유 도 자 불 처

道가 있으면 머무르지 않는다. 시간은 절대로 한 곳에 머무르지 않는다. 현재의 상황에 집착하지 않는다. 하지만 인간은 중력으로 집착하여 번뇌로 고통 받는다.

29章. **天下神器 不可爲也 爲者敗之 執者失之**
　　　천 하 신 기　불 가 위 야　위 자 패 지　집 자 실 지
천하의 신비한 기물은 억지로 할 수 없다. 억지로 하면 패하고, 집착하면 잃는다. 이런 작용은 時間만이 행한다. 이런 시간의 특징을 老子는 無爲라는 이름을 부여했다.

33章. **不失其所者久 死而不亡者壽** 불실기소자구　사이불망자수
근본을 잃지 않는 자 오래 간다. 죽어도 죽지 않는 자는 영원할 것이다. 이런 표현도 시간을 상징한다. 모든 만물은 사라져도 시간은 영원하기 때문이다.

34章. **萬物恃之以生而不辭 功成不名有**
　　　만 물 시 지 이 생 이 불 사　공 성 불 명 유
　　　以其終不自爲大 故能成其大
　　　이 기 종 부 자 위 대　고 능 성 기 대
만물은 大道에 의지하여 생겨남에도 자랑하지 않고, 공을 이루어도 소유하지 않는다. 스스로 크다고 하지 않기에 크게 이룬다. 이렇게 할 수 있는 주체는 오로지 時間뿐이다. 老子는 聖人, 無爲, 道 등으로 표현하고, 종교에서는 神이라 부른다.

47章. **是以聖人不行而知 不見而名 不爲而成**
　　　시 이 성 인 불 행 이 지　불 견 이 명　불 위 이 성
따라서 성인은 행하지 않고도 근본을 깨달으며, 보지 않아도 이치에 밝으며, 억지로 하지 않아도 이룬다. 시간만이 가능한 행위를 설명하고 있다. 이런 이유로 老子가 표현한 聖人은 인간이 아니다. 인

간이 이룰 수 없는 행위들이기 때문이다.

48장. 取天下 常以無事 及其有事 不足以取天下
　　　　취 천 하　상 이 무 사　급 기 유 사　부 족 이 취 천 하
천하를 얻음에 항상 無爲로 하라. 有爲로 함은 천하를 얻기에 부족하다. 천하를 취하기에 부족하다는 의미는 시간을 거스르는 행위를 뜻한다. 人爲이자 作爲다.

51장. 生而不有 爲而不恃 長而不宰 생이불유 위이불시 장이부재
10장과 동일한 문장이다. 생하지만 소유하지 않으며 이루지만 공을 누리지 않는다. 기르지만 통치하지 않는다. 이 행위의 주체도 시간이다. 道라 불러도, 神이라 불러도, 無爲라 불러도 좋다. 전지전능한 주체가 道다.

73장. 天之道 不爭而善勝 不言而善應
　　　　천 지 도　부 쟁 이 선 승　불 언 이 선 응
　　　　不召而自來 繟然而善謀
　　　　불 소 이 자 래　천 연 이 선 모
하늘의 道는 다투지 않고도 선하게 이기고, 말하지 않아도 선하게 호응하며, 찾지 않아도 스스로 찾아오며 스스로 적절하게 도모한다. 이 모든 문장도 시간을 지칭한다. 시간이 공간에 방사한 에너지 특징으로 물형이 결정된다. 인간의 의지와는 상관없이 스스로 그러하다.

77章. 是以聖人爲而不恃 功成而不處 其不欲見賢
　　　시 이 성 인 위 이 불 시　공 성 이 불 처　기 불 욕 현 현
성인은 이루어도 의지하지 않으며(대가를 바라지 않으며), 공을 이루고도 머물지 않으며, 공로를 드러내지 않는다. 이런 행위를 하는 자는 시간뿐이다.

지금까지 살펴 본 老子의 독특한 표현들에 대해 어느 정도 감이 올 것이다. 聖人을 道를 깊이 깨달은 자로 해석한 후 전체 문장을 살피면 어색하기 짝이 없다. 아무리 뛰어난 인간이라도 절대로 할 수 없는 행위들을 聖人은 매우 자연스럽게 해낸다. 老子는 전지전능한 존재를 聖人으로 의인화한 것이고 그 정체가 무엇이든 각자의 판단에 달렸다. 조물주, 하느님, 神, 부처님, 道, 谷神, 有物混成, 암흑에너지, 원자, 소스필드 등 무엇이라 불러도 좋다. 전지전능하기에 인간이 부를 수 있는 모든 명칭을 포괄한 존재다. 이렇게 정리하고 넘어가는 이유는 본문을 쉽게 이해하기 위함이고 기존의 해설서에서 聖人을 인간으로 해석하는 오류가 너무도 많아서 주의를 요하기 때문이다. 90% 이상의 책에서 聖人을 道를 잘 닦은 사람으로 해석하고 있으니 안타까울 따름이다.

4. 열熱과 중력重力

태초의 찬란한 불꽃이 일으켰던 파문이 우주의 형태를 만들기 위해서는 태초의 원시 원자들이 필요했다. 불덩어리가 냉각되고 우주가 수조 입방마일로 팽창되던 그 순간에 수소와 헬륨이 창발 했다. 수소와 헬륨

은 역동적인 작용의 중심이다. 만일 우주가 은하계 안에서 스스로를 만들어가는 방식을 이해하려면, 우리는 수소와 헬륨이 거대한 우주의 본성을 변형시킨 방식을 증명할 필요가 있다. 불덩어리는 자신의 움직임을 가로막는 기본적인 장애물인 중력이라는 인력을 만났다. 팽창이 중력이라는 장애를 만났기 때문에 비로소 은하가 출현할 수 있었다.
≪우주이야기≫ 토마스 베리, 브라이언 스윔 지음 | 맹영선 옮김

시간의 독특한 특징 중 하나는 熱과 관련이 있다. 시간의 화살표는 熱이 있을 때만 나타난다. 과거와 미래 사이에 차이가 나타날 때마다 열이 관여한다. 모든 현상에는 열과 관련된 무언가가 있다.
≪시간은 흐르지 않는다≫ 카를로 로벨리 지음 | 이중원 옮김

사실 우리는 熱에 대해 잘 모른다. 관심이 없으며 몰라도 문제될 것도 없다. 시공간에 비해 매우 소홀한 주제지만 시간과 공간을 파고들수록 열의 존재가 궁금해지기 시작한다. 전혀 관련 없어 보이는 시공간과 熱은 왜 불가분의 관계인가? 빅뱅 이전과 이후의 차이는 공간이 팽창했고 시간이 탄생했으며 폭발과정에 엄청난 熱이 생겨났다는 점이다. 시공간에만 집중하기에 열의 존재를 소홀히 하지만 지구가 생겨나고 생명을 유지하는 과정에 반드시 열이 개입된다. 싸늘하게 식었다는 표현은 죽음을 상징한다. 육체에서 열이 사라지면 죽을 수밖에 없기에 생명과 열은 불가분의 관계다. 인체가 36.5도의 체온을 유지하는 이유다.
熱과 時空間은 무슨 관련이 있을까? 시간이 흐른다고 느끼려면 물형

변화가 있어야 하고 물형이 변하려면 반드시 열이 개입된다. 여기에 중력을 더하면 물형 변화의 원리를 이해한다. 중력은 일방통행으로 당기기만 한다. 열과 중력을 시간과 섞으면 과연 時間은 존재하는지 궁금해진다. 물형 변화가 없다면 시간이 흐른다고 할 수 있을까?

"시간의 화살표는 熱이 있을 때만 나타난다."는 의미는 열이 물형을 결정한다는 뜻이고 시간은 열의 변화과정에 개입한다는 의미다. 원자의 움직임도 열과 깊은 관련이 있다. 열을 주면, 전자의 스핀이 정렬하고 회전하면서 자기장이 나온다고 한다. 열과 움직임과 변화 사이에는 깊은 연관성이 있음이 분명하다. 지진, 해일, 쓰나미, 화산폭발, 천둥, 번개는 열의 폭발 때문에 생긴다. 인간도 음식을 먹고 열로 바꿔서 에너지로 활용하여 생명을 유지한다.

시간은 흐르지 않는다는 주장도 있기에 무엇이 움직임과 변화를 주도할지 궁금해진다. 그것은 물형변화다. 물형은 무엇으로 변화할까? 중력과 열이다. 열은 언제, 어디에서 생긴 것일까? 빅뱅 당시에 생겨난 것이다. 어떻게 물형을 변화시킬까? 끊임없는 충돌로 변화시킨다. 양자의 움직임에서 보여주는 좌충우돌 과정에 열이 생긴다. 따라서 沖은 텅 비어있다는 뜻이 아니라 끊임없이 충돌하면서 움직임과 변화를 창조한다는 뜻이다. 정리하면, 전혀 관련 없어 보이는 시공간과 열과 중력, 그리고 충돌하는 움직임이 연결되어 있다.

인간의 利己도 빅뱅 당시에 생겨난 열기와 중력 때문이다. 老子는 利己를 싫어한다. 모든 문제의 중심에 열과 중력이 있다. 그것을 버릴 때에서야 비로소 素朴(소박)해진다. 열이 식어가는 과정에 중력은 물질을 낳는다. 태어나면 극히 부드럽지만 늙어갈수록 점점 딱딱해진다. 老子가 55장에서 주장하는 物壯則老(물장즉로)요 不道早已(부도조이)다. 물질이 딱딱해지면 죽음을 재촉할 뿐이다. 열과 중력을 표현한 문장들을 몇 개만 살펴보자.

3章. **不貴難得之貨 使民不爲盜 不見可欲 使民心不亂**
　　　불 귀 난 득 지 화　사 민 불 위 도　불 견 가 욕　사 민 심 불 란
　　　얻기 어려운 재화를 귀하게 여기지 않게 하여 백성들이 도둑질 하지 않도록 하라. 욕심이 생기지 않게 하여 마음이 어지럽지 않도록 하라. 색계의 화려함에 취하고 중력으로 당겨오려는 욕심을 표현하고 있다.

12章. **五色令人目盲 五音令人耳聾 五味令人口爽**
　　　오 색 령 인 목 맹　오 음 령 인 이 농　오 미 령 인 구 상
　　　難得之貨 令人行妨
　　　난 득 지 화　령 인 행 방
　　　화려한 색채는 눈을 멀게 만들고, 아름다운 소리는 귀를 멀게 하며, 산해진미는 입을 병들게 한다. 얻기 어려운 재화 때문에 사람들은 행동이 어지러워진다.

13章. **寵辱若驚** 총욕약경
　　　영예로움과 수치스러움에 마치 크게 놀라듯 한다. "놀라다"는 물질에 크게 반응하는 것으로 큰 가치를 재물과 권력에 두기 때문이다. 분별이 없다면 놀랄 일도 없다.

寵爲上 辱爲下 총위상 욕위하

영예로움은 높다고 판단하고, 수치스러움을 낮다고 판단한다. 권력, 물질, 명예를 많이 가지면 上이라 판단하고, 정반대의 상황이면 下라고 판단하는 것이다.

20장. 俗人昭昭 我獨昏昏 속인소소 아독혼혼

사람들은 화려한 물질 세상에 살지만 나는 홀로 어둠 속에 머문다네. 昭는 화려한 곳, 물질, 권력, 향락, 色界를 상징하고 昏은 어둠, 물질이 없는 곳, 소박한 곳, 空界를 상징한다.

5. 무無

우리를 끊임없이 괴롭히는 주제는 神이 존재하는가의 문제다. 神을 믿는 이유는 확인할 수 없지만 존재한다고 믿기 때문이다. 세상에는 보이지 않지만 존재하는 것들로 넘쳐난다. 물질계는 4%에 불과하지만 96% 광활한 우주는 여전히 존재한다. 無에 대한 연구는 인류의 역사만큼 오래되었다.

플라톤은 디마이오스에서 다음과 같이 말했다.

"모든 원소들이 공간의 본성에 영향을 줄 수 있어서 그 속에 다른 것이 들어갈 때마다 성질이 바뀌고 또 바뀐다." 공간이 물질을 창조할 뿐만 아니라 흔들기도 한다. 원자의 빈 공간에 변화가 생기는 이유는 원자의 상호작용 때문이라는 의미다. 또, 이런 표현도 했다. "매우 기묘한 특성을 가진 이 순간(instant)이라는 것은 운동과 정지 사이에 삽입된 어떤 것으로 결코 시간이 아니다. 그러나 순간으로 들어가고 순간으로 나옴으로써, 운동하던 것은 정지하는 것으로 변하고, 정지하던 것은 운동하는 것으로 변한다."

老子도 플라톤과 유사한 의미를 43章에서 無有入無間(무유입무간)이라 표현했다. 無가 無 사이에 파고들어 변화를 이끌어낸다. 우주 어디에도 움직임이 없는 시공간은 없다.

"물질은 공간이 어떻게 휠지 알려주고, 공간은 물질이 어떻게 움직일지 알려 준다." - 휠러(John Archibald Wheeler, 미국 물리학자)

아인슈타인은 이렇게 말했다. "물질은 에너지가 많이 집중된 것이고, Field(장)는 에너지가 조금 집중된 것이다. 물질과 장은 질적으로 다른 것이 아니라 양적으로 다를 뿐이다. 물질과 장이 다르다는 생각은 이치에 맞지 않다."

6. 대칭對稱

> 넓은 의미에서건 좁은 의미에서건, 대칭은 인류가 세기에 걸쳐 그로 하여금 질서, 아름다움, 완벽을 이해하고 창조하기 위해 노력한 관념이다. ≪대칭≫ 헤르만 바일 지음 | 권희재 옮김

대칭(Symmetry)은 양쪽이 거울에 비친 것처럼 완전히 똑같은 모양으로 마주한 관계다. sym(같이)+metry(측정)가 조합된 단어로 <u>변해도 동일한 값</u>을 유지하는 것이다. 움직임과 변화에도 변하지 않는 것이다. 물리학자들은 대칭을 '형태를 보존하는 변환 그 자체'로 본다. 신기하게도 대칭은 움직이면서도 항상 동일한 값을 유지하기에 老子의 常(상), 樸(박), 谷神不死(곡신불사), 大制不割(대제불할)과 그 뜻이 연결된다. 원자도 배열 방향이 달라져도 원자들이 움직이지 않은 것처럼 보이는 대칭요소를 가졌다.

이런 설명들은 대칭과 無가 연결되어 있음을 느끼게 해준다. 無는 없음이 아니라 완벽한 대칭이라고 생각한다. 대칭은 道德經을 따라잡는데 반드시 이해해야할 특징이다. 道德經 전반에서 대칭구도는 다양하게 표현되었다. 有無相生(유무상생)은 대칭의 한 표현이다. 대칭을 이해하는 것이 왜 중요한가? 빅뱅 이전과 빅뱅 이후의 대칭구조를 살피고 그 차이를 이해하면 老子가 그토록 요구하는 우리가 버려야 할 것들이 무엇인가를 깨닫기 때문이다. 즉, 빅뱅 이후 - 빅뱅 이전 = 우리가 버려야할 것들이다. 이런 표현은 52章에서 명확하게 표현되어 있다.

旣得其母 以知其子 旣知其子 復守其母 沒身不殆
기 득 기 모 이 지 기 자 기 지 기 자 부 수 기 모 몰 신 불 태

모친을 얻으면 자식을 알고, 자식을 알면 모친으로 돌아가 지키기에 종신토록 위태롭지 않다. 따라서 빅뱅 이전의 본성을 찾으려면 모친과 자식의 대칭 차이를 파악하면 되는 것이다. 老子는 빅뱅 이전의 상황을 25章에서 묘사했다.

有物混成 先天地生 獨立不改 周行不殆 爲天下母
유 물 혼 성 선 천 지 생 독 립 불 개 주 행 불 태 위 천 하 모

섞여 이루어진 것이 천지가 생겨나기 전부터 있었다. 독립적이고 절대불변이며 쉬지 않고 움직이기에 천하의 어미라 부른다. 그리고 15章에서 과연 누가 이런 어미의 상태를 풀어낼 수 있냐고 반문한다.

孰能濁而靜之徐淸 孰能安而久動之徐生
숙 능 탁 이 정 지 서 청 숙 능 안 이 구 동 지 서 생

누가 탁하고 조용한 상태에서 천천히 청하게 하며, 누가 안정되고 오래 지속됨을 움직이게 하여 천천히 생할 수 있는가? 老子는 道만이 이렇게 할 수 있다고 본다. 이런 주장에 대칭을 더해보자.

빅뱅 이전의 有物混成은 빅뱅 이후에도 有物混成이지만 그 차이점은 淸하고 生한 후 만들어졌다. 15章에서 保此道者不欲盈로 이어진다. 우주가 팽창하기에 절대로 가득 채우지 않는다. 아무리 부정하려고 해도 老子는 팽창하는 우주를 설명하고 있다. 가벼워 팽창하기에 淸하고 生氣로 가득 찬 우주에 色界가 생겨났고 중력에 휘둘리는 인간의 번뇌도 점

점 깊어져간다. 道德經의 대칭을 5개 章으로 간추려 살펴보자.

1章. **無名天地之始 有名萬物之母 故常無欲以觀其妙**
　　　무 명 천 지 지 시　유 명 만 물 지 모　고 상 무 욕 이 관 기 묘
　　常有欲以觀其徼
　　상 유 욕 이 관 기 요

이 문장에는 無名과 有名, 常無(常無欲)과 常有(常有欲)이 대칭을 이루면서 동일한 것이라고 명확하게 표현한다.

2章. **故有無相生 前後相隨** 고유무상생 전후상수

유무가 서로 생하고. 전후가 계속 이어진다. 유무와 전후가 대칭을 이룬다.

11章. **當其無 有室之用 故有之以爲利 無之以爲用**
　　　당 기 무　유 실 지 용　고 유 지 이 위 리　무 지 이 위 용

無 때문에 방으로 활용할 수 있다. 따라서 있음은 이롭지만 비어 있음은 쓰임을 얻게 해준다. 有無가 대칭을 이루고 있다.

28章. **知其雄 守其雌, 知其白 守其黑, 知其榮 守其辱**
　　　지 기 웅　수 기 자　지 기 백　수 기 흑　지 기 영　수 기 욕

이 문장에도 대칭이 많이 나온다. 雄雌(자웅), 白黑(백흑), 榮辱(영욕)으로 대칭을 이루며 빅뱅 이전, 이후를 비교설명하고 있다.

40章. 天下萬物生於有 有生於無. 천하만물생어유 유생어무
천하 만물은 有에서 생겨나고 有는 無에서 생겨난 것이다. 천지 이전 無에서 천지 이후 有를 대칭구도로 설명하고 있다.

無와 對稱은 여기에서 그치지 않고 움직임의 특징을 규정한다. 정반대 속성처럼 보이는 한 쌍이 대칭을 이루지만 절대로 분리되지 않는다. 대칭은 순환하며 회전하고, 회오리치는 작용과 같다. 老子가 14장에서 표현한 有物混成의 움직임은 迎之不見其首 隨之不見其後(영지불견기수 수지불견기후)로 시작과 끝이 어디인지 분별할 수 없다.

또 25장의 大曰逝 逝曰遠 遠曰反(대왈서 서왈원 원왈반)으로 순환을 표현하고 있다. 6장에는 綿綿若存(면면약존)으로 표현하면서 면면이 이어져 있음을 암시한다. 40장에서도 反者道之動(반자도지동)이라 표현했다. 순환하는 것이 道의 움직임이다. 또 16장에서 夫物芸芸 各復歸其根(부물운운 각복귀기근) 만물은 번성했다가 뿌리로 돌아가니. 復命曰常 知常曰明(복명왈상 지상왈명) 본성으로 돌아감은 恒常함을 일컫고, 常을 깨닫는 것을 밝음이라 부른다고 표현하였다.

지금까지의 내용을 정리하면, 양자물리, 시간과 공간, 熱과 중력, 無와 대칭은 분리될 성질의 것이 아니다. 그 이치를 道德經에서 찾아보기로 하자.

7. 통합원리

老子의 표현이 어려운 이유는 과학의 발전이 없던 시절에 빅뱅 이전과 이후를 언어로 묘사하기 때문이다. 변화 원리를 표현하는 것이 얼마나 어려운지 충분히 이해할 수 있다. 현대를 살아가는 우리는 과학의 도움을 받고, 명리의 十干을 버무려 老子의 표현을 쉽게 이해할 수 있도록 본문을 살피는 과정에 활용할 것이다. 十干의 의미가 생소한 분들을 위해서 개념을 약간만 정리하고 넘어가자. 命理에 익숙하지 않아도 걱정할 필요는 없다. 十干은 움직임과 변화의 특징을 열 개의 글자로 바꿔서 표현한 것에 불과하기 때문이다. 즉, 지구에서 이루어지는 시간과 공간의 순환원리를 표현한 것이다.

壬(임) - 극도로 응축하는 움직임. 만물을 응축시킨다. 추운 겨울을 상상하자.

癸(계) - 발산하는 움직임이다. 만물을 펼쳐낸다. 빅뱅을 상상하자.

甲(갑) - 수직하강, 상승한다. 뿌리가 땅 속으로 내려갔다가 땅을 뚫고 오른다.

乙(을) - 좌우로 펼치는 움직임이다. 봄에 새싹들이 펼쳐지는 것을 상상하자.

丙(병) - 무한대로 분산하는 움직임이다. 꽃이 활짝 펼쳐지는 것을 상상하자.

丁(정) - 열과 중력으로 수그리는 움직임이다. 열매가 열리는 것을 상상하자.

戊(무) - 지구 땅으로 자연의 모든 것이 펼쳐진다.

己(기) - 지구내부로 씨앗을 저장하고, 새싹을 내놓는다.

庚(경) - 꽃처럼 활짝 펼쳐졌다가 줄어들어 점점 딱딱해지는 움직임이다.

辛(신) - 극도로 딱딱해져 쪼그라든 상태다. 庚이 사과라면, 辛은 사과 씨다.

이 내용들은 에너지의 움직임을 표현한 것이기에 인간의 심리상태에 그대로 활용할 수 있다. 예로 乙의 성격은 봄의 새싹처럼 생동감이 넘치고 좌우로 펼치는 것을 좋아하며 순수하고 아이와 같은 성정이다.

丁-壬-癸와 道沖 구조

丁	壬	癸
중력	중심	척력
입자		파동
전기		자기

老子의 道沖은 중력과 척력이 끊임없이 충돌하는 과정이다. 丁壬癸가 한 쌍으로 묶여 有物混成(유물혼성)으로 충돌한다. 만물의 이치를 비교적 완벽하게 설명하는 丁壬癸원리로 道德經을 설명할 예정이다.(더 깊은 내용은 時空命理學 카페를 활용하기 바란다.)

여기에 丁壬癸 원리를 활용하는 예를 들어보자. 빅뱅 이전도 이후도 멈추어진 세상은 없다. 멈출 수만 있다면 원자의 움직임에 당황할 필요가 없을 것이다. 가장 작은 단위의 세상도 시공간, 입자와 파동, 전기와 자기, 물질과 반물질 대칭으로 요동치고 있다. 이런 움직임과 변화에 반드시 필요한 조건은 무엇일까? 바로 沖이다. 언제라도 無를 깨트릴 수 있는 대칭의 沖이 한순간도 멈추지 않아야 가능하다.

沖氣以爲和 충기이위화

道德經 42章에 나오는 표현이다. 보이지 않는 세상에서 沖이 이루어져 시간과 공간의 대칭 구조가 비틀리고 변화한다. 시공간이 휘어지는 이유다.

"어떻게 마음을 관찰하는 것을 깨달았다고 합니까?" 五蘊(오온)이 본래 비어 실체가 없음을 알았으며, 마음에서 일어나는 작용이 두 가지 차별이 있음을 알았다. 하나는 깨끗한 마음이요, 다른 하나는 더러운 마음이다. 깨끗한 마음이란 번뇌가 없는 眞如(진여)의 마음이요 더러운 마음이란 샘이 있는 무명의 마음이다. 이 두 가지 마음은 본래부터 함께 갖추어져 일시적인 인연에 화합하였으나 서로 생겨나게 하지는 못한다.

이 표현을 丁壬癸의 원리로 이해하면 쉽다. 분리될 수 없는 한 쌍으로 이루어진 마음이 정신과 육체를 지배하니 나는 神과 같다. 하지만 완벽한 대칭이 깨지고 육체를 가진 후로는 色界의 탐욕으로 업보가 생겨난다. 참모습을 찾으려면 원래의 마음을 찾으면 그만이다. 마음은 내 육체가 있기 전부터 있었고, 육체가 생겨난 후에도 있으며, 육체가 사라진 후에도 영원히 존재하니 육체의 유무와는 무관한 것이다. 따라서 색계로 나와서 일시적인 인연에 화합하였을 뿐 그 중력과 척력의 차이는 존재하지 않으며 새롭게 생겨날 수도 없는 것이다.

　이런 이치를 이해하면 老子의 생각을 따라잡는다. 노자는 色界만 아름다운 세상이라고 보는 인간의 행위가 맘에 들지 않았다. 둘은 한 쌍이요 분리될 성질의 것이 아닌데 왜 그쪽만 바라보느냐고 묻는다. 丁壬 癸가 대칭을 이루고 冲氣로 조화를 이루면서 일시적으로 균형이 깨졌다가 맞춰지기를 반복하는 움직임이 본성이다. 丁癸 冲의 중간에 끼인 壬은 시소게임을 즐기는 가장 높은 단계의 神이며 老子의 樸과 같은 존재다.

| 제2부 |

도덕경道德經 본문本文

제1장 빅뱅 이전
01 움직임을 멈추지 않는다.
02 근본 틀은 변할 수 없다.
03 인간의 능력으로는 알 수 없다.
04 크다.

제2장 빅뱅 이후
01 천하의 시작
02 어디에도 존재하는 것
03 팽창한다
04 무위의 특징
05 수시로 변한다
06 만물을 이롭게 하는 생기
07 비어있음의 가치
08 빅뱅 이후 내용 요약

제3장 색계
01 색계
02 유위
03 권력과 전쟁
04 정치

老子 道德經

제1장
빅뱅 이전

01 움직임을 멈추지 않는다.
02 근본 틀은 변할 수 없다
03 인간의 능력으로는 알 수 없다.
04 크다.
05 빅뱅 이전 내용 요약

우주의 탄생에 대해 당신이 읽거나 들은 것은 뭐든지, 누군가가 지어낸 것이다. 태초에 무슨 일이 있었는지 오직 하느님만이 알고 있으며, 우리에게는 아직 알려주지 않았다.

≪신의 입자≫ 레더먼 지음 | 박병철 옮김

우리는 빅뱅 이전의 상황을 모른다. 스티븐 호킹은 빅뱅 이전에 時空間이 없었다고 한다. 王의 의지대로 모든 것이 응축되어 시공간이 존재하지 않는다고 여긴다. 블랙홀을 상상하면 이해가 쉬울 것이다. 빛조차 존재하지 않는 블랙홀은 시공간도 잡아먹는다. 블랙홀 속에서는 도대체 무슨 일이 생기는 것일까?

우리는 빅뱅 이전을 無로 표현한다. 사실 無는 분명한 성질을 가지지 않고, 패턴이나 구조도 없다. 사람들은 패턴으로 사물을 인지한다. 無에 패턴이 없으면 그것을 인지할 수 없다. 마치 구름이나 안개처럼, 완전히 무질서하여 우리가 그 속에 있는지 알 수 없는 것이다.
≪우주의 구멍≫ K.C 콜 지음 | 김희봉 옮김

老子는 대략 19章에 걸쳐 빅뱅 이전의 상황을 묘사한다. 그의 표현은 현대물리학과 유사하다는 느낌을 받는다. 양자물리학과 빅뱅 이론을 설명하는 것처럼 보인다. 19개 章에서 빅뱅 이전을 어떻게 묘사하는지 살펴보자. 그리고 老子의 생각을 정리해보자.

참고로 본문의 순서는 1章에서 81章을 순차적으로 설명하는 형식이 아니라 주제에 맞게 묶었다. 老子의 생각을 집약하여 살필 수 있기 때문이다. 순차적인 방식으로는 본문의 내용이 연결되지 않으니 老子의 생각을 따라잡기 힘들다.

01 움직임을 멈추지 않는다.

道德經 25章 - 움직임을 멈추지 않는다

> 有物混成 先天地生 寂兮寥兮 獨立不改
> 유물혼성 선천지생 적혜료혜 독립불개
> 周行而不殆 可以謂天下母
> 주행이불태 가이위천하모
> 吾不知其名 字之曰道 强爲之名曰大
> 오부지기명 자지왈도 강위지명왈대
> 大曰逝 逝曰遠 遠曰反
> 대왈서 서왈원 원왈반
> 故道大 天大 地大 王亦大
> 고도대 천대 지대 왕역대
> 域中有四大 而王居其一焉
> 역중유사대 이왕거기일언
> 人法地 地法天 天法道 道法自然
> 인법지 지법천 천법도 도법자연

• 의역 •

섞여 이루어진 어떤 물건이 천지가 생기기 이전부터 존재하였다. 극도로 응축되어 겉으로 보기에 적막하고 고요하지만 무엇으로부터도 독립적이며 그 본질은 절대로 변하지 않는다. 속에서는 끊임없이 회오리치며 움직임을 멈추지 않기에 천하의 어미라 부를 만하다.

나는 비록 그 정체를 모르지만, 분사로는 道리 부르고 어지로 이름을 붙인다면 大라 부르리라. 크기에 미치지 않는 곳이 없고 멀리 가며(서로 잇닿아 있으며) 다시 돌아온다.

따라서 道는 크고, 하늘도 크고, 땅도 크고, 왕 역시 크다. 네 개의 큰 것이 있는데 왕도 그 중 하나다. 사람은 땅을 본으로 삼고, 땅은 하늘을 따르며, 하늘은 도에 의지하며, 도는 자연을 따른다.

영원의 상징으로서 뱀은 그 꼬리를 물고 있다. 하지만 너무 많이 삼키게 되면 결국에는 모두 사라지게 될 것이다.

≪시간의 탄생≫ 알렉산더 데만트 지음 | 이덕임 옮김

道德經 25章은 有物混成, 先天地生(유물혼성 선천지생)으로 시작한다. 이 표현은 곱씹어도 단맛이 사라지지 않는다. 이 표현이 중요한 이유는, 빅뱅 이전에도 무언가 끊임없이 이어지는 움직임이 있다고 주장하기 때문이다. 이 표현이 빅뱅 이전과 이후를 설명하는지, 지구가 생겨나기 이전의 상태를 설명하는지 불분명하지만, 범위만 다를 뿐 그 이치는 다를 바 없다. 우리는 빅뱅 이전에 時空間이 없었다고 믿지만, 老子는 정반대 주장을 하는 것이다. 원자의 움직임은 빅뱅 이후에 생겨난 것이기에 독특해도 이상할 것이 없지만, 시공간이 생겨나기 전부터 움직임이 있었다는 老子의 주장은 황당하게 느껴진다. 無에서 有를 창조하거나, 빛을 창조하거나 시공간을 창조한 것이 아니라 無에도 이미 有物混成의 움직임은 존재하였다니.

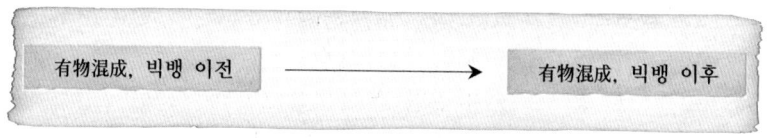

52章에서 자식을 보면 부모를 알고, 부모를 보면 자식을 알 수 있다고 하듯, 현재의 상태를 이해하려면 우주가 생겨나기 이전을 살펴야 한다. 老子는 有物混成의 상태라고 명확하게 표현하고 있다. 우리가 時間,

神, 道, 本性, 암흑에너지, 토션필드, 하느님 등으로 불리는 본성을 찾으려면 반드시 빅뱅 이전 그리고 빅뱅의 순간에 펼쳐진 상황을 살펴야 한다. 우리는 무의식적으로 빅뱅 이전에는 극히 아름다운 천국이나 극락이 있을 것이라 믿는다. 번뇌와 고통이 없는 아름다운 세상, 선악과를 따먹기 이전의 평화로운 천국을 상상해왔다.

과학자들의 주장에 의하면, 우주는 극히 안정적인 상태에서 엔트로피가 증가하는 방향으로 전개된다. 따라서 우주가 시작할 당시에는 응축되고 안정된 상태, 움직임도 없고 시공간도 없다고 상상했으며 천국과 극락이 있을 것이라는 믿음이 있었는데, 老子의 주장은 너무 다르다. 우리의 희망과 기대를 산산조각 내버린다. 천당도, 극락도, 지옥도 없다고 말한다. 混(혼)은 뒤죽박죽 섞인 상태인데 어디에서 천국을 찾을 것인가?

道德經 여러 곳에서 대단한 표현을 만나지만 有物混成은 명리, 과학, 종교, 철학적으로 중요한 표현이다. 사실, 有物混成과 先天地生은 대단한 표현은 아니지만 두 문장을 합하면 엄청난 의미로 다가온다. 수천 년 전에 살았던 老子가 天地가 생겨나기 전에 有物混成 상태였으며 빅뱅으로 우주에 펼쳐진 것의 정체도 또한 有物混成이라고 주장한다. 우리는 有物混成 부모가 만들어낸 有物混成 자식이다. 우주가 생기기 이전도 혼성이요, 우주가 생겨난 이후도 혼성이다. 어디에도 단조로운 세상은 존재하지 않는다.

물리학의 주장은 빅뱅 이후 우주에 암흑에너지가 펼쳐졌다고 한다. 老子의 有物混成과 암흑에너지는 어떻게 다를까? 우리는 암흑에너지의 정체를 알 수 없지만 단일한 무엇이라고 상상한다. 老子의 有物混成과는 다르게 보인다. 그렇다면 왜 혼잡하고 어떻게 혼잡할까? 이런 의문을 가져야 한다. 빅뱅의 순간을 상상해보자. 시공간이 펼쳐지고 엄청난 열기와 불꽃이 우주 전역으로 팽창하였다. 이것이 우주에 존재하는 모든 것의 본성이다. 다만, 우리는 보는 각도에 따라 전혀 다르게 표현하려는 경향이 있다. 물리학에서 시공간, 종교의 神, 老子의 道, 불교의 本性, 암흑에너지, 열기와 중력, 토션필드, 입자와 반물질, 氣, 에너지, 우주의 주인 등 다양한 이름으로 불린다.

생각해보자. 우리가 종교, 명리, 철학을 공부하는 이유는 빅뱅의 순간에 지녔던 순수하다고 여겨지는 본성을 찾기 위한 것이다. 우리는 막연하게 본성은 아이처럼 순수한 그 무엇이라 생각하여 왔다. 道德經에도 '아이처럼'이라는 표현이 꽤 나온다. 그럼에도 불구하고 老子의 有物混成이라는 표현 때문에 인간의 본성은 결코 순수한 것이 아님이 명확하다.

중력과 척력이 마구 섞여 회오리치며 끊임없이 움직인다. 따라서 성선설, 성악설을 따지는 것은 무의미하다. 이런 주장이 맞는지 확인하는 방법은 간단하다. 세상의 가장 작은 단위인 원자의 움직임을 들여다보면 확인가능하다. 위에서 살펴본 것처럼, 원자의 움직임은 有物混成과 다를 바 없다. 有物混成 모친이 有物混成 자식을 만들었기 때문이다. 老子의 주장이 이상하게 보일 수 있어도, 틀리다고 할 수 없다.

정리하면, 마구 섞인 물건이 天地가 생겨나기 전부터 존재하여 밝음과 어둠, 기와 질, 입자와 파동, 음양으로 상대적 개념들이 혼돈 상태였다가 우주에 펼쳐졌다. 有物混成에 대하여 좀 더 파고들어야 하는 부분이 있다. 有物混成은 두 단어로 구성되었다. 有物은 명확하게 존재하는 어떤 것이다. 天地가 생겨나기 전에, 시공간이 없었음에도 이미 존재했던 어떤 것을 物이라 표현한 老子의 확신이 느껴진다. 우리는 감각적으로 확인할 수 있는 것만을 물질이라 부르는데, 老子는 有物이라고 분명히 존재한다고 확신했다. '나는 그 존재를 명확하게 알고 있다. 천지가 생기기 전에도 이미 존재했던 우주의 주인이다.'

混成을 보자. 섞여 이루어졌다. 老子는 왜 混이라는 표현을 했을까? 몇 개를 의미할까? 하나 혹은 둘이라면 混이라는 단어를 쓰지 않았을 것이다. 예로 혼성그룹, 혼합물은 두 가지 이상이 섞인 것이고 반응하면 화합물이라 부르며 하나의 물질로 바뀐다. 따라서 混成은 두 개 이상이 섞인 어떤 것이다. 천지가 생기기 전에는 음양구분도 없다는 주장이 대부분이지만, 老子는 混成상태라고 다른 주장을 하고 있다.

태극과 비교해보자. 태극은 원형의 절반이 나뉘어져 상대편 중앙에 작은 동그라미가 있는 문양으로 양이 음으로 변하고 음이 양으로 변하는 순환 운동을 표현한다. 명확하게 대칭적인 태극 모형은 混成이라는 용어를 사용하기에 적합하지 않다. 그렇다면 混成은 어떤 모양이어야 할까?

바로 丁-壬-癸 모형이어야만 가능하다. 중력과 척력을 대칭으로 壬이 중앙에서 冲과 合으로 밀고 당기면서 반발하는 丁癸 冲을 조절하면서 회오리 운동으로 순환하게 만든다. 이런 混成의 모양이 양자역학과 고전역학의 본질이라 믿는다. 가장 중요한 작용은 壬으로, 冲氣以爲和 즉, 冲으로 튕겨 나가는 중력과 척력을 밀고 당겨서 도망가지 못하게 하는 과정에 회오리칠 수밖에 없으며 원자핵과 전자 사이에 텅 빈 공간, 진공상태를 만들어낸다.

이런 이유로 우주 본성은 한순간도 멈추지 않고 회오리치면서 파동을 일으키며 척력에서 중력으로, 중력에서 척력으로 변하는 오묘한 성질이다. 이 과정에 丁은 중력과 열기로 한쪽으로 당겨 물질을 만들고, 쫓는 척력으로 밀어내면서 공간을 넓히고 팽창한다. 老子의 有物混成은 생각할수록 대단한 표현이다. 천지창조와 유물혼성 사이에는 생각보다 큰 관점의 차이가 존재한다. 천지창조의 경우는 없음에서 있음으로, 죽음에서 삶으로의 변화과정이지만, 유물혼성은 원래부터 있었고 천지가 생겨나도 있으며 원래부터 움직였고 천지가 생겨난 후에도 움직임을 본성으로 한다.

身生天地后 신생천지후
내 몸은 천지가 생겨난 후 얻은 것이나

心在天地前 심재천지전
내 마음은 천지가 생겨나기 전에 얻은 것이라.

天地自我生 천지자아생
고로 천지는 내 정신에 의해 생겨나는 것인바

自余何足言 자여하족언
그 여유로움을 어찌 글로 다 표현할 수 있으리.

-소강절 "자여음"

이 내용과 道德經이 다르지 않다. 우리는 육체를 얻고 난 후에 마음이 생겨났다고 생각하지만, 천지가 생겨나기 전에 마음이 있었고(有物混成), 그 도움으로 육체(身)를 얻었으며 그 정신과 호흡하며 살아간다. 따라서 마음이 먼저 생기고 나중에 육체를 얻은 것이다. 육체를 얻었기에 마음을 얻었다는 설명은 맞지 않다. 모든 생명체의 내부, 외부 어디에도 영원히 존재하며 한순간도 사라지지 않고 머무르는 마음의 존재를 느낄 것이다. 빅뱅의 순간에 형성한 본성이 우리의 주인이 분명하다.

寂兮 寥兮 적혜 료혜
적막하고 고요하다. 有物混成 상태, 壬의 상태가 적막하고 고요하다. 또 다른 표현으로는 광활하고 넓다. 26章에서 무겁다고 표현한 것을 고려하면 적막하고 고요하다로 해석하는 것이 맞다. 즉, 壬은 내부에서는 유물혼성 상태인데 겉으로 보기에는 적막하고 고요하다.

獨立不改 독립불개
독립적이고 절대로 바뀌지 않는다. 이 표현도 매우 중요하다. 道德經 전반에 펼쳐진 노자의 중요한 생각은 "절대불변의 흔들리지 않는 기준"이다. 老子는 이점을 극도로 중시했다. 노자에게 흔들리지 않는 기준이 없다면 모든 것은 무의미했다. 본성의 기준점(道)은 절대로 변함이 없어야 했다. 이 정도 표현으로는 老子가 절대불변의 기준을 얼마나 중시했는지 그리고 獨立과 不改의 깊은 의미를 완벽하게 이해하기는 역부족이다.

獨立은 常이다. 누구에게도 지배받지 않으며 스스로 존재하며 영원히 흔들리지 않는다. 반대 표현이 1章에 나오는 非常이다. 常과 非常의 차이점은 단순하게 기준의 문제가 아니다. 老子가 생각하는 常의 조건은 굉장히 까다롭다. 우리는 "절대불변"을 마치 딱딱하게 고정되어 변화가 전혀 없는, 그래서 生氣가 없다고 생각한다. 하지만 노자의 관점은 전혀 다르다. 살아서 생동감 넘치며, 끊임없이 움직이면서도 정해진 기준이 바뀌지 않아야 했다. 따라서 <u>老子의 常은 움직임이 없는 상태가 아니었다</u>. 이 점은 극히 중요하다.

獨立不改를 이렇게 해석할 수밖에 없는 이유는 有物混成 때문이다. 有物混成 상태에서 獨立不改 하므로 움직이면서도 기준이 변하지 않는다. 참으로 어지러운 주장이다. 老子는 有物混成에서 안정을 찾고자 노력한다. 실현 불가능해 보이고 비논리적인 주장이며 이상을 꿈꾸는 것처럼 보인다. 우리는 天地가 열리기 이전의 상태를 無, 時空間이 없는 세상으로 동경한다. 따라서 天地는 없음에서 있음을 창조한 것이다. 죽음에서 삶이 생겨난 것이다. 하지만 老子는 無의 세상에서도 有物混成으로 움직이다가 빅뱅으로 펼쳐져 유물혼성으로 움직인다고 본다. 전혀 다른 천지창조 과정을 설명하고 있다. 그래야만 하는 이유는 움직임이 있어야 生氣가 있고, 生氣가 있어야 변화할 수 있기 때문이다. 이것이 老子가 생각하는 常의 깊은 뜻이다.

周行而不殆 주 행 이 불 태

끊임없이 움직이지만 위태롭지 않다. 천지창조 이전에도 끊임없이 움직인다. 움직임을 절대로 멈추지 않는다. 우주를 창조한 어미는 움직임을 멈출 수 없다. 아무리 움직여도 위태로울 수는 없다. 이런 이치를 老子는 獨立不改, 谷神不死, 常 등으로 표현한다. 周行은 넓은 시공간을 순환하는 것이 아니라 원자의 세계처럼 극히 응축된 시공간에서 有物混成 상태로 절대로 멈추지 않고 주행한다.

可以爲天下母 가이위천하모
천하를 창조한 모친이라 부를 만하다. 마구 섞여 고요하고 적막한 상태로 회오리치며 주행하지만, 절대로 멈추지 않는다. 우리를 창조한 조물주의 모습이다. 이런 존재가 온 우주에 펼쳐지고 척력에 숨어있던 열과 중력으로 물형을 빚어 은하, 항성, 행성 지구를 만들고 생명체도 만들었다. 모든 것에는 天下 母의 절대로 멈추지 않고 변하는 生氣가 숨어있다. 이런 이치를 이해하면 우주를 만들어낸 神의 의지는 生氣를 퍼트리고 만물을 이롭게 하는 것임을 깨닫는다.

吾不知其名 字之曰道 强爲之名曰大
오 부 지 기 명   자 지 왈 도   강 위 지 명 왈 대

나는 그 정체를 모르지만 문자로 표현하면 道라 부르고 억지로 이름을 붙이면 大라 부르리. 老子의 표현이 적절하다. 정체를 모르는 무언가의 특징을 알지만, 그 실체가 무언지 알 수 없다. 무어라 부를 것이냐고 묻는다면 道라 부르고 싶다. 天地母의 실체를 이름으로 표현하면 "크다" 이다.

大曰逝 逝曰遠(連) 遠(連)曰反 대왈서   서왈원(연)   원(연)왈반
1) 크기에 미치지 않는 곳이 없고, 멀리 갈 수 있고 다시 돌아오는 것이다.
2) 크기에 미치지 않는 곳이 없고 서로 잇닿아 있으며 다시 돌아오는 것이다.

이 문장은 어느 것으로 해석해도 무리가 없지만 2)가 더 적합해 보인다. 大는 우주 전역에 그 영향이 미치지 않은 곳이 없고 "서로 잇닿아 있다" 아무리 시공간이 넓어도 天地 母는 공통의 시공간에 존재하며 잇닿아 있기에 순환할 수 있다. 反이라는 표현이 나오는데 매우 깊은 뜻이 있다. 40章에서 그 의미를 자세히 살펴야 한다. 反은 서로 연결되어 反復, 순환한다는 의미다. 어미가 만들어 놓은 이 우주는 팽창과 수축을 반복하며 순환한다.

故道大 天大 地大 王亦大 고도대 천대 지대 왕역대
고로 도는 크고, 하늘도 크고, 땅도 크고, 왕 역시 크다.

域中有四大 而王居其一焉 역중유사대 이왕거기일언
네 개의 큰 것이 있는데 왕도 그 중 하나다.

人法地 地法天 天法道 道法自然. 인법지 지법천 천법도 도법자연
사람은 땅을 본으로 삼고, 땅은 하늘을 따르며, 하늘은 도에 의지하며, 도는 자연을 따른다.

크게 해석을 필요로 하지 않는 문장들이다. 다만, 여기에 王을 왜 끼어 넣었는지는 궁금하다. 뒤의 章들을 살펴보면 알겠지만, 老子는 드러나지 않거나, 존재가 없는 王을 원했기에 王도 그중 하나라고 표현하였을 리는 없기 때문이다.

道德經 4章 – 움직임과 변화가 본성이다

> 道沖而用之 或不盈
> 도 충 이 용 지   혹 불 영
> 淵兮 似萬物之宗
> 연 혜   사 만 물 지 종
> 挫其銳 解其紛
> 좌 기 예   해 기 분
> 和其光 同其塵
> 화 기 광   동 기 진
> 湛兮 似或存
> 담 혜   사 혹 존
> 吾不知誰之子 象帝之先
> 오 부 지 수 지 자   상 제 지 선

•의역•

道는 끊임없이 충돌하며 그 작용력은 끝이 없구나. 깊고 깊어 마치 만물의 근원과 같구나. 천지가 생겨나기 이전에는 극도로 응축되어 적막하고 고요한 내부에서는 끊임없이 움직이며 날카로움을 꺾고, 엉클어짐을 풀어헤치고, 빛과 함께 하며, 그 먼지와 함께 마구 회오리치는구나. 그윽하여 마치 존재하는 것과 같아서 비록 누구의 자식인지 모르지만 마치 조물주 보다 앞선 존재인 듯하다.

같은 강에 두 번 발을 담글 수 없다. - 플루타르코스 도덕론

우리는 25章에서 시공간도 없는 無의 세계를 有物混成으로 표현한 老子의 놀라운 직관을 느꼈다. 과학자들의 연구에 의하면 無는 결코 아무 것도 없다는 의미가 아니다. 밀고 당기는 에너지가 완벽한 대칭으로 극도로 응축된 시공간 속에서 끊임없이 충돌하고 회오리치고 있다. 138억 년 전, 어떤 이유에선가 완벽했던 대칭이 깨지고 우주가 생겨나 시공간과 엄청난 열기를 우주에 쏟아냈다.

생각해볼 문제는, 과연 본성의 핵심은 무어냐는 것이다. 완벽한 대칭을 이룬 有物混成의 세계에서 파동과 입자가 탄생하고 어미의 본성을 닮은 有物混成 자식도 끊임없이 움직이며 변화한다. 이런 본성은 "움직임"이다. 자연에 변화가 발생하는 이유는 움직임을 본성으로 하기 때문이다. 빅뱅 이전, 폭발 후에도 멈추지 않고 영원히 멈추지 않으며 周行不殆(주행불태)의 우주를 유지할 것이다. 인간도 생명을 유지하려면 반드시 움직여야 하는 것처럼.

老子는 獨立不改(독립불개), 常(상)이라는 표현으로 움직이면서도 흐트러지 않는 본성을 설명하고 있다. 어떤 상황일 때 不死의 움직임이 실현될까? 이것을 이해하면 우주, 자연, 인간의 본성을 발견할지도 모른다. 우리는 有物混成 움직임에 일정한 법칙이 있을 것으로 믿는다. 인류가 원자의 움직임에 대한 탐구를 절대로 포기하지 않는 이유다.

저자가 생각하는 본성은 이렇다. 원자핵과 전자의 움직임을 상상해 보자. 중력(丁, 양성자)과 척력(癸, 전자)이 긴장감을 유지하면서 충돌과

정에 움직임을 조절하고 긴장감을 유지해줄 무언가가 필요한데 그 것이 바로 壬(원자핵)으로 老子가 설명하는 樸(박)이다. 파동과 입자 사이에서 균형을 잡아주고 회오리치면서 절대로 멈추지 않는 근원적인 움직임이다. 이 본성은 우주가 생겨나기 전에도, 생겨난 후에도 그러하며 138억 년이 지난 지금도 동일하다. 우리의 어미는 不死이기에 가능하다. 노자의 常이요 獨立不改다. 이 과정을 그림으로 표현해보자.

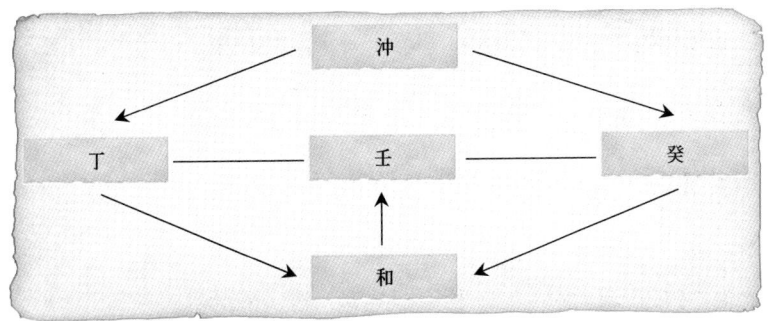

丁癸가 沖하는 과정에 중간에서 壬이 양쪽을 잡아 돌리면서 긴장감을 유지한다. 沖 하면서도 和하는 참으로 오묘한 움직임이다. 老子는 이런 움직임을 아름답게 표현했다. **沖氣以爲和(충기이위화)** 중성자와 양성자, 전자가 조화를 이루는 양자세계와 유사하다.

상기 내용을 상상하면서 道德經 4장을 살펴보자. 극히 짧은 문장이지만 의미를 살피려면 끝이 없을 정도다. 老子는 우주폭발 이전의 周行不殆 움직임을 설명하고 있다.

道沖而用之 或不盈 도는 끊임없이 충돌하며 그 작용이 끝이 없구나.

淵兮 似萬物之宗 깊고 깊어서, 마치 만물의 근원과 같도다.

挫其銳 날카로움을 꺾고

解其紛 엉클어짐을 풀어헤치고

和其光 그 빛과 함께 하며

同其塵 그 먼지와 함께 하도다.

湛兮 似或存 그윽하여 마치 존재하는 것과 같도다.

吾不知誰之子 비록 누구의 자식인지 모르지만,

象帝之先 마치 조물주 보다 앞선 존재처럼 느껴지는구나.

표현들이 참 이상하다. 우리가 평시에 사용하는 용어들이 아니다. 만물의 근원, 조물주, 날카로움, 엉클어짐, 빛과 먼지 등 老子는 무슨 말을 하고픈 것일까?

道沖 도충

道德經에는 아름다운 표현이 가득하다. 비교할 수 없을 정도로 독특하고 의미 또한 깊다. 4장 첫 단어가 道沖인데 대부분 "텅 비어 있다"로 해석한다. 이런 해석으로 道德經의 핵심단어 하나가 그 가치를 상실해버린다. 안타까운 일이다. 여기에서 진공, 비어 있음, 無의 개념을 정리할 필요가 있다. 생각해보자. 과연 비어 있음은 정지 상태일까, 움직이고 있는 상태일까? 대부분은 텅 비어서 움직임이 없는 상태이며 무언가를 가득 채울 수 있는 공간이라고 상상한다.

하지만 25章의 有物混成이라는 표현을 생각하면 비어있다는 해석은 적절하지 않다. 세상의 가장 작은 단위인 원자도 좌충우돌하면서 움직이는데 어떻게 움직임이 없을까? 老子는 冲의 의미가 한시도 멈추지 않고 움직이는 파동, 떨림, 팽창을 표현한 것이며 정지상태가 아니라고 명확하게 밝혔다. 공간과 움직임은 전혀 다른 것이다. 비어있음으로 無를 인식한다면 물질을 채우는 용도의 공간을 뜻하지만 움직임은 끊임없이 파동하는 에너지이며 물질을 채우는 빈 공간이 아니다.

이 개념이 확실해질 때에서야 비로소 움직임의 주체와 방식, 변화원리를 이해하고 老子의 道를 만난다. 데모크리토스는 원자 이론을 체계화하였는데 끊임없이 움직이면서 변화한다고 상상하였다. 그 움직임은 자발적 의지로 어떤 목적이나 의도는 없기에 老子의 無爲와 흡사하다. 움직이지만 목적이나 의도는 없는 것이다. 그렇다면 왜 움직이며 어떤 방식으로 움직이는지 이해해야 비로소 道의 개념을 따라잡는다. 데모크리토스가 주장한 내용 중에서 중요한 것들을 간략하게 살펴보자.

1. 사물의 생성과 소멸에는 존재하는 것에 내재한 불변의 힘 바로 원자가 작용한다.
2. 원자는 필연적인 힘으로 세상을 창조하는 소용돌이를 만들어낸다.
3. 사람의 영혼과 지성 또한 원자로 만들어진 섬세한 물질이다.
4. 행복은 삶의 최종목적이며 원자로 만들어진 혼이 안정된 상태다.
5. 사물 특성은 원자들 형태와 크기, 배열, 받아들이는 사람의 감각에 따라 달라진다.

6. 인체는 원자들이 모여서 이루어지고 죽음은 원자들이 흩어지는 것이다.

데모크리토스가 주장하는 내용의 핵심은 움직임이다. 우주를 창조한 소용돌이의 가장 근원적인 존재가 원자라고 주장한다. 기원전 4~5세기 철학자가 느꼈던 우주관과 최근에 등장하는 끈 이론의 논리와 유사해 보인다. 데모크리토스와 끈 이론의 공통점은 파동, 에너지, 떨림, 활력, 멈추지 않는 움직임이다. 우주를 구성하는 최소단위가 한시도 멈추지 않고 움직이면서도 목적이나 의도가 없다. 이런 움직임을 老子는 道沖으로 표현하였다. 비어있어서 물질을 채우는 극히 수동적인 공간이 아니었다.

道空(도공), 道無(도무), 道虛(도허)와 같은 표현들은 인지의 한계를 표현하는 단어들이다. 우리는 눈으로 보아야 존재하는 것으로 믿는다. 이런 주장은 物質界(물질계)만 존재한다는 논리와 다를 바 없다. 하지만 데모크리토스, 老子는 보이지 않는 세상에서 끊임없이 살아 움직이는 무언가를 보았다. 텅 비어 보이는 우주 공간에 에너지가 가득 차 움직이고 있다고 주장했다.

지금 우리는 沖을 "비어있음"으로 해석하면 안 되는 이유를 살피고 있다. 老子는 靜的(정적) 우주를 설명하는 것이 아니며 빈 공간이 있기에 물질을 채울 수 있다는 의미도 아니다. 沖의 사전적 의미를 살펴보자.

1. 힘차다 2. 향하다 3. 구멍을 뚫다. 4. 세차다 5. 대(對)하다 6. 빌 충 등이다. 중국어 해설로는 1. 冲擊 冲撞 冲激 冲打. 충격 충동 충격 충타 2. 直朝某一方向而去. 직선으로 다른 한쪽을 향하여 가다 3. 破除 毁坏. 제거하다 망가뜨리다 4. 動. 움직이다 등이다. 한문, 중국어 모두 비어있다는 개념은 冲의 일부 뜻에 불과하며 격한 움직임을 표현한다.

42章에 나오는 冲氣以爲和(충기이위화)의 冲氣를 비어있다고 이해하면, 비어있어서 조화를 이룬다는 엉터리 해석을 해야만 한다. 비어있음과 끊임없이 움직이며 충돌하는 것은 전혀 다른 차원이다. 비어있음은 그릇 내부가 패어서 음식을 담는 수동적인 행위를 뜻한다. 冲은 멈추지 않는 파동으로 우주에서 끝없이 발생하는 창조와 파괴의 원동력이다. 정리하면, 道冲은 격렬한 움직임이다. 이런 개념들을 이해할 때에서야 老子의 생각을 따라잡는다.

道冲 而用之或不盈 도충 이용지혹불영
도는 텅 빈 것이어서 쓸려고 하면 잡히지 않아 소용이 없다.
도는 텅 비어 있으나, 아무리 써도 다함이 없는 듯하다.
도는 비어있음으로 작용하여, 언제나 차지 않는다.

몇 개의 책에서 발췌한 해석들이다. 모두 冲을 비어있음으로 이해한다. 이제 충돌의 움직임을 상상하면서 다시 해석해보자.

道沖 而用之或不盈 도충 이영지혹불영
道는 끊임없이 충돌하며 그 작용력이 끝이 없구나. 강력한 생동감이 느껴진다. 谷神不死(곡신불사)처럼 우주 어미는 절대로 죽지 않는다. 본질은 변할 수 없다. 끊임없이 움직이며 서로를 향하여 돌진하여 변화를 이끌어내는 작용은 무궁무진하다. 老子의 道가 정체를 드러냈다. 아래는 4章에서 이해하기 어려운 문장들이다.

淵兮 似萬物之宗 연혜 사만물지종
깊고 깊어서, 마치 만물의 근원과 같도다. 老子의 생각은 명료하다. 道沖으로 만물을 만들어냈다. 움직임과 변화 속에서 만물이 생겨난 것이다. 빅뱅 이전은 비어있거나 정지된 세상이 아니었다.

挫其銳 解其紛 和其光 同其塵 좌기예 해기분 화기광 동기진
날카로움을 꺾고, 엉클어짐을 풀어헤치고, 빛과 조화를 이루고, 먼지와 함께 하도다. 일상생활에서 이런 의미나 동작은 무엇을 뜻할까? 상상하기 어렵다. 일상생활에는 없는 표현들이다. 만약 有物混成으로 마구 섞여 혼탁한 빅뱅 이전의 상황을 이해하면 어렵지 않다. 상상해보자. 극도로 응축되어있지만 그 속에서는 有物混成과 道沖으로 뒤죽박죽 움직이는 빅뱅 이전의 상태로 그 정체를 규정할 수 없다. 날카로움, 엉클어짐, 빛인 듯 어둠인 듯, 영화로운 듯 먼지인 듯 마구 뒤엉켜 몸부림쳐 분별이 불가능하기에 모두 하나다. 다음 문장에 이렇게 표현한다.

湛兮 似或存 담혜 사혹존
그윽하여 마치 존재하는 것과 같구나. 或은 '마치'라고 해석한다.

吾不知誰之子 오부지수지자
비록 누구의 자식인지 모르지만. 老子의 표현은 참으로 흥미롭다. 나는 우주 어미의 정체를 모르겠다. 뉘 집 자식인지도 모르겠고 확인할 방법도 없어 알 수는 없다. 하지만......

象帝之先 상제지선
마치 조물주보다 앞선 존재처럼 느껴지는구나. 이런 표현들은 좀 애매하다. 조물주가 최고인 줄 알았는데 먼저 존재한 무엇을 설명하고 있다. 老子는 우주를 만들어낸 존재를 확신하고 있다. 빅뱅 이전과 이후로 나눠서 살펴보면 그 뜻이 명확해진다.

> 빅뱅 이전(壬) - 조물주보다 앞선 존재 有物混成.
> 빅뱅 이후(癸) - 有物混成을 대행하는 자. 帝

이 구분은 중요하다. 조물주보다 앞선 존재, 조물주를 낳은 어미는 우주 창조 이전의 有物混成 壬을 지칭한다. 유사한 내용을 언급한 56章을 살펴보자.

道德經 56章 – 섞여 나눌 수 없다

知者不言 言者不知
지자불언 언자부지

塞其兌 閉其門
색기태 폐기문

挫其銳 解其紛 和其光 同其塵
좌기예 해기분 화기광 동기진

是謂玄同
시위현동

故,不可得而親 不可得而疎
고, 불가득이친 불가득이소

不可得而利 不可得而害
불가득이리 불가득이해

不可得而貴 不可得而賤
불가득이귀 불가득이천

故爲天下貴
고위천하귀

• 의역 •

道의 이치를 진정으로 아는 자는 말이 없고, 學에 대하여 말 잘하는 자는 道를 알지 못한다. 色界의 구멍을 막고 오감의 문을 닫아, 하나로 응축된 그 속에서 날카로움을 꺾고, 엉클어짐을 풀어헤치고, 빛과 조화를 이루고, 먼지와 함께 하면 달라 보이는 모든 것들은 하나가 되고 모든 경계는 사라진다.

이런 움직임을 玄同이라 부르며 섞여 하나이기에 가까이 할 수도 멀리 할 수도 없고, 이로울 수도 해로울 수도 없다. 귀할 수도, 천할 수도 없다. 이것을 천하의 귀한 것이라 한다.

56章은 4章 내용과 절반이상 겹친다. 뒤섞여 옳고 그름이 존재하지 않는 어미의 본성을 따를 것이며 한쪽으로 치우쳐 분별하지 말라는 요구를 하고 있다.

知者不言 言者不知 지자불언 언자부지
아는 자 말이 없고, 말 잘하는 자 알지 못한다. 별로 어려운 문장은 아니다. 빅뱅 이전의 상황에 대해서, 본성에 대해서 아는 자는 없다. 老子는 道의 정체를 모른다고 표현한다. 아는 것처럼 표현해봐야 황당한 주장이기 때문이다. 안다고 떠드는 모든 것들은 道가 아니라 學(물질을 위한 학문)이라는 암시다. 중요한 문장은 다음에 이어진다.

塞其兌 閉其門 색기태 폐기문
구멍을 막고, 문을 닫아. 빅뱅 이전의 상태(본성)를 보고자 한다면 色界를 향한 오감작용을 닫으라는 요구다. 是非를 따지는 태도를 버리지 않으면 우주 어미의 정체를 알 수 없다. 信心銘(신심명)에서 간택함을 버릴 때에서야 비로소 道에 이른다는 의미와 동일하다. 어미의 모습은 어떨까?

挫其銳 解其紛 和其光 同其塵 좌기예 해기분 화기광 동기진
날카로움을 꺾고, 엉클어짐을 풀어헤치고, 그 빛과 소화를 이루고, 먼지와 함께 하도다. 빅뱅이전 무한대로 응축한 有物混成의 내부구조와 상황을 설명하고 있다. 불확정적인 원자의 움직임을 상상하면 이해가 쉽다. 우주 본성은 이렇게 어지럽다. 뚜렷하게 드러난 세상을 살기에 자꾸만 분별하려는데 老子는 옳고, 그름, 좋고, 나쁨이 섞여 이루어진 세상을 느껴보라고 한다. 구멍과 문을 막아 간택하지 말라고 한다. 老子의 道가 어렵게 느껴지는 이유다.

是謂玄同 시위현동
이것을 현동이라 한다. 정체를 모르는 우주 어미 王의 모습이다. 王은 모든 것을 담아 회오리친다. 옳고 그름이, 밝고 어둠의 경계가 없고 전혀 달라 보이는 대칭구조들이 함께한다. 어미의 정체는 우리가 상상하는 그것과는 전혀 다르다. 화려하거나 아름답거나 인간이 좋아하는 환경이 아니다.

故 따라서

不可得而親 불가득이친   가까이 할 수도 없고

不可得而疎 불가득이소   멀리 할 수도 없으며

不可得而利 불가득이리   이로울 수도 없고

不可得而害 불가득이해   해로울 수도 없다.

不可得而貴 불가득이귀   귀할 수도 없고

不可得而賤 불가득이천   천할 수도 없다.

故爲天下貴 고위천하귀   따라서, 이것을 천하의 귀(道)라 한다.

상기 문장들은 복잡하게 생각할 필요 없다. 마구 섞여 분별없음이 본성이니 분별하지 말라, 한쪽으로 치우치지 말라는 것이다. 그 것이 玄同이다. 중력과 척력, 입자와 파동, 선과 악, 빛과 어둠의 경계에서 어느 쪽도 선택할 수 없다. 둘이 하나로 묶여 절대로 나뉠 수 있는 성질이 아닌 것이다.

02 근본은 변할 수 없다.

道德經 6章 - 谷神不死 흔들리지 않는 기준점

> 谷神不死 是謂玄牝
> 곡 신 불 사   시 위 현 빈
> 玄牝之門 是謂天地根
> 현 빈 지 문   시 위 천 지 근
> 綿綿若存 用之不勤
> 면 면 약 존   용 지 불 근

•의역•

빅뱅이전 극도로 응축되어 있던 우주를 창조한 谷神은 절대로 죽지 않으며, 검은 암컷이라 부른다. 검은 암컷의 문을 천지의 뿌리라 부르는데 이어지고 이어져 마치 존재하는 듯하고 그 작용은 끝이 없으며 절대로 움직임을 멈추지 않는다.

지금까지 살펴본 빅뱅 이전의 상태는 有物混成이며 周行不殆로 끊임없이 움직이며 道沖으로 충돌하며 변화한다. 老子는 6章에서 더욱 강력한 어조로 움직임은 절대로 멈추지 않는다고 표현한다. 바로 谷神不死(곡신불사)다. 谷神의 정체는 道沖으로 이루어지는 有物混成의 움직임이며 절대로 죽지 않는다. 왜 그럴까? <u>흔들리지 않는 기준</u>이 사라질 수는 없는 것이다. 老子에게 흔들리지 않는 기준은 엄청나게 중요한 개념이다. 만약 우리가 1장부터 6장까지 순차적으로 읽어왔다면 谷神의 정체를 파악하기 힘들었을 것이다. 25章, 4章, 56章 다음에 살펴보는 谷神不死는 결코 어려운 개념은 아니다.

谷神不死　곡신(壬, 빅뱅 이전)은 절대로 죽지 않으며,
是謂玄牝　검은 암컷이라 부른다.
玄牝之門 是謂天地根　검은 암컷의 문을 천지의 뿌리라 부르는데
綿綿若存 用之不勤　이어지고 이어져 마치 존재하는 듯하고 그 작용은 끝이 없다.

老子는 계속 有物混成의 상태를 설명하고 있다. 谷神의 정체를 파헤쳐보자.

1) 절대로 죽지 않는다.
2) 암컷이며 검은 색이다.

3) 천지의 뿌리로 천지를 낳는다.
4) 끊임없이 이어져 존재하는 것 같으며 작용은 끝이 없다.

우리는 이런 특징을 가진 존재를 찾아야만 谷神을 이해한다. 흥미로운 것은 곡신은 검은 색이기에 그 정체를 모르지만, 암컷이기에 무언가를 창조할 수 있고 天地를 낳는다. 그 움직임은 면면히 이어지고 존재하는 것처럼 보인다. 도대체 무엇이 계속 이어져 있을까? 有物混成의 움직임이 周行不殆로 이어지는 것이다. 老子가 약존(若存)이라 표현한 이유는 정체를 확인할 방법이 없기 때문이다. 존재하는 것 같기도, 그렇지 않은 것도 같아서 그 모호함을 검다고 표현하였다.

이 표현에서 빅뱅 이전, 이후, 블랙홀을 상상했다면 老子의 생각을 따라가는 것이다. 우주 전역에 무언가 끊임없이 튀어나오는 상황을 조금 더 뒤로 돌리면 빅뱅 이전으로 가는데 그 정체가 바로 老子의 谷神이며 天地 母다. 정리하면 谷神은 우주를 창조한 有物混成 에너지다. 우주 전역에 계속 무언가를 쏟아낸다. 풀무처럼 돌리면 돌릴수록 팽창하며 절대로 죽지 않는다.

王(谷神, 玄牝)의 징체는 규모에 따라 다르다. 우주 곡신은 138억 년 동안 우주에 쏟아져 나온 모든 것을 낳는 존재다. 지구 곡신은 끊임없이 샘솟는 生命水로 생기를 창조한다. 인간 곡신은 우리를 낳아준 어머니다. 암컷이라 표현한 이유는 없던 것을 존재하게 만드는 역할이 어머니와 같기 때문이다. 곡신은 도대체 무슨 능력을 가졌기에 138억 년 동안 우주를 팽창하게 만들고 물질과 생명체들을 쏟아낼까? 곡신은 왜 죽지 않을까? 이상한 점은, 老子는 不死라고 극히 단정적으로 표현했다. 왜 죽지 않는다고 단언했으며 면면히 이어져 마치 존재하는 것 같다고 했을까? 이 의문에 답하지 못하면 谷神不死를 뜬구름 잡듯 이해하고 대충 넘어가고 만다.

    有物混成, 周行不殆, 不死의 핵심은 沖이다. 충돌하기에 멈추지 않고 절대로 죽지 않는다. <u>멈추고 싶어도 계속 충돌이 발생하기에 멈출 수가 없다.</u> 老子는 움직임과 변화가 우주 본성이라는 표현을 하고 있다. 이런 작용은 원자의 움직임에서 확인할 수 있다. 원자핵에 있는 양성자, 중성자와 전자가 반응을 보이면서 팽창하기 위해서 가장 가벼운 수소와 헬륨이 개입된다. 有物混成과 道沖, 원자의 움직임을 연결하면 영원히 不死하는 谷神을 이해한다. 중력과 척력, 전기와 자기가 충돌하면서도 팽창하는 조건이면 가능하다. 丁(중력)-壬(매질)-癸(척력)의 道沖조합이다. 道沖의 움직임을 제외하고 영원히 죽지 않는 존재가 있을까? 절대로 죽지 않으며 면면히 이어지는 존재는 時間뿐이다. 시간은 **用之不勤**으로 작용이 멈추지도 끝나지도 않는다. 영원히 순환하는 谷神처럼 죽지 않으며 이어진다. 따라서 谷神을 시간이라 해도 이상할 것이 없으며 無爲이자 道의 본질이다. <u>道와 時間, 谷神과 有物混成</u>은 동일한 것이다. 道德經을 읽어가는 과정에 老子가 설명하는 도의 정체를 계속 확인하겠지만 時間이 道, 谷神, 有物混成이라고 인지하면 이해가 **빠를** 것이다.

玄牝之門 是謂天地根 현빈지문 시위천지근
검은 암컷의 문을 천지의 뿌리라 부른다. 谷神이 열리면서 天地가 생겨난다. 그 문을 열고 나가면 우리는 빅뱅으로 시작된 우주의 장관을 구경하는 것이다.

綿綿若存 用之不勤 면면약존 용지불근
이어지고 이어져 존재하는 듯하고, 사용해도 그 작용은 끝이 없다. 谷神, 有物混成은 빅뱅 이전에도 존재하는 듯하며 그 작용은 끝이 없다. 인간의 능력으로 알 수는 없지만 우주에 무언가를 계속 생산해내기에 존재하는 것처럼 보인다.

> 이 세상에는 거대하면서도 지극히 평범한 비밀이 하나 있다.
> 우리 자신도 그것의 일부이며 누구나 그것을 인식하고 있다.
> 그러나 그것에 대해 생각하는 사람은 극소수에 불과하다.
> 대부분은 그것을 그냥 있는 그대로 받아들이고 그 존재에 대해 아무런 고민도 하지 않는다. 그 비밀이란 시간이다.
> - 미카엘 엔데(Michael Ende, 독일 아동문학가)

道德經 26章 – 본질은 변하지 않는다.

重爲輕根 靜爲躁君
중 위 경 근   정 위 조 군

是以聖人終日行 不離輜重
시 이 성 인 종 일 행   불 리 치 중

雖有榮觀 燕處超然
수 유 영 관   연 처 초 연

奈何萬乘之主 而以身輕天下
내 하 만 승 지 주   이 이 신 경 천 하

輕則失本 躁則失君
경 즉 실 본   조 즉 실 군

•의역•

빅뱅 이전은 극도로 응축되어 무거웠고 고요하였으나 빅뱅 이후에는 가벼워지고 시끄러워졌다. 빅뱅 이전의 주인은 끊임없이 움직이면서도 항상 변함없이 그 본성을 지키고 유지하는구나.

언제나 수레의 무거움을 유지하며 비록 화려한 色界의 영화로움을 모르는 바 아니지만 그 본성에서 벗어나지 않는다. 우주를 창조한 주인이 어찌 함부로 그 존재를 천하(色界)에 드러내겠는가? 비록 우주 어미가 만들어낸 가벼움과 시끄러움(色界)일지라도 色界에 너무 치우치면 본성을 잃어버릴 것이다.

신기하게도 원자구조에서 원자핵이 질량 대부분을 차지한다. 수렴, 응축작용으로 모든 질량이 원자핵 중심에 모이고 전자는 원자핵을 바탕으로 충돌하며 튕겨져 나갔다가 중력으로 다시 원자핵으로 돌아오는 과정에 빛과 전기, 자기가 생겨나고 끊임없이 팽창하는 것처럼 보인다. 원자핵과 전자 사이에는 상상을 초월하는 빈공간이 있으며 無, 虛, 空, 沖의 개념들과 연결된다. 원자를 빅뱅 이전과 이후에 비유하면 원자핵은 빅뱅 이전, 전자는 빅뱅 이후와 같다. 전자는 튕겨져 반발하며 움직인다. 이런 이치를 상상하면서 26章을 읽어보자.

重爲輕根 靜爲躁君 중위경근 정위조군
무거움은 가벼움의 뿌리요, 고요함은 시끄러움의 임금이다.

6章에서 谷神은 不死한다고 설명한 후, 26章에서 重爲輕根이라는 이상한 표현이 나오는데 해석은 어렵지 않다. 무거움은 가벼움의 뿌리요 고요함은 시끄러움의 임금이다. 老子는 무슨 말을 하고픈 것일까? 빅뱅 이전의 상태라 상상해보자. 모든 것을 담아서 응축하여 **有物混成**으로 움직이지만, 원자핵처럼 매우 무겁다. 이 상태가 폭발하면 수소와 헬륨처럼 가벼운 에너지가 공간을 팽창시키기에 우주는 계속 팽창한다. 따라서 빅뱅 이전 상태는 지극히 응축되고 고요하지만, 끊임없이 회오리친다. 이런 움직임을 重과 輕으로 표현하고 있다. 불교에도 이런 표현이 있다.
道는 중생 본연의 성품이다. 세계가 있기 전에도 있었고, 세계가 무너질 때도 소멸하지 않음으로 변화의 근거가 되는 성품이다. 불변의 道라서 변하거나 달라짐이 없고 움직임과 고요함이 허공과 같아서 세상의 모습으로 항상 머문다. 진여, 해탈, 보리, 열반 등 여러 가지 이름으로 불린다.

老子의 重의 의미와 매우 닮아있다. 빅뱅 이전 상태가 이후의 모든 것을 결정한다. 우리는 有物混成이 낳은 有物混成의 세상을 살고 있다. 有物混成 = 重 = 壬 = 중생 본연의 성품 = 열반으로 달라 보이는 많은 표현들은 모두 동일한 뜻이다. 빅뱅 이전에 무거웠다는 표현을 이해하기 어려운 이유는 老子는 계속 물처럼 아이처럼 부드럽게 살라고 주장하기에 가벼움이 더욱 중요하다고 상상하기 쉽다. 重과 輕의 의미를 정리해보자.

重 - 壬 무한응축, 빅뱅 이전, 무거움
輕 - 癸 빅뱅. 폭발, 발산, 척력, 수소 헬륨. 가벼움

是以聖人終日行 不離輜重 시이성인종일행 불리치중
따라서 聖人은 종일 행함에도 항상 무거운 상태를 유지하는 수레를 떠나지 않으며. 이 문장에서 聖人을 "帝王이나 道에 뛰어난 사람"으로 해석하고 終日行을 온종일 길을 간다고 해석하면 老子는 함박웃음을 터트릴 것이다. 聖人은 우주를 만들어내는 어미, 혹은 어미의 의지를 실행하는 자로 이해하면 된다. 終日行은 有物混成의 끝없는 움직임을 뜻하며 그 상태를 수레로 비유하면서 항상 무거움을 유지한다고 주장한다. 해석에 주의할 점이 있다.

1. 不離重輜(불리중치) 무거운 수레를 떠나지 않는다.
2. 不離輜重(불리치중) 수레가 항상 무거운 상태를 유지한다.

대부분 1처럼 제왕이나 성인이 무거운 수레를 떠나지 않는다고 해석하지만, 빅뱅 이전의 상태는 항상 무거우며, 흔들리지 않는 기준점이다, 바로 不死다. 무거운 수레와 항상 무거움을 유지하는 수레는 전혀 다른 것이다. 흔들리지 않는 불변의 원칙을 항상 무거운 상태로 유지하는 수레이니 절대로 흐트러지지 않는 본성이자 기준이다.

雖有榮觀 燕處超然 수유영관 연처초연

비록 영화로움을 볼 수는 있지만, 초연함을 유지한다. 누가 그렇게 하는가? 바로 有物混成이다. 어둡고 무거우며 절대로 변하지 않는다. 화려한 우주를 창조하고 생명체들에게 색계의 세상을 살도록 해주지만 수레를 항상 무겁게 유지하면서 인간들이 선호하는 色界에 절대로 나가지 않는다. 이해를 돕고자 十干으로 설명하면 이렇다.

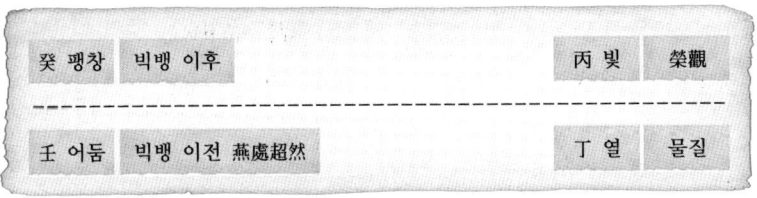

壬에서 癸를 지나 丙빛을 탐하면 화려한 色界를 만나고 탐욕이 생겨난다. 老子는 이것을 榮觀으로 표현했다. 자신이 만들어낸 색계이면서도 절대로 화려한 세상에 나가지 않으며 무거움을 유지한다. 壬은 항상 본질을 유지하며 癸나 丙으로 바뀌지 않는다. 老子는 왜 이런 표현을 했을까? 본질은 변할 수 없다는 老子의 굳건한 의지가 느껴진다. 이 문장을 해석할 때, 화려한 세상에 居하면서 라고 해석하지만 적절하지 않다. 우주 주인이 어떻게 화려한 세상에 나가서 머무를 수 있는가? 어떻게 변할 수 있는가?

奈何萬乘之主 而以身輕天下 내 하 만 승 지 주 이 이 신 경 천 하

어떻게 만물을 싣는 주인으로서 몸을 가벼이 천하에 드러낼 것인가? 세상 만물의 주재자, 조물주가 어찌 가벼이 세상에 모습을 드러낼 수 있는가? 흔들릴 수 없는 기준이 어떻게 변질될 수 있는가? 이 문장의 주어를 帝王이나 聖人으로 생각하는 것은 옳지 않다. 老子는 문장 어디에도 왕을 표현하지 않았음에도 거의 모두 왕으로 해석하는 오류를 범한다.

輕則失本 躁則失君 경 즉 실 본 조 즉 실 군

가벼우면 근본을 잃고 시끄러우면 임금을 잃는다. 本이나 君은 빅뱅 이전의 상태로 重靜이 輕躁를 만들어낸다. 重靜은 근본이기에 변할 수 없으며 반드시 무거움과 조용함을 유지한다. 가벼움과 시끄러움을 失本과 失君으로 표현했지만 輕躁가 나쁘다는 의미가 아니라 重靜을 유지하는 것이 더욱 중요하다고 강조한다. 어미는 항상 어둠 속에서 무겁고 조용한 상태를 유지하며 자식 輕躁는 色界에 나갔다가 重靜에게 돌아오기를 반복한다. 老子는 그 이치를 16章에서 설명하고 있다.

道德經 16章 – 復과 常 본성회귀

```
致虛極 守靜篤 萬物竝作 吾以觀復
 치허극  수정독  만물병작  오이관복
夫物芸芸 各復歸其根 歸根曰靜 是謂復命
 부물운운  각복귀기근  귀근왈정  시위복명
復命曰常 知常曰明 不知常 妄作凶
 복명왈상  지상왈명  부지상  망작흉
知常容 容乃公 公乃天
 지상용  용내공  공내천
天乃道 道乃久 沒身不殆
 천내도  도내구  몰신불태
```

• 의역 •

극도로 응축된 그 상태는 공허의 극에 이르렀고 항상 고요하였노라. 한 순간 우주가 폭발하고 시간이 흘러 지구가 생겨나 그 위에서 만물이 더불어 발전하는 순환과정을 보노라. 만물은 번성했다가 각자 뿌리로 돌아가기를 반복하는구나. 근본으로 돌아감을 고요함이라 부르며 본성을 찾는 것이다. 根源으로 돌아감을 常이라 부르고, 그 이치를 깨닫는 것을 밝음이라 부른다. 常의 도리를 모르면 망령되고 흉하다.

常의 도리를 깨달으면 비로소 관대해지고, 공정해지며, 하늘에 이른다. 하늘의 이치를 알면 道의 이치에 닿고, 道는 영원하며 언제라도 위태롭지 않다.

26章에서 **重爲輕根** 무거움은 가벼움의 뿌리이기에 항상 무거움을 유지하며 가벼이 움직이지 않음을 **雖有榮觀, 燕處超然**(수유영관 연처초연) 이라고 표현하였다. 16章에서 輕躁의 의미를 좀 더 상세히 설명하고 있다.

致虛極 守靜篤 지허극 수정독
허의 극에 이르러 고요함을 두터이 하라. 虛極은 26章의 重으로 가벼움의 뿌리이며 만물을 만들어내는 창조주다. 靜은 躁를 만들어낸 어미이니 26章의 重靜과 輕躁의 상태를 다른 글자로 표현한 것이며 獨立不改의 有物混成 상태를 반드시 지켜야 한다. 왜 그래야 하는가?

萬物竝作 吾以觀復 만물병작 오이관복
만물이 함께 발전하는데, 나는 그 순환의 도리를 보노라. 우주가 생겨나기 이전, 만물이 생겨나기 이전에 반드시 안정된 상태를 두터이 하여야 비로소 만물은 안정적으로 성장하며 순환할 수 있기 때문이다.

夫物芸芸 各復歸其根 부물운운 각복귀기근
만물은 번성했다가 각자 뿌리로 돌아가노니. 자연스럽게 동하고 물형을 이루어 번성했다가 수렴, 응축하여 각자 뿌리로 돌아간다. 인간도 탄생하여 성장하고 죽어서 땅으로 돌아가기를 반복한다.

歸根曰靜 是謂復命 귀근왈정 시위복명
근본으로 돌아감을 고요함이라 부르며 원래의 본성을 찾는 것이다. 만물은 화려한 시절을 지나면 시들어 태어난 곳으로 돌아가 고요해지며, 이 상태가 復命이다. 여기에서 靜은 重靜의 靜으로 속에서는 有物混成으로 멈추지 않고

요동치고 있다. 老子는 이런 본성을 절대로 벗어날 수 없음을 강조하면서 色界의 화려함을 부정하고 있다. 아무리 화려해도 부질없음을 표현한 것이다.

復命曰常 知常曰明 복명왈상 지상왈명
根源으로 돌아감을 常이라 부르고, 그 원리를 아는 것을 밝음이라 부른다. 常을 극히 중시하고 있다. 유사한 표현을 계속 쏟아내는데 그중 하나가 獨立不改다. 有物混成은 독립적이며 변하지 않는다. 움직이면서도 변하지 않는 常이다. 흥미로운 주장이다. 움직이고 변하면서도 절대로 바뀌면 안 되는 기준이 천지가 생기기 이전의 상태다. 常은 老子의 가장 중요한 원칙이다.

不知常 妄作凶 부지상 망작흉
항상의 도리를 모르면 망령되고 흉함을 만든다. 순환의 도리를 모르면 흉한 이유는 집착하여 버리지 못하기 때문이다. 시간을 거역하고 번뇌에 빠지기 때문이다. 순환의 도리를 이해하면 현재 소유한 재물과 권력이 부질없음을 깨우친다. 時間은 不仁하여 아무리 탐하고 집착해도 인간의 욕망을 박살낸다.

知常容 容乃公 公乃天 지상용 용내공 공내천
상의 원리를 깨달으면 비로소 관대해지고, 공정해지며, 하늘에 이른다. 빅뱅 이전에는 모두 동일하였다가 色界에 나가면 달라 보이는 것들이 復命하여 有物混成으로 돌아가면 비로소 모두가 하나였음을 깨닫는다.

天乃道 道乃久 沒身不殆 천내도 도내구 몰신불태
하늘의 이치를 깨달으면 도에 이르고 道는 영원하며 위태롭지 않다.

老子는 천지창조 이전으로 돌아가는 과정을 다양하게 표현하고 있다. 철학적으로 접근해보자. 시간이 순환하는 이치와 본성을 깨달으면 色界의 세상에서는 달라 보이는 모든 것들이 동일함을 이해하게 된다. 또 삶과 죽음이 동일한 것임을 이해하면 언제 어디서도 위태로울 일이 없다. 그런 상태가 *沒身不殆*(몰신불태)다.

道德經 32장 – 樸小 무한응축

> 道常無名 樸雖小 天下莫能臣也
> 도 상 무 명   박 수 소   천 하 막 능 신 야
>
> (侯王)若能守之 萬物將自賓
> (후 왕) 약 능 수 지   만 물 장 자 빈
>
> 天地相合以降甘露 民莫之令而自均
> 천 지 상 합 이 강 감 로   민 막 지 령 이 자 균
>
> 始制有名 名亦旣有 夫亦將知止 知止可以不殆
> 시 제 유 명   명 역 기 유   부 역 장 지 지   지 지 가 이 불 태
>
> 譬道之在天下 猶川谷之於江海
> 비 도 지 재 천 하   유 천 곡 지 어 강 해

•의역•

인간의 능력으로는 道의 정체를 규정할 수 없기에 이름도 없다. 빅뱅이전의 극도로 응축된 樸은 비록 작지만 우주 어디에도 그를 지배할 자가 없다. 樸의 본성이 우주에 펼쳐지고 만물 내부에 파고들었기에 천지가 합하여 감로수를 내리듯 모든 생명체들은 樸의 본성을 품었구나.

천지의 시작은 이름을 주었고, 名은 또한 존재를 규정한다. 따라서 樸의 본질을 벗어나지 않도록 色界를 향하는 끝없는 욕망을 멈추어야 하고, 그침을 알면 위태롭지 않다. 道를 세상 이치에 비유하면 마치 골짜기의 물이 江海로 흘러가는 것과 같다.

빅뱅 이론의 설명을 보면, 빅뱅 이전에는 시공간도 없었으며 극도로 응축되어 계란처럼 작았으며 어떤 이유에선가 우주에 거대한 폭발이 생겨났다고 한다. 이런 상황을 十干으로 표현하면 명확하다.

壬 - 무한응축. 빅뱅 이전, 有物混成
癸 - 빅뱅 이후. 우주가 팽창한 상태

老子는 32章에서 굉장히 독특한 명칭으로 빅뱅 이전과 이후를 표현하고 있다. 樸雖小(박수소)가 그것이다. 이런 표현은 오로지 老子의 道德經에만 나온다. 어디에서도 찾기 힘들다. 道大를 생각하다가 樸小를 보면 老子의 표현이 의아하지만 大小가 모두 우주 본성이다. 빅뱅이전에는 극도로 응축되었기에 소요, 온 우주를 펼쳐냈기에 大다.

道常無名 도상무명
道는 항상 이름이 없다. 老子가 주장하는 道의 정체는 인간의 능력으로는 알 수가 없다. 常無名은 인간은 영원히 그 정체를 모른다는 뜻이고 無常名은 변하지 않는 이름이 없기에 계속 변한다. 따라서 無名이라는 표현을 이름이 없는 정도로 이해하는 것은 충분하지 않다. 無名이 우주를 지배하지만 우리는 무어라 규정해야 하는지 조차도 모른다. 규정할 수 없을 정도로 크기도, 작기도 하다. 단지 道라는 명칭으로 부르지만 그 위대한 정체를 알 길이 없다.

樸雖小 天下莫能臣也 박수소 천하막능신야
樸은 비록 작지만 천하에 그를 지배할 자가 없다. 독특한 표현이 樸이다. 투박, 소박, 질박, 가공하기 전의 거친 상태다. 樸은 비록 작지만, 세상 누구도 다스리지 못한다. 樸은 빅뱅 이전의 극도로 응축된 有物混成이며, 그 실체는 우주를 창조한 주인이다. 감히 누가 다스린단 말인가? 老子는 빅뱅 이전의 상태가 극도로 응축되어 매우 작았음을 樸小로 표현한 것이다. 樸의 정체를 정리해보자.

1. 樸은 매우 작지만, 우주보다 더 큰 존재다.
2. 樸을 臣下로 만들자는 천하에 없다.

老子는 무슨 이야기를 하고 싶었던 것일까? 우주 주인을 小라는 단어를 사용하여 표현한 것이 분명하다. 삼라만상이 모두 들어가 무한 응축으로 매우 작은 시공간이 樸이다. 박이 있었기에 우주가 폭발하였으니 어미가 분명하다.

(侯王)若能守之 萬物將自賓 후왕약능수지 만물장자빈
만약 道의 이치를 지키면 만물이 스스로 찾아든다. 사실 이 표현은 평이하지는 않다. 만약 道의 본성을 유지하면 萬物은 그 본성을 따를 것이다. 道는 항상 만물과 함께하기에 道와 만물은 하나이며 우주 어디에도 도가 머물지

않는 시공간은 없다. 이런 의미를 저렇게 표현하는 老子의 현란한 솜씨에 감탄한다.

天地相合以降甘露 民莫之令而自均 천지상합이강감로 민막지령이자균
천지가 서로 합하여 감로수를 내리듯 백성들은 명령에 따르지 않아도 스스로 평등하다. 위에서 若能守之 萬物將自賓(약능수지 만물장자빈)으로 만물에 우주 어미의 본성이 숨어있기에 이를 따른다고 설명한 후 억지로 하지 않아도 본성은 모든 생명체에 스며들어 있음을 표현한다. 이 문장을 정치와 제왕, 백성으로 이해하는 것은 옳지 않다. 철학적으로 표현하면, 하늘과 땅의 조화, 시공간의 조화로 모든 생명체(民)의 삶은 스스로 조화를 이룬다. 老子가 암시하는 바는, 생기를 퍼트리고 만물을 이롭게 하려는 하늘의 영혼, 본성이 우리 내면에 잠재하고 있다는 것이다.

始制有名 名亦旣有 시제유명 명역기유
천지의 시작은 이름을 만들어내고, 이름은 또한 있음을 규정한다. 樸(우주 어미)이 있기에 자식들은 이름을 갖고, 이름은 존재를 규정한다. 道는 비록 無名으로 이름이 없지만, 만물에 이름을 붙일 수 있는 이유는 道 때문이다. 만물에는 물형이 존재하고 이에 따라 이름이 정해지면 실체를 규정한다. 하지만 인위적으로 규정한 존재는 본질은 아니다. 이름은 표상에 불과하며 그 존재를 완벽하게 규정할 수는 없다. 그렇다면 진실한 실체는 무엇인가? 바로 樸이다. 모든 이름들의 본질이다. 道德經 28장에도 유사한 문장이 나온다. 樸散則爲器(박산즉위기) 樸을 나누면 기물이요, 故大制不割(고대제불할) 따라서 큰 틀은 나누어지지 않는다.

夫亦將知止 知止可以不殆 부역장지지 지지가이불태
따라서 그침을 알아야 하고, 그침을 알면, 위태롭지 않다. 겉으로 보이는 이름에 집중하지 말아야 한다. 표상에만 집중하면 문제가 생기며 본질을 이해하면 위태롭지 않다. 순환하는 자연에 이름을 붙이고 존재 의미를 규정하여 전부라고 간주하면 위태로워질 것이다. 끊임없는 움직임과 변화원리를 이해하고 그것은 단지 본질의 다른 면이라는 것을 깨달으면 色界를 향한 욕망을 그치며 위태롭지 않을 것이다. 色界에 빠져 그 것이 마치 전부인 것으로 간주하지 말라는 당부다.

譬道之在天下 비도지재천하
道를 세상의 이치에 비유해보면

猶川谷之於江海 유천곡지어강해
마치 골짜기의 물이 江海로 흘러가는 것과 같다. 16장에서 살펴보았던 歸根曰靜, 是謂復命(귀근왈정 시위복명)의 다른 표현이다. 道란 수많은 시냇물이 높은 곳에서 낮은 곳으로 흘러가 江河로 모이는 이치와 같다.

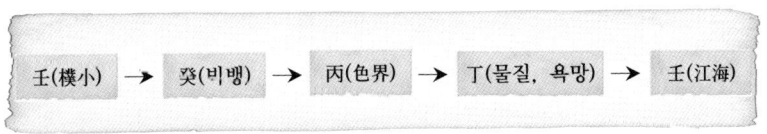

물질을 탐하는 중력을 없애서 樸으로 돌아가게 만들고 다시 일부를 활용하여 폭발하여 새로운 생명체를 내놓기를 반복하는 우주 어미.

道德經 28章 - 큰 틀은 쪼개지지 않는다

```
知其雄 守其雌 爲天下谿
지 기 웅   수 기 자   위 천 하 계
爲天下谿 常德不離 復歸於嬰兒
위 천 하 계   상 덕 불 리   복 귀 어 영 아
知其白 守其黑 爲天下式
지 기 백   수 기 흑   위 천 하 식
爲天下式 常德不忒 復歸於無極
위 천 하 식   상 덕 불 특   복 귀 어 무 극
知其榮 守其辱 爲天下谷
지 기 영   수 기 욕   위 천 하 곡
爲天下谷 常德乃足 復歸於樸
위 천 하 곡   상 덕 내 족   복 귀 어 박
樸散則爲器 聖人用之
박 산 즉 위 기   성 인 용 지
則爲官長 故大制不割
즉 위 관 장   고 대 제 불 할
```

・의역・

색계(수컷)를 알고 우주 본성(암컷)을 지키면 천하의 시냇물(빅뱅이전)이 된다. 천하의 시냇물은 언제나 德과 함께하며 젖먹이(빅뱅이전 상태)로 돌아간다. 色界(하양)를 알고 검정(우주 본성)을 지키는 것이 천하를 운용하는 방식이다. 영화로움(색계의 화려함)을 알고, 그 욕됨(우주 본성)을 지키면 천하의 谷이 된다. 천하의 골짜기가 되어 항상 德과 함께하면 부족함이 없으며 樸으로 돌아간다. 樸(우주 본성)을 나누면 기물(변화)이요 聖人은 이런 방식으로 우주를 다스린다. 따라서 큰 틀(빅뱅이전의 유물혼성 상태)은 나누어지지 않는다.

32章에서 樸을 설명하였고, 28장에 유사한 표현이 나온다. 樸은 우주를 창조한 본질이기에 절대로 쪼갤 수 없고 쪼개진다면 변화에 불과하다. 독특한 표현이 많이 나오는데 예로 암컷, 수컷, 하양, 까망, 영화로움, 수치스러움 등이다. 老子는 대칭 구도로 빅뱅 이전과 이후를 설명하고 있다. 빅뱅 이전을 본질로 규정한 후 다양한 용어로 그 특징을 설명하고 있다. 따라서 글자 하나하나의 뜻에 속으면 엉뚱한 곳으로 빠지고 만다.

　예로, 老子는 우주 본성을 표현했는데 우리는 帝王이나 도인쯤으로 해석하는 식이다. 색계, 물질, 육체와는 완전히 다른 세상, 우주가 생겨나기 이전의 상황을 설명하고 있다. 道德經을 해석하기 어려운 이유는 老子가 선택한 표현들이 우주 본성을 설명한다고 보기에는 명확하지 않아서 석연찮은 구석이 있기 때문이다.

　하지만 제한적인 단어들로 본질을 알리려는 老子의 표현력은 뛰어나

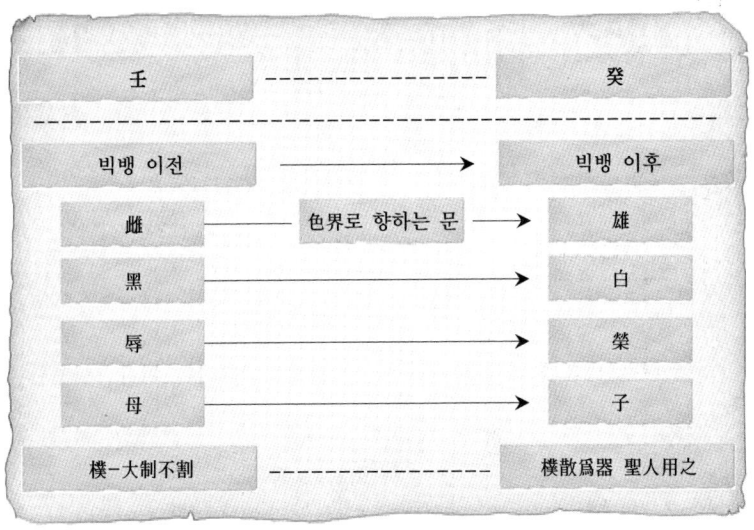

다. 글자에 집착하여 표상만 보면 老子의 의도를 오해하고 만다. 가장 흔한 오류는 시냇물, 젖먹이, 수컷, 樸이라는 단어들을 물질로 착각하는 것이다. 따라서 약간의 보완 설명이 필요하다.

老子는 빅뱅 이전과 이후를 대칭 구도로 설명하고 있음이 분명함에도 聖人, 天下, 官長 등의 단어에 속으면 政治를 설명하는 것이라고 착각해버린다. 단어에 속지 말아야 하는 이유다.

知其雄 守其雌 爲天下谿 지기웅 수기자 위천하계
수컷을 알고 암컷을 지키면 천하의 시냇물이 된다. 본질은 절대로 흔들리지 않음을 강조하고 있다. 수컷과 암컷을 음양, 태양과 달, 밝음과 어둠으로 이해하는 것은 옳지 않다. 현재 발생하는 현상을 이해하면 천지창조 이전의 상태를 알고, 그 이치에 따르면 천하의 시냇물이 될 수 있다. 谷神不死의 상태에 이를 수 있다. 壬에서 癸를 거쳐 色界의 세상 丙으로 확장하는 과정에 화려한 빛에 속으면 본질을 잃어버리기에 반드시 본성을 지키라고 강조한다. "천하의 시냇물"은 본성으로의 회귀를 뜻한다.

爲天下谿 常德不離 復歸於嬰兒 위천하계 상덕불리 복귀어영아
천하의 시냇물은 언제나 덕과 함께하며 젖먹이로 돌아간다. 젖먹이가 무얼까? 우주의 근본, 생명수, 빅뱅을 만들어낸 근원이다. 단어에 속으면 젖먹이처럼 순진무구하다는 식으로 이해한다. 여러 장에서 아이를 언급하는 것을 보면, 老子는 우리의 본성을 순진무구함 자체로 인지했던 것이 분명하다.

知其白 守其黑 爲天下式 지기백 수기흑 위천하식
하양을 알고 검정을 지키는 것이 천하를 운용하는 방식이다. 하양, 까망으로 색채를 설명하는 것이 아니라 밝음과 어둠, 본질과 표상이 대칭을 이루고 회오리치면서 변하고 순환하는 것이 우주 섭리다. 하양은 밝음으로 색계의 丙, 검정은 壬이다. 내용의 핵심은 흑백의 색채가 아니다. 知와 守가 주는 의미에 집중해야 한다. 핵심은 守로 흔들리지 않는 본질에 머물기 위해서는 먼저 知 즉, 色界가 본질이 아님을 알아채라는 뜻이다. 이와 동일한 의미가 52章에도 언급된다.

旣得其母 以知其子 기득기모 이지기자
어미를 얻으니 그 아들도 알 수 있다.

旣知其子 復守其母 沒身不殆 기지기자 부수기모 몰신불태
아들을 알면 어미의 뜻을 따를 수 있고, 종신토록 위태롭지 않다.

爲天下式 常德不忒 復歸於無極 위천하식 상덕불특 복귀어무극
우주의 운용 원리는 항상 덕의 이치에서 벗어나지 않으니 무극으로 회귀한다.

知其榮 守其辱 爲天下谷 지기영 수기욕 위천하곡
영화로움을 알고, 그 욕됨을 지키면 천하의 谷이 된다. 이 내용도 비유만 다를 뿐 동일한 의미다. 영화로움은(知其榮) 겉모양에 불과하며 진실이 아님을 알고 수치스러운 본질(守其辱)을 지키면 천하의 골짜기가 된다. 老子는 왜 본성을 辱 수치스러움이라는 단어를 썼을까? 어둡고 물질이 없으며 화려함과는 거리가 먼 세상을 표현했던 것이다. 인간들이 싫어한다는 점을 강조하고자 辱이라는 단어를 골랐으리라. 하지만 수치스러움이 화려함을 창조했다.

爲天下谷 常德乃足 復歸於樸 위천하곡 상덕내족 복귀어박
천하의 골짜기가 되어 항상 덕과 함께하면 부족함이 없으며 樸으로 돌아간다. 본질을 지키고 따르면 근본에서 벗어나지 않는다.

樸散則爲器 聖人用之 則爲官長 박산즉위기 성인용지 즉위관장
樸을 나누면 기물이요 聖人은 이런 방식으로 세상을 다스리는 것이다. 樸은 빅뱅 이전이고 器는 樸이 쪼갠 色界다. 聖人은 만물에 스며들어 다스리는 움직임이며 官長은 움직이는 방식이다. 따라서 聖人과 官長을 사람으로 판단하면 老子의 생각에서 멀어진다. 聖人은 우주, 자연을 운용하는 주재자다. 樸을 나누면 기물, 화려한 色界로 나온다.

故大制不割 고대제불할
고로 큰 틀은 나누어지지 않는다. 크게 다스리는 것은 나뉘지 않는다. 근본, 본성은 절대로 변할 수 없다. 본성은 간단하고 단순하며 가장 작은 단위부터 가장 큰 단위까지 동일하다. 순환으로 반드시 큰 틀에 수렴된다. 樸이자 道다. 원자도 道沖으로 회오리요, 우주본성도 有物混成으로 회오리며 영원한 시간을 상징한다. 老子는 가장 근원적인 본질을 극도로 중시했다.

道德經 36章 - 변화와 본질

> 將欲歙之 必固張之
> 장 욕 흡 지　필 고 장 지
>
> 將欲弱之 必固强之
> 장 욕 약 지　필 고 강 지
>
> 將欲廢之 必固興之
> 장 욕 폐 지　필 고 흥 지
>
> 將欲奪之 必固與之
> 장 욕 탈 지　필 고 여 지
>
> 是謂微明
> 시 위 미 명
>
> 柔弱勝剛强
> 유 약 승 강 강
>
> 魚不可脫於淵
> 어 불 가 탈 어 연
>
> 國之利器 不可以示人
> 국 지 리 기　불 가 이 시 인

•의역•

반드시 펼쳐야만 장차 접혀지고, 반드시 강해져야 장차 약해진다. 반드시 흥해야만 장차 망하게 된다. 반드시 먼저 주어야만 취할 수 있다. 이런 이치를 미명이라 부른다

부드럽고 약한 것(본질)이 단단하고 강한 것(변화)을 이긴다. 물고기는 연못(본질)을 벗어나지 못한다. 국가의 이로운 기물(본질)은 인간의 능력으로는 그 정체를 알 수 없고 오로지 변화된 모습만 볼 수 있다. 우리는 변화된 물형을 진리라 믿지만 본질을 보려는 노력을 해야만 한다.

삼각형의 함의는 참으로 지대하다. 만물의 생장쇠멸과 순환과정을 명확하게 표현하기 때문이다. 삼각형은 날카로운 꼭짓점을 가졌으며 극히 협소한 공간으로 唯一無二의 권력만 존재한다. 그곳을 차지한 이상, 권력의 정점에 다다른 것이며 더 이상 높이 오를 수는 없기에 반드시 내려와만 한다. 권력으로 오르고 권력으로 추락한다. 물질 세상은 삼각형의 원리를 벗어나지 못한다. 정점에 오르기 전에 멈춰야 하고 정점에 올랐다면 적절하게 내려갈 준비를 해야 한다. 탐욕을 부리면 시간 몽둥이는 어김없이 나타나 사정없이 소유한 모든 것을 빼앗고 만다. 자연스럽게 움직이고 변화하는 無爲의 이치를 배워야 한다.

봄에 꽃이 활짝 피고, 열매 맺고, 가을에 열매를 완성하고 낙하하다. 시간을 반대로 돌려보자. 열매가 땅에 떨어지려면 열매를 맺어야 하고, 열매를 맺으려면 꽃이 피어야 하고, 꽃이 피려면 봄에 새싹이 땅 밖으로 나와야 한다. 이런 순차적 움직임이 없다면 물형변화는 존재하지 않는다. 36章은 표면적으로는 상기와 같은 상황을 설명하는 듯 보인다. 하지만 전체 내용은 본질과 변화에 대한 이야기다.

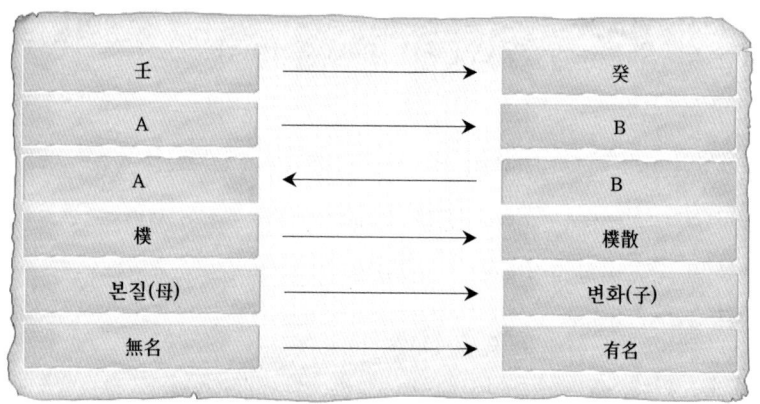

대칭 구도로 이루어진 순환은 명확한 이치다. 老子는 이 과정을 "反"이라는 한마디로 표현했다. 본질은 변화의 母다. 변화를 알면 母의 정체를 깨닫는다. 본질은 절대로 변하지 않으며 자식을 통하여 변형된 겉모양만 드러낸다. 老子는 이런 이치를 설명한 것이다.

將欲歙之 必固張之 장욕흡지 필고장지 　접으려면 반드시 펼쳐야 한다.
將欲弱之 必固強之 장욕약지 필고강지 　약해지려면 반드시 강해야 한다.
將欲廢之 必固興之 장욕폐지 필고흥지 　닫으려면 반드시 흥해야 한다.
將欲奪之 必固與之 장욕탈지 필고여지 　취하려면 반드시 주어야 한다.
是謂微明 시위미명 　이런 이치를 미명이라 부른다.
柔弱勝剛強 유약승강강 　부드럽고 약한 것이 단단하고 강함을 이긴다.
魚不可脫於淵 어불가탈어연 　물고기는 연못을 벗어나지 못한다.
國之利器不可以示人 국지리기 불가이시인 　국가의 이로운 기물은 사람에게 보여주면 안 된다.

본질과 변화를 계속 비유하다가 마지막 세 문장에 엉뚱한 표현이 등장한다. 柔弱勝剛強, 魚不可脫於淵, 國之利器不可以示人. 부드럽고 약한 것이 단단하고 강함을 이긴다. 물고기는 연못을 벗어나지 못한다. 국가의 이로운 기물은 사람에게 보여주면 안 된다. 이 세 문장과 "접으려면 반드시 펼쳐야 한다."라는 문장 사이에 아무런 연관성도 없어 보인다. 이런 독특한 표현은 道德經을 이해하기 어렵게 만든다.

道德經을 이해하기 어려운 또 다른 이유는 1章에서 81章까지 읽어도 그 내용이 순차적이지 않고 뒤죽박죽으로 구성되었다. 이런 이유로 우리는 지금 빅뱅 이전을 설명한 章들 따로, 빅뱅 이후를 설명한 章들 따로 묶어서 살피고 있다. 老子는 왜 삼천포로 빠져서 부드러움과 물고기와 국가의 이기를 언급할까? 그의 퀴즈에 답해야만 다음 章으로 넘어갈 수 있다.

　老子의 감추어진 속내가 드러나는 마지막 세 문장은 重爲輕根, 道隱無名, 大制不割, 樸不可散의 다른 표현이다. 즉, 본질은 드러나거나 변하면 안된다. 기준이 흔들리면 절대로 안되기 때문이다. 예로 魚不可脫於淵 물고기는 연못을 벗어나지 못한다는 것은 본질은 절대로 바뀔 수 없다는 뜻이다. 國之利器不可以示人 국가의 이로운 기물은 사람에게 보여 줄 수 없다는 의미도 동일하다. 王은 어둠속에 숨어서 보이지 않기에 그 정체를 모른다. 사람들에게 보여 질 성질의 것이 아님을 비유한 것이며 국가 보물이야기 타령이 아니다. 본질은 알 수 없으며 실존한다고 느끼는 것들은 변화된 허상에 불과하다는 주장이다.

道德經 35章 - 한 덩어리

> 執大象 天下往
> 집 대 상   천 하 왕
>
> 往而不害 安平太
> 왕 이 불 해   안 평 태
>
> 樂與餌 過客止
> 악 여 이   과 객 지
>
> 道之出口 淡乎其無味
> 도 지 출 구   담 호 기 무 미
>
> 視之不足見
> 시 지 부 족 견
>
> 聽之不足聞
> 청 지 부 족 문
>
> 用之不足旣
> 용 지 부 족 기

•의역•

큰 코끼리(빅뱅이전)를 잡고 천하(빅뱅이후)를 향하여 간다. 큰 코끼리가 천하를 만들어 주었기에 절대로 해롭지 않으며 편안하고 평탄하며 태평하다. 우주어미의 본질은 만물을 이롭게 하기 때문이다.

이런 이유로, 모든 것이 안락하고 즐거우니 지나가는 나그네도 길을 멈춘다. 道의 出口(빅뱅이전, 코끼리)는 유물혼성으로 정체를 알 수 없기에 담백하여 아무런 맛이 없다. 따라서 본다고 확실하게 보는 것도 아니고, 듣는다고 다 이해하는 것도 아니며, 아무리 사용해도 다 사용할 수 있는 것도 아니다.

빅뱅 이전의 상황을 독특한 용어들로 설명한다. 35章 첫머리도 大象을 잡는다고 표현했는데 빅뱅 이전을 비유한다. 老子는 메타포(metaphor, 은유)의 달인이라는 생각을 지울 수 없다. 老子의 우주는 상상하지 못할 정도로 크며 본질을 벗어나지 않으면서도 순환원리에 따라 운행한다.

老子의 사상이 대단한 점은 따로 있다. 우주는 광활하며 크기를 알 수 없다고 표현했다면 독특할 것이 없지만 32章에서 樸雖小 天下莫能臣也(박수소 천하막능신야)라고 명확하게 설명했다. 우주는 매우 크지만 본질은 극도로 응축되어 작다. 그러나 빅뱅은 작음에서 출발하였으니 천하 누구도 어미 樸을 다스릴 수 없다고 규정한다.

老子의 생각을 따라잡기 힘든 이유는 大象과 樸雖小가 전혀 다르다고 느끼기 때문이다. 빅뱅 이전에는 극도로 응축되었으니 작을 수밖에 없고, 폭발하면 우주를 팽창하니 클 수밖에 없다. 따라서 小는 본질을 뜻하고 大는 작용력을 뜻한다. 十干으로 표현하면 아래와 같다.

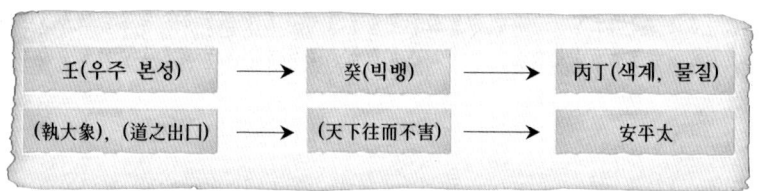

執大象 天下往 집대상 천하왕

큰 코끼리를 잡고 천하를 향하여 간다. 大象은 道의 본질이다. 그곳을 기점으로 출발하여 天下, 물질의 세상을 향하여 간다. 大象으로 만들고 道로 운용하는 天下다.

往而不害 安平太 왕이불해 안평태
천하를 향하기에 해롭지 않으며 편안하고 평탄하며 태평하다. 천하가 道의 이치를 따르면 해로울 일이 없고 편안하고 태평하다. 우주 어미는 생기를 퍼트려 만물을 이롭게 하기 때문이다. 우리는 어떻게 神의 의지를 읽어낼 수 있을까? 여기에 간단하게 예를 들어보자.

1. 우주 본성은 움직임과 변화다.
2. 빅뱅은 팽창본능이다.
3. 생명체들의 본능 또한 생존과 번식이다.

본성은 한 쌍으로 이루어져 선악이 분리될 성질이 아니며 움직임과 팽창으로 생기를 퍼트리는 것을 원한다. 인간이 후대를 잇고자 한 번에 수억 마리의 정자를 활용하는 방식도 동일한 이치다. 道를 따르면 위험도, 해함도 없는 안락하고 평탄한 세상, 태평한 세상을 이룰 것이다. 이 문장의 핵심은 흔들리지 않는 기준이 있기에 安平太가 가능한 것이다.

樂與餌 過客止 악여이 과객지
안락하고 즐거우니 지나가는 나그네도 길을 멈추네. 이 표현도 잘못 이해하면 굉장히 현실적인 것으로 인식한다. 앞에서 태평한 세상을 표현한 후 부연 설명한 것에 불과하다. 道를 따를 수만 있다면 모든 것이 즐겁다. 뒤집어 표현하면, 色界에서 태평한 세상을 이루기 위한 필수조건은 道를 따르는 것이다.

道之出口 도지출구

道의 出口는. 이 문장을 해석함에, 대다수가 道를 언어로 표현해보면, 혹은 道가 사람의 입에서 나온다는 식으로 해석하지만 참으로 어색하다. 樸이 散하는 출발점, 道의 출발점, 빅뱅으로 폭발하기 전 이라고 해석하는 것이 옳다.

淡乎 其無味 담호 기무미

담백하여 아무런 맛이 없다. 樸의 본질은 色界처럼 화려하거나 달콤한 성질이 아니라 有物混成으로 옳고 그름을 분별할 수 없다. 이런 상태를 無味로 표현한 것이다. 왜 無味여야 하는지 아래에서 부연 설명한다.

視之不足見 聽之不足聞 用之不足旣
시 지 부 족 견   청 지 부 족 문   용 지 부 족 기

본다고 확실하게 보는 것도 아니고, 듣는다고 다 이해하는 것도 아니며, 사용한다고 모두 다 사용할 수도 없다. 아무리 사용해도 다함이 없다. 道之出口는 淡乎 其無味다. 우주의 크기가 얼마나 크며, 언제까지 팽창할지 누구도 알지 못한다. 우리는 우주의 0.000000000000000000000001%도 되지 않는 지구에 살기에 우주의 크기를 알 수 없다. 오로지 모를 뿐이다. 14章에서 이와 유사한 표현이 이어진다.

03 인간의 능력으로는 알 수 없다.

道德經 14章 - 정체를 모른다

>   視之不見 名曰夷 聽之不聞 名曰希
>   시지불견 명왈이 청지불문 명왈희
>   搏之不得 名曰微 此三者 不可致詰 故混而爲一
>   박지부득 명왈미 차삼자 불가치힐 고혼이위일
>   其上不皦 其下不昧 繩繩不可名 復歸於無物
>   기상불교 기하불매 승승불가명 복귀어무물
>   是謂無狀之狀 無物之象 是謂惚恍
>   시위무상지상 무물지상 시위홀황
>   迎之不見其首 隨之不見其後
>   영지불견기수 수지불견기후
>   執古之道 以御今之有 能知古始 是謂道紀
>   집고지도 이어금지유 능지고시 시위도기

• 의역 •

빅뱅이전 극도로 응축된 유물혼성 상태는 보아도 눈으로는 그 본질을 알 수 없고 이름 하여 夷라 부르고, 들어도 귀로는 그 의미를 정확하게 들을 수 없고 이름 하여 希라 부르고, 만져도 그 실체를 정확하게 느낄 수 없는 것을 이름 하여 微라 부른다. 그 정체를 아무리 파헤쳐 알려고 해도 알 수 없고 회오리치며 섞여 하나로 이루어진 어떤 것이다. 그 위가 밝은 것도 아니요, 그렇다고 그 아래가 어두운 것도 아니다. 꼬리를 물고 회오리치니 정체를 규정할 수 없고 마구 섞인 그 정체는 물형이 없다. 이런 상태를 形狀 없는 狀이라 하며, 物이 없는 象이기에 惚恍이라 부르리. 이어지고 이어져 시작이 어디이고, 그 끝이 어디인지 볼 수가 없다. 고래로, 道가 시작되었던 시점에서 현재까지 道가 존재하지 않았던 시공간은 없었기에 그 시작을 알 수만 있다면 道紀라 부를 것이라.

25章에서 有物混成의 뜻을 살펴보았는데 종교, 철학, 과학적으로 엄청난 의미가 있다. 우리가 궁금해 하는 모든 것들은 <u>우주가 생기기 이전의 상태</u>로 현재까지도 논쟁이 이어지고 있다. 이 문제는 확인할 방법이 없는 영역들이다. 유사한 표현이 14章에도 이어진다.

視之不見 名曰夷 聽之不聞 名曰希 搏之不得 名曰微
시 지 불 견 명 왈 이   청 지 불 문   명 왈 희 박 지 부 득   명 왈 미

보아도 눈으로는 그 본질을 알 수 없고 이름 하여 夷라 하고, 들어도 귀로는 그 의미를 정확하게 들을 수 없고 이름 하여 希라 하고 만져도 그 실체를 정확하게 알 수 없는 것을 이름 하여 微라 부른다. 老子는 빅뱅 이전의 극도로 응축된 상태를 우리는 알 수 없다고 단언한다. 우리가 아직도 원자의 움직임을 이해하지 못하는 것과 같다. 그 이치를 丁壬癸로 살펴보면 간단하다.

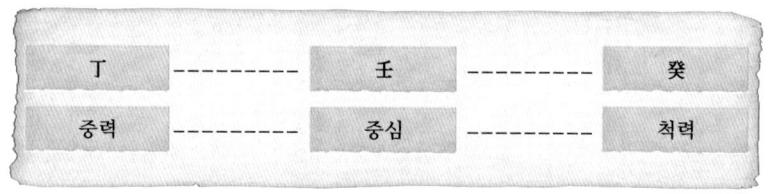

壬을 중심으로 양쪽에서 상반된 속성의 에너지들이 道沖과 合으로 회오리치며 절대로 멈추지 않는다. 이런 움직임과 변화는 인간의 감각작용을 벗어난다. 비록 보아도, 들어도, 만져도 알 수 없기에 본질이라고 규정하지 못한다. 老子가 道德經 1章을 시작하면서 첫마디가 道可道 非常道라고 했던 이유다. 아무리 정확하게 표현하려고 해도 본질을 규정할 수는 없는 것이다.

此三者 不可致詰 故混而爲一 차삼자 불가치힐 고혼이위일
이 세 가지는 파헤쳐도 그 정체를 명확하게 따질 수 없다. 고로, 섞여 하나다.
이 내용의 핵심은 有物混成으로 마구 섞여 분리해낼 수 있는 성질이 아니라는 것이다. 빅뱅 이전의 특징은 혼돈의 상태였다. 混而爲一 섞여 하나로 이루어졌다. 깊은 의미를 가진 표현이다. 우리는 모두 하나다. 하나는 모든 것이다. 道德經에서 一을 언급한 章은 모두 5개로 세부 내용은 따로 다루기로 하고 여기에서 간략하게 살펴보자.

載營魄抱一 能無離乎 재영백포일 능무리호
10장의 표현이다. 인간이 가진 정신과 육체(魂魄)가 一을 껴안아 떨어지지 않게 할 수 있는가? 抱一의 1은 道가 낳은 본성이다. 육체와 물질로 이루어진 색계를 살면서 본성과 하나 될 수 있는가를 묻는다.

是以聖人抱一爲天下式 시이성인포일위천하식
22장에 나오는 표현이다. 성인은 하나를 품는 방식으로 천하를 다스린다. 一로 천하를 관리한다.

昔之得一者 天得一以淸 地得一以寧 萬物得一以生
석지득일자 천득일이청 지득일이녕 만물득일이생
39장에 나오는 표현이다. 태초에 하나를 얻었기에, 하늘은 하나로 말미암아 푸르고, 땅은 하나로 말미암아 안녕하며, 만물은 하나로 말미암아 생겨났다. 본성이 없는 시공간은 존재하지 않는다. 신의 의지가 우주 전역에 펼쳐졌다.

道生一 一生二 二生三 三生萬物 도생일 일생이 이생삼 삼생만물
42장에 나오는 표현이다. 도가 하나를 낳고, 하나가 둘을 낳고, 둘이 셋을 낳는다. 셋은 만물을 낳는다. 道가 우주를 창조했다. 1이 중요한 이유는 道가 낳은 본성이기 때문이다. 1은 우주 전역에 펼쳐진 암흑에너지와 같고 만물에게는 神과 같은 존재다. 본문을 이어서 살펴보자.

其上不皦 其下不昧 기상불교 기하불매
그 위는 밝지도 않고 그렇다고 그 아래도 어둡지도 않다. 여기에서 위, 아래라는 단어에 넘어가면 안 된다. 有物混成의 실체는 밝은 듯 어두운 듯 태양처럼 밝지도 달처럼 어둡지도 않다. 밝음과 어둠이 공존하지만 마구 섞여서 어떤 상태인지 알 수가 없다.

繩繩不可名 復歸於無物 是謂無狀之狀 無物之象 是謂惚恍 승승불가명 복귀어무물 시위무상지상 무물지상 시위홀황
꼬리를 물고 이어져 정체를 규정하지 못하고 본질로 돌아가면 물형이 없다. 이것을 形狀이 없는 狀이라 하며 物이 없는 象이기에 惚恍이라 부르리. 꼬리를 물고 이어져 어디가 시작이고 끝인지 규정하지 못한다. 有物混成의 회오리로 이어지는 영원한 시간을 암시한다. 입자와 파동이 섞여서 분별하지 못하는데, 老子는 이런 움직임을 惚恍(홀황)하게 느낀다. 가만 상상해보라. 현실 세계에서 이런 움직임은 존재하지 않는다. 빅뱅 이전의 상황을 묘사하고 있음이 분명하다.

迎之不見其首 隨之不見其後 영지불견기수 수지불견기후
이어지고 이어져 그 머리를 볼 수 없고, 그 꼬리도 볼 수 없다. 어디가 시작이고 끝인지 알 길이 없다. 참으로 오묘한 표현이다. 회오리를 상상해보자. 끝도 시작도 없이 돌고 있다.

執古之道 以御今之有 집고지도 이어금지유
고래로 도가 존재하던 시점에서 현재까지 道가 존재하지 않았던 시공간이 없었다. 우주가 열리던 상태가 현재까지도 이어졌으며 그 상태가 道이자 神이다. 이것이 바로 우리가 찾는 조물주의 정체다.

能知古始 是謂道紀 능지고시 시위도기
우주의 시작점을 알 수만 있다면 道紀라 부를 수 있다. 우주가 열리던 시작점이 道의 본질이다. 우리는 여기에서 노자가 주장하는 道의 정체를 알려면 어떻게 해야 하는지를 이해했다. 빅뱅 이전에서 빅뱅으로 폭발하던 순간의 상태를 이해하면 道를 찾는 실마리를 얻는다. 老子는 분명히 道의 정체를 명확하게 규정하고 있다. 표현은 다르지만 도덕경은 천지창조 과정을 설명하는 책이 분명하다.

道德經 15章 – 깊이를 모른다

古之善爲道者 微妙玄通 深不可識
고 지 선 위 도 자 미 묘 현 통 심 불 가 식
夫唯不可識 故强爲之容
부 유 불 가 식 고 강 위 지 용
豫焉 若冬涉川 猶兮 若畏四隣
예 언 약 동 섭 천 유 혜 약 외 사 린
儼兮 其若客 渙兮 若冰之將釋
엄 혜 기 약 객 환 혜 약 빙 지 장 석
敦兮 其若樸 曠兮 其若谷 混兮 其若濁
돈 혜 기 약 박 광 혜 기 약 곡 혼 혜 기 약 탁
孰能濁以靜之徐淸 孰能安以久動之徐生
숙 능 탁 이 정 지 서 청 숙 능 안 이 구 동 지 서 생
保此道者不欲盈 夫唯不盈 故能蔽不新成
보 차 도 자 불 욕 영 부 유 불 영 고 능 폐 불 신 성

•의역•

고래로, 빅뱅이전 유물혼성(道)의 정체는 참으로 오묘하고 불분명하여 그 정체를 알 길이 없다. 억지로 묘사해보면, 극도로 응축되어 머뭇거리고 주저하는 것이 마치 겨울 강을 건너는 것과 같고. 망설이는 모습은 마치 주위의 이웃을 두려워하는 것과 같고. 방정하여 집에 찾아온 공손한 손님과 같으며, 풀어지고 흩어짐이 마치 얼음덩이가 녹는 듯하며, 두터워 가공하지 않은 통나무와 같으며, 넓어서 谷과 같으며, 마구 섞여서 탁해 보인다.

누가 빅뱅 이전의 응축되어 탁하고 고요한 상태를 천천히(徐) 淸하게 할 수 있으며 누가 안정되고, 조용한 상태에서 천천히 생겨나게 할 수 있는가? 이렇게 응축된 상태가 道의 본질로 그 것을 지키면 절대로 가득 차서 문제가 생기지 않는다. 가득 차지 않기에 아무리 오래 써도 새로워질 필요가 없는 것이다.

老子는 道의 정체가 무엇인지 모른다고 토로한 章들이 많다. 15章은 표현이 어렵고 비유가 많지만, 우주가 생겨나기 이전, 응축된 有物混成의 성질을 표현하고 있다고 상상하면서 읽어보자.

古之善爲道者 고지선위도자
고래로 진정한 道의 본질은. 善爲道者를 대부분 "道를 잘 닦은 사람", "道를 깨달은 자"로 해석한다. 심지어 중국에서도 고대에 "道를 잘 닦은 聖人"이라고 이해하고 있다. 이런 해석은 전체 문장에 전혀 어울리지 않는다. 善爲道者는 진정한 道의 본질은 이라고 해석해야 적절해 보인다. 지극한 道, 최상의 道를 상징한다. 者는 사람을 지칭하는 것이 아니라 道 자체를 지칭한다. 따라서 道라는 것은, 최상의 道는 정도로 해석하는 것이 적절하다.

微妙玄通 深不可識 미묘현통 심불가식
미묘하고 어둡고 불분명하여 그 깊이를 알 수 없다. 마구 섞여 하나로 응축한 有物混成의 정체가 무엇인지 알 수는 없는 것이다.

夫唯不可識 故强爲之容 부유불가식 고강위지용
비록 알 길은 없지만 억지로 그 형상을 묘사하면. 감히 보고 듣고 만져서 확인할 수 있는 성질의 것이 아니기에 언어로 표현하는 것은 불가능하지만 그래도 억지로 표현하면. 그런 다음 老子는 有物混成의 동태를 다양하게 비유한다.

豫焉 若冬涉川 예언 약동섭천
머뭇거리고 주저하는 것이 마치 겨울 강을 건너는 것과 같고.

猶兮 若畏四隣 유혜 약외사린
망설이는 모습은 마치 주위의 이웃을 두려워하는 것과 같고.

儼兮 其若客 엄혜 기약객
방정하여 집에 찾아온 공손한 손님과 같으며

渙兮 若冰之將釋 환혜 약빙지장석
풀어지고 흩어짐이 마치 얼음덩이가 녹는 듯하며

敦兮 其若樸 돈혜 기약박
두터워 마치 가공하지 않은 통나무와 같으며

曠兮 其若谷 광혜 기약곡
넓어서 마치 谷과 같으며

混兮 其若濁 혼혜 기약탁
마구 섞여서 탁해 보이는구나.

여기까지 내용을 살펴보면, 善爲道者를 道를 깊이 깨달은 자라고 해석하는 것은 옳지 않다. 아무리 위대한 인간이라도 할 수 없는 성질의 것들이다. 老子는 樸과 谷 그리고 濁으로 有物混成 상황을 설명한다. 이런 주장이 설득력을 갖는 것은 바로 뒤 문장 때문이다.

孰能濁以靜之徐淸 숙능탁이정지서청
누가 탁한 상태로 조용함을 유지하면서 천천히(徐) 淸하게 하며,

孰能安以久動之徐生 숙능안이구동지서생
누가 안정적인 상태로 조용함을 유지하면서 천천히 생겨나게 할 수 있는가?

응축되었던 有物混成에서 폭발하는 과정을 설명한다고 상상해보자. 能濁과 能安은 有物混成으로 탁하지만 안정적이며 절대로 변하지 않고 변화를 이끌어내는 주체다. 풀어져 淸해지고 生氣를 만들어낸다. 과연 누가 그렇게 할 수 있는 지를 묻고 있다. 谷神이자 樸이자 道만이 그런 행위를 하는 것이지 도를 깊이 닦은 인간이 할 행위는 아닌 것이다.

保此道者 不欲盈 보차도자 불욕영
이런 道의 이치를 지키면 절대로 가득 차지 않는다. 道는 아무리 사용해도 위험하거나 고갈되지 않는다. 풀무 작용으로 우주가 계속 팽창하듯 절대로 줄지 않는다. 道者의 者는 도인이 아니라 道를 지칭한다. 본질은 변하지 않기에 끊임없이 팽창하고 변화하여도 가득 찰 수는 없다.

夫唯不盈 故能蔽不新成 부유불영 고능폐불신성
가득 차지 않기에 낡아도 새로워질 필요가 없다. 새것으로 갈아야 할 필요가 없다. 樸은 절대불변이자 獨立不改로 아무리 낡아도 바꿔서 사용할 성질의 존재가 아니다. 우주 어미는 절대로 죽지 않는다. 응축과 팽창으로 만물이 생겨나고 사라지기를 반복하지만, 근본은 절대로 변하지 않으며 항상 有

物混成 상태를 유지한다. 시간으로 비유해보자. 시공간이 열리고 현재까지 흘러온 시간은 낡은 적도 없고 사라지지도 않기에 새로워질 필요도 없다. 十干으로 표현하면 아래와 같다.

이 문장에서 해석이 까다로운 부분은 故能蔽不新成이다. 묘하게 표현하였는데 그 구조는 이렇다.

故 + 能蔽 + 不 + 新成 = 따라서 +낡아도+아니다+새롭게 이룬다.

즉, '낡아도 새로워질 필요가 없다.', '가득 차지 않기에 낡아도 새로워질 필요가 없다.'는 뜻이다. 이제 이런 물형이 무엇인가를 생각해보자. 낡을 수 있지만 바꿔야할 필요가 없다. 이런 행위가 가능한 존재는 대략 세 가지다. 神, 時間, 道이다. 종교인은 神을 택하고. 물리학에 흥미가 있다면 시간을 택하고, 도덕경을 좋아하는 독자라면 道를 택할 것이다. 마지막으로 다시 강조하지만 善爲道者는 도를 잘 닦은 도사나 왕이 아니다.

道德經 21章 - 惚恍 알 수 없다

孔德之容 惟道是從 道之爲物 惟恍惟惚
공 덕 지 용   유 도 시 종   도 지 위 물   유 황 유 홀
惚兮恍兮 其中有象 恍兮惚兮 其中有物
홀 혜 황 혜   기 중 유 상   황 혜 홀 혜   기 중 유 물
窈兮冥兮 其中有精 其精甚眞 其中有信
요 혜 명 혜   기 중 유 정   기 정 심 진   기 중 유 신
自古及今 其名不去 以閱衆甫
자 고 급 금   기 명 불 거   이 열 중 보
吾何以知衆甫之狀哉 以此
오 하 이 지 중 보 지 상 재   이 차

•의역•

오로지 도만이 공덕의 면모를 따를 수 있다. 道의 정체는 참으로 황홀하구나. 홀황한 가운데 象을 지녔고, 황홀한 가운데 物形을 드러내도다. 심원하고 어두워도 그 속에 精(본질)이 있으며 참으로 진실하여 그 가운데에 신실함이 있도다. 고대에서 지금까지, 그 이름은(道) 사라지지 않았으며 이것을 근거로 살피면, 만물을 만들어내는 시작점이자 근본(衆甫)이 분명하다. 내 어찌 만물의 시작점의 이치를 아는가? 바로 이것 때문이다.

21章에서도 有物混成, 谷神의 정체를 恍惚, 惚恍이라는 표현으로 모르겠다고 한다. 인간은 빅뱅 이전의 상태를 알 수 없는 것이다.

孔德之容 惟道是從 공덕지용 유도시종
공덕의 면모는, 오로지 道만이 따를 수 있다. 사실 이 문장은 극히 명료해 보인다. 그 이유는 공덕의 면모가 道를 따른다고 해석하면 쉽게 이해하기 때문이다. 하상공은 이렇게 해석한다. 孔은 크다는 뜻이다. 큰 德을 지닌 사람은 포용하지 않는 바가 없으니 더럽고 탁한 것도 받아들여 겸손함과 낮은 곳에 처할 수 있다. 큰 德을 지닌 사람은 오로지 道를 따른다. 또 왕필은 "恍惚이란 형체가 없어서 얽매여 있지 않은 것에 대한 감탄이다."라고 하였다.

따라서 공덕의 면모는 오직 道를 따를 뿐이라고 해석하고 넘어가면 그만인데 이상하게 주어가 바뀌어 도치법을 활용한 문장이 아닐까 주저한다. 왜냐면 道는 우주본성을 실행하는 방식이지 樸이나 谷神처럼 본질 자체를 설명하는 것이 아니기 때문이다. 문장을 도치해보면;

惟道是從 孔德之容 유도시종 공덕지용
유일하게 道가 따르는 것은 공덕의 모습이다. 孔德之容은 무슨 뜻일까? 아래 내용을 감안하면 樸이자 谷神이며 빅뱅 이전의 有物混成으로 탁하지만 안정된 존재다. 그런 우주 어미의 의지가 道라는 방식으로 우주에 펼쳐지고 실행된다. 따라서 두 가지로 살펴볼 필요가 있는 문장이다. 이 章에도 동일한 문제가 있다. 하 상공은 "큰 德을 지닌 사람은"이라고 표현하였다. 사람으로 이해하면 전체 문장이 매우 어색하다. 큰 德을 지닌 사람이 할 수 있는 행동이 아니다.

道之爲物 惟恍惟惚 도지위물 유황유홀
道라는 물건은 참으로 황홀하구나. 道의 실체는 무어라 규정하지 못할 정도로 황홀하다. 恍惚은 "황홀하다" 식으로 정신을 못 차릴 정도라는 뜻이다. 하지만 老子가 생각하는 恍惚은 有物混成, 谷神의 濁한 실체를 명확하게 밝히지 못하기에 불분명하다는 뜻이다. "우주 어미의 의지를 실천하는 道의 정체를 우리는 알 수 없구나." 정도로 해석하는 것이 바른 이해다.

惚兮恍兮 其中有象 恍兮惚兮 其中有物 홀혜황혜 기중유상 황혜홀혜 기중유물
홀황한 가운데 象을 지녔고, 황홀한 가운데 物形을 드러내는구나. 이 표현은 위에서 살펴보았던 有物混成의 상태를 상상하면 쉽게 이해된다. 양자역학에서 입자와 파동이 공존하는 불확정성의 원리처럼, 어떨 때는 象으로 어떨 때는 物로 변하는 모습이 황홀할 따름이다. 눈으로 관찰하면 입자로, 보지 않으면 파장으로 존재하는 양자 세계. 그것이 바로 象과 物이다.

窈兮冥兮 其中有精 요혜명혜 기중유정
심원하고 어두워도 그 속에 精(본질)이 있으며. 老子의 설명은 물리학의 그것과 유사하다. 빅뱅 이전상태, 어둠속에 우주를 창조한 본질이 숨어 있노라. 양자물리학을 모르는 老子가 모두 아는 것처럼 표현하니 참으로 황홀할 따름이다. 심원하여 어둡고 깊어서 불분명한 그곳에 도의 본질을(精) 갖췄구나.

其精甚眞 其中有信 기정심진 기중유신
그 精(본질)은 참으로 진실하여 그 가운데에 신실함이 있도다. 有物混成의 탁함 속에 우주를 만들어내는 에너지가 숨어있노라.

自古及今 其名不去 以閱衆甫 자고기금 기명불거 이열중보
고대에서 지금까지, 그 이름(道)은 사라지지 않았으며 이것을 근거로 살펴보면, 만물을 만들어내는 시작점이자 근본이 분명하다. 衆甫는 만물의 시작점을 뜻한다. 衆父라고도 부른다. 老子가 생각하는 우주 어미의 존재다.

吾何以知衆甫之狀哉 以此 오하이지중보지상재 이차
내 어찌 만물의 시작점의 이치를 아는가? 바로 이것 때문이다. 道의 존재는 절대로 사라지지 않으며 道의 이치를 알기 때문이다. 영원히 순환하는 시공간의 이치를 나는 알고 있노라. 21章을 정리해보면, 有物混成의 정체를 알 수는 없지만 道의 움직임을 관찰하면 우주 어미의 의지를 깨달을 수 있다. 41章에서는 道의 정체가 더욱 모호해진다.

道德經 41章 – 숨어있다

```
上士聞道 勤而行之 中士聞道 若存若亡
상사문도  근이행지  중사문도  약존약망
下士聞道 大笑之 不笑 不足以爲道
하사문도  대소지  불소  부족이위도
故建言有之 明道若昧 進道若退 夷道若纇 上德若谷
고건언유지  명도약매  진도약퇴  이도약뢰  상덕약곡
大白若辱 廣德若不足 建德若偸 質眞若渝
대백약욕  광덕약부족  건덕약투  질진약유
大方無隅 大器晩成 大音希聲 大象無形
대방무우  대기만성  대음희성  대상무형
道隱無名 夫唯道善貸且成
도은무명  부유도선대차성
```

•의역•

높은 경지는 道를 듣고 열심히 행한다. 중간 경지는 道를 듣고 행하다가 잊어버리기를 반복한다. 낮은 경지는 도를 들으면 크게 비웃는다. 도는 반드시 비웃어야만 하는 상태를 뜻한다. 色界에서 보이는 모든 것들은 가짜라고 아무리 설명해도 비웃는 사람들이 대부분이다.

따라서 이런 말들이 생겨났다. 밝은 道는 어두운 듯하고, 나아가는 道는 뒤로 물러서는 듯하고, 평탄한 道는 울퉁불퉁해 보이고, 높은 德은 谷처럼 투박해 보이고, 너무 깨끗해도 더러워 보이고, 넓은 德은 부족해 보이고, 진실한 德은 교활해 보이고, 진실함은 변하는 것처럼 보인다.

큰 사방은 귀퉁이가 없고, 큰 그릇은 늦게 이루어지며, 큰 소리는 소리가 없는 듯하고, 큰 상은 형이 없는 듯하다. 道는 숨어서 그 이름이 없지만 천하 어디에도 존재하여 모든 것을 이룬다.

老子가 계속 걱정하는 것은, 우리가 생각하는 道와 老子가 주장하는 道 사이에 엄청난 괴리가 있다는 점이다. 우리가 중시하는 것은 老子에게는 가치가 없고, 사람들이 가치 없다고 느끼는 것들을 道라고 주장한다. 이런 이유로 극히 일부만 道의 가치를 깨달을 수 있다고 한탄한다. 많은 사람들이 道에 접근했으면 하는 바람이 여러 장에서 드러난다. 老子는 서로 다른 이야기를 하는 것처럼 보이지만 사실은 오직 하나, 道의 정체를 다양한 비유로 설명하고 있다. 41장에서 道는 不肖하고 가치 없어 보이지만, 참으로 가치 있다고 주장한다. 이 章의 내용은 樸, 谷神 등 빅뱅 이전의 상황을 설명하지만, 道의 본질에 대해서 인간은 깨닫기 힘들다는 내용이다.

上士聞道 勤而行之 상사문도 근이행지
높은 경지의 사람들은 道를 듣고 열심히 행한다. 도를 깨우칠 수 있는 근기가 높은 사람들은 도를 깨닫고 행하려 노력한다.

中士聞道 若存若亡 중사문도 약존약망
중간 경지의 사람들은 道를 듣고 행하다가 잊어버리기를 반복한다.

下士聞道 大笑之 不笑不足以爲道 하사문도 대소지 불소부족이위도
낮은 경지의 사람들은 도를 들으면 크게 웃는다. 웃지 않는다면 도라고 하기에는 부족하다. 씁쓸한 표현이다. 아무리 설명해봐야 알아듣지 못하고 비웃는 사람들에 대한 老子의 원망인가 싶다. 물질만 추구하는 사람들에게 道는 참으로 가소로운 것이다. 아무리 道를 닦아도 돈이 생기지 않는다. 크게

비웃을수록 道에 가까우니 깨닫기 힘든 것이다. 이 문장에서 궁금한 점은, 과연 老子가 이렇게 등급을 나누듯 표현했을까 하는 것이다.

故建言有之 고건언유지　따라서 아래와 같은 말들이 생겨났다.
明道若昧 명도약매　밝은 道는 어두운 듯하고
進道若退 진도약퇴　나아가는 道는 뒤로 물러서는 듯하고
夷道若纇 이도약뢰　평탄한 道는 울퉁불퉁해 보이고
上德若谷 상덕약곡　높은 德은 谷처럼 투박해 보이고
大白若辱 대백약욕　너무도 깨끗해도 더러워 보이고
廣德若不足 광덕약부족　넓은 德은 마치 부족해 보이고
建德若偸 건덕약투　건실한 德은 교활해 보이고
質眞若渝 질진약유　진실함은 변하는 것처럼 보인다.
大方無隅 대방무우　큰 사방은 귀퉁이가 없고
大器晚成 대기만성　큰 그릇은 늦게 이루어지며
大音希聲 대음희성　큰 소리는 소리가 없는 듯하고
大象無形 대상무형　큰 상은 형이 없는 듯하다.
道隱無名 도은무명　道는 숨어서 그 이름이 없지만
夫唯道善貸且成 부유도선대차성　천하 어디에도 존재하여 모든 것을 이룬다.

老子는 다양한 비유로 우리가 얼마나 道를 이해하지 못하는지 심지어 정반대로 생각하고 있는지를 설명한다. 道를 알 수 없는 것이 당연하다. 色界를 살아가는 현실에서 당장 필요한 것은 물질, 권력, 명예이기 때문이다. 하지만 우리는 다급한 순간에 자기도 모르게 우주 어미를 찾는다. "살려 주세요"는 나를 낳아준 모친에게 하는 요구가 아니라 세상 어딘가에서 나를 보살펴주는 神을 향한 기도다. 道隱無名 정체도 모르는 道를 찾는 것이다.

우리는 有物混成으로 이루어진 그 무엇을 알 수 없다. 만약 神, 時間, 道의 정체를 쉽게 알 수만 있다면 평생토록 구도의 길을 걸을 필요도 없다. 우리가 틀리다고 생각하는 그곳에 道가 숨어있다. 참으로 희한하다. 어떻게 저렇게 완벽하게 감추어지고 상상 못할 곳에 숨어있을까? 道를 찾기 어려운 것은 당연한 것이라고 위로해보자. 마지막 표현 道善貸且成은 참으로 멋진 비유라 느껴진다. 道는 쉽게 빌려주고 쉽게 이루어낸다. 道는 실체를 숨기고 이름도 없지만 쉽게 이룬다. 왜냐하면 세상 어디에도 존재하며 萬物 깊숙이 스며들어 無爲로 이루기 때문이다.

道德經 67章 – 道를 모르면서 비웃다

```
天下皆謂我道大  似不肖
천 하 개 위 아 도 대    사 불 초
夫唯大  故似不肖
부 유 대    고 사 불 초
若肖  久矣其細也夫  我有三寶  持而保之
약 초    구 의 기 세 야 부    아 유 삼 보    지 이 보 지
一曰慈  二曰儉  三曰不敢爲天下先
일 왈 자    이 왈 검    삼 왈 불 감 위 천 하 선
慈故能勇  儉故能廣
자 고 능 용    검 고 능 광
不敢爲天下先  故能成器長
불 감 위 천 하 선    고 능 성 기 장
今舍慈且勇  舍儉且廣  舍後且先  死矣
금 사 자 차 용    사 검 차 광    사 후 차 선    사 의
夫慈以戰則勝  以守則固
부 자 이 전 즉 승    이 수 즉 고
天將救之  以慈衛之
천 장 구 지    이 자 위 지
```

•의역•

사람들은 내가 주장하는 道는 커 보이지만 불분명하다고 투덜댄다. 크기에 불분명할 수밖에 없는 것이다. 만약 뚜렷하고 명백했다면 이미 그 정체를 세세하게 보았을 것이다. 내가 항상 지니고 지키는 보물 세 가지가 있는데 첫째 慈愛요, 둘째는 검소함이며, 셋째는 감히 먼저 나서지 않는다. 자애롭기에 용기를 낼 수 있고. 검소하기에 넓다. 감히 먼저 나서지 않기에 오래도록 기물을 이루고 유지할 수 있다.

작금에는 자애도 없으면서 용맹하고, 검소하지도 않으면서 넓으며, 뒤로 물러서지 않고 앞서려 하니 이런 행태들은 오로지 죽음뿐이라. 자애로움은 어떤 전쟁도 이길 수 있고 지켜 공고히 할 것이다. 하늘은 생명을 보호함에 자애로움으로 감싸줄 것이다.

67章을 먼저 살펴보고 70章도 이어서 살펴보자. 이 章과 70章에서 老子의 깊은 한탄이 쏟아진다. 道의 이치는 참으로 쉬운데 왜 알아듣지 못하냐고 호통친다. 우주 어미의 존재는 인간이 알 수 없기에 모르는 것은 당연하리라.

天下皆謂我道大 似不肖 천하개위아도대 사불초
세상 사람들은 모두 내가 주장하는 道는 크지만 불초해 보인다고 한다. 不肖는 재능이나 존재가 뛰어나지 못한 것이며, 肖는 존재가 뛰어나며 모호함이 전혀 없는 것이다. 老子가 설명하는 道는 대단해 보이지만 막상 가까이서 보면 불분명하고 모호하여 감 잡기 힘들다고 불평한다.

夫唯大故似不肖 부유대고사불초
크기에 불분명해 보이는 것이라. 모호하고 불분명한 이유를 설명한다. 道는 우주와 같아서 인간이 상상하지 못할 정도로 크다. 따라서 정체를 명확하게 이해하지 못한다. 4~5%에 불과한 물질계의 현상으로 95%의 보이지 않는 우주를 이해하는 것은 불가능하다. 더욱 큰 문제는, 色界에서 원하는 것과 老子가 주장하는 道 사이에 엄청난 괴리가 있기에 더욱 접근하기 어렵다.

若肖 久矣其細也夫 약초 구의기세야부
만약 肖하다면(뚜렷하고 명백하면) 오래전에 세세하게 보았겠지. 만약 道의 정체가 세세하게 볼 수 있는 것이었다면 오래전에 이해했겠지. 자잘한 것들을 道라고 할 수는 없지 않은가? 누구나 깨닫고 행할 수 있는 것이 아니기에 불분명하고 뛰어나지 않은 듯하고 행동하기 어려운 듯하고 커 보인다.

하지만, 실제로는 참으로 간단한데 행동에 옮기는 사람은 극히 드물어 안타까울 따름이다.

我有三寶持而保之 一日慈 二曰儉 三曰不敢爲天下先
아 유 삼 보 지 어 보 지   일 왈 자   이 왈 검   삼 왈 불 감 위 천 하 선

내게 항상 지니고 지키는 보물 세 가지가 있는데 첫째 慈愛요, 둘째는 검소함이며, 셋째는 감히 먼저 나서지 않는 것이라. 慈는 생기를 퍼트리고 만물을 이롭게 하는 神의 의지다. 검소함은 樸小, 谷神, 重爲輕根처럼 본질을 지키는 것이다. 감히 먼저 天下에 나서지 않는다는 표현은 時間의 특징을 설명하고 있다. 절대로 시간을 거스르지 않는다. 色界에 물들면 명을 재촉할 뿐이다. 뒤로 물러서서 멀리하라고 요구한다. 이와 유사한 표현들은 넘쳐난다.

塞其兌 閉其門	색계를 향한 오감을 닫고
重爲輕根	무거움은 가벼움의 뿌리이고
聖人終日行	성인은 언제라도 항상
不離輜重	수레의 무거움을 유지하고
雖有榮觀 燕處超然	비록 화려한 세상을 볼 수 있지만 초연하며
樸雖小 天下莫能臣也	박은 비록 작지만 누가 감히 다스릴 것인가
樸 大制不割	박은 절대로 쪼개질 성질의 것이 아니다.
知其榮 守其辱 爲天下谷	색계를 이해하고 욕됨(본질)을 지키면

이런 표현들은 전혀 달라 보이지만 不敢爲天下先(불감위천하선)과 동일한 의미다. 본성은 바뀔 수도, 변할 수도, 쪼갤 수도, 다스려질 성질의 것도 아니다. 또 우리는 절대로 시간을 이기지 못한다. 그러기에 不敢爲天下先 시간을 앞설 수는 없고 시간을 거역할 수 없다.

慈故能勇 자고능용
자애롭기에 용기를 낼 수가 있고. 자애로우니 용감할 수 있다. 어머니 마음과 같기에 자식들을 돌볼 때는 목숨도 버릴 정도로 용감하다.

儉故能廣 검고능광
검소하기에 넓다. 모호한 표현이다. 위에서 살펴보았던 大曰逝 逝曰遠(連) 遠(連)曰反의 문장을 기억할 것이다. 극히 작은 樸의 본질을 지키면서도 大道로 우주 전역에 연결되어 순환할 수 있다. 儉은 검소하다는 뜻이 아니라 樸처럼 쪼개지지 않는 본질을 지키는 것이다.

不敢爲天下先 故能成器長 불감위천하선 고능성기장
감히 먼저 나서지 않기에 오래도록 기물을 이루고 유지할 수 있다. 이 문장도 道 닦은 도인을 상상하면 老子의 뜻을 따라잡지 못한다. 빅뱅 이전에는 有物混成으로 우주 어미가 항상 무거움을 유지하고 근본을 지키기에 만물이 성장한다. 이 문장을 時間으로 바꿔 살피면 이해가 빠르다. 시간은 절대로 나서지 않지만 모든 것을 이루어낸다. 不敢爲의 표현에는 만물에 스며들어 스스로 그러하게 만드는 道의 본성이 숨어있다. 자연스럽게 이루어지며 억지로 하지 않는다.

今舍慈且勇 舍儉且廣 舍後且先 死矣
<small>금 사 자 차 용　사 검 차 광　사 후 차 선　사 의</small>

작금에는 慈도 없으면서 용맹하고, 검소하지 않으면서 넓고, 뒤로 물러서지 않고 앞서려고만 하니 죽음을 재촉할 뿐이다. 老子가 전달하려는 의미는 명확하다. 시간은 자연스럽게 흘러가 모든 것을 이루지만, 인간은 현재의 시간을 평가하고 시간을 거스르고, 시간에 화를 내고, 시간을 뒤엎으려 하다가 화를 부르고 죽음을 재촉한다.

夫慈以戰則勝 以守則固 <small>부자이전즉승 이수즉고</small>

자애로움은 어떤 전쟁도 이길 수 있고 지켜 공고히 할 것이다. 만물을 이롭게 하려는 우주 본성을 가졌다면 전쟁에서 승리할 수 있다. 이 의미는 道는 생기를 퍼트리고 만물을 이롭게 하려는 것이기에 절대로 전쟁하지 않는다는 뜻이다. 이런 본질은 반드시 지켜서 공고히 해야 한다.

天將救之 以慈衛之 <small>천장구지 이자위지</small>

하늘은 생명체들을 보호함에 자애로움으로 감싸줄 것이라. 道는 온 우주에 생기를 퍼트리려 함이라.

道德經 70章 – 깨우치기 어려운 道

```
吾言甚易知 甚易行
오 언 심 이 지   심 이 행
天下莫能知 莫能行
천 하 막 능 지   막 능 행
言有宗 事有君
언 유 종   사 유 군
夫唯無知 是以不我知
부 유 무 지   시 이 불 아 지
知我者希 則我者貴
지 아 자 희   칙 아 자 귀
是以聖人 被褐懷玉
시 이 성 인   피 갈 회 옥
```

•의역•

내가 하는 말은 참으로 알기 쉽고, 행하기도 쉬운데도 사람들은 그 뜻을 헤아리지 못하고, 행하지도 못한다. 언사와 일에는 근본과 따라야 할 법도가 있는데 이런 이치를 모르니 내가 주장하는 것들을 깨닫지 못한다. 나의 이치를 깨달은 자 드물기에 귀한 것이다. 이런 이유로 聖人은 누더기를 입어도 가슴엔 옥을 품는다.

한탄이 이어진다. 老子가 주장하는 것들은 자연의 법도이니 그대로 따르면 되는데 그렇게 쉬운 것도 하지 못하는가?

吾言甚易知 오언심이지
내가 하는 말은 참으로 알기 쉽고

甚易行 심이행
행하기도 참으로 쉬운데

天下莫能知 천하막능지
천하가 의미를 알지 못하니,

莫能行 막능행
행하지 못한다.

言有宗 事有君 언유종 사유군
말과 일에는 근본이 있고, 따라야 할 법도가 있는데

夫唯無知 是以不我知 부유무지 시이불아지
이런 이치를 모르니, 내가 주장하는 것들을 깨닫지 못한다.

知我者希 則我者貴 지아자희 칙아자귀
나의 이치를 깨달은 자 드물기에, 깨달은 자 귀한 것이다.

是以聖人被褐懷玉 이시성인 피갈회옥
이런 이유로 聖人은 누더기를 입어도 가슴엔 옥을 품는다.

被褐 - 굵은 베옷, 누더기 옷, 외면, 허상. 丙

懷玉 - 옥, 내면. 본질, 근원. 壬

왜 老子의 생각을 따라잡기 힘들까? 老子의 道가 무엇인지 모르기 때문이다. 道大하지만 不肖하다고 느낀다. 老子는 빅뱅 이전과 이후를 비교하면서 道의 정체를 설명하지만 138억 년을 지나 色界를 살고 있는 우리에게는 감 잡기 힘든 것들이다. 물질이라 부르는 것들 예로 은하, 항성, 행성, 지구, 육체, 물질 등은 고작 4%고 나머지는 암흑에너지, 암흑물질로 그 정체를 알 길이 없다.

老子도 그 정체를 명확하게 설명하지 못한다. 그 누구도 정체를 알 수 없다. 인간은 아무리 깊은 수양을 해도 聖人으로 바뀌지 않는다. 道의 본질을 알 수 없기 때문이다. 老子도 우주법도를 억지로 형용하면서 道라는 명칭을 부여했을 뿐이다. 하지만 분명한 것은 이것이다. 老子는 비록 언어로 형용할 수는 없지만 그 정체를 분명히 알고 있다. 심지어 매우 쉽다고 한다. 吾言甚易知 甚易行 天下莫能知 莫能行. 우리가 도를 포기할 수 없는 이유다.

04 크다.

道德經 45章 - 크다

> 大成若缺 其用不弊
> 대 성 약 결　기 용 불 폐
> 大盈若沖 其用不窮
> 대 영 약 충　기 용 불 궁
> 大直若屈 大巧若拙 大辯若訥
> 대 직 약 굴　대 교 약 졸　대 변 약 눌
> 靜勝躁 寒勝熱
> 정 승 조　한 승 열
> 淸靜爲天下正
> 청 정 위 천 하 정

•의역•

우리는 道를 알지 못한다. 不肯한 道는 이상하게 우리의 생각과는 전혀 다르다. 따라서 크게 이루는 것은 부족해 보이지만 쓰임은 항상 새로움을 유지한다(不新成). 가득 참은 빈 것처럼 보이지만, 그 작용은 다함이 없다. 크게 바름은 휘어져 보이고 큰 솜씨는 보잘 것 없어 보이고 크고 옳은 말은 어눌하게 들린다. 靜은 躁의 근본이요, 寒은 熱의 근본이다. 청정함이 바로 천하의 바름이다.

지금부터 3개의 章을 통하여 道의 정체가 크다는 것을 살필 것이다. 老子의 변덕처럼 보이는 표현들이 있다. 예로 樸雖小를 주장하다가 道大라고 하지만 의미를 파고들면 동일한 것이다. 老子의 주장이 불초하게 느껴지지만 나머지 내용들을 종합하면 굉장히 분명하다. 老子는 빅뱅 이전의 무언가를 다양한 언어로 설명하면서 모른다, 죽지 않는다, 크다, 극도로 응축되어 작지만 누구도 다스리지 못한다, 본질은 변하지 않는다. 등의 설명을 하고 있다.

우리는 왜 이런 표현들을 이해하지 못할까? 위에서 언급했던 것처럼, 일상에서 활용하는 것들이 아니고, 138억 년 전의 동태를 현재의 色界에서는 이해하기 어렵기 때문이다. 45章의 주장도 다르지 않다. 우리는 분명하고 확실하고 물질적이고 현실적이고 손에 쥘 수 있고, 소유할 수 있는 것을 선호하지만 道의 정체와 거리가 멀다. 예로 살기 위해서는 돈과 권력이 중요하다 생각하지만 호흡을 멈추면 10분도 못가서 사망한다. 이렇게 중요한 존재 앞에서 돈과 권력이 무슨 소용이란 말인가? 중요하다 생각했던 것들은 쓸모가 없고, 가치 없다고 느꼈던 것들은 없으면 안 되는 것이었다. 노자는 이런 황당한 이치를 반어법으로 설명한다.

大成若缺 其用不弊 대성약결 기용불폐
크게 이루는 것은 부족한 것처럼 보이지만 그 쓰임은 항상 새로움을 유지한다. 大成은 크게 이루지만 부족해 보인다. 우주 어미는 뒤에 숨어서 만물을 먹인다. 온 우주를 먹여 살릴 정도로 크면서도 존재를 드러내지 않는다. 만물을 이롭게 하면서도 새로운 것처럼 유지된다. 공기처럼 중요하지만 아무리 사용해도 마르지 않는다. 물을 마셔야만 생명을 유지하면서도 물의 소중함을 느끼지 못한다. 공기와 물처럼 아무리 써도 해로움이 없는 것이 바로 不弊다. 낡지 않기 때문이다. 마치 영원히 순환하는 시간처럼.

大盈若沖 其用不窮 대영약충 기용불궁
가득 차면 빈 것처럼 보이지만, 그 작용력은 다함이 없다. 이 문장에서 沖은 충돌이 아니라 비어있음으로 해석해야 한다. 하지만 빈 것처럼 보이는 그 속에서 수시로 충돌이 일어나기에 움직이고 변화하여 순환하게 만든다. 이런 이유로 不窮 아무리 써도 마르지 않는다. 아무리 사용해도 없어지지 않으며 우주가 팽창하듯 계속 팽창한다.

大直若屈 대직약굴
크게 바름은 휘어져 보이고

大巧若拙 대교약졸
큰 솜씨는 보잘 것 없어 보이고

大辯若訥 대변약눌
크고 옳은 말은 어눌하게 들린다.

靜勝躁 寒勝熱 정승조 한승열
靜은 躁의 근본이요 寒은 熱의 근본이다. 이 부분은 상이한 표현들이 있지만, 老子의 의미는 동일하다. 빅뱅 이전의 혼탁하고 안정된 상태가 빅뱅 이후에 躁하고 熱해진다고 설명하면서 근본은 靜과 寒임을 표현한다.

清靜爲天下正 청정위천하정
청정함이 바로 천하의 바름이다.

아래의 詩는 老子의 표현에 어울린다.

人人僻署走如狂　사람들은 더위를 피하여 이리저리 뛰어다니지만
獨有禪師不出房　오로지 선사만이 방에서 머무네.
不是禪房無熱到　선방이 덥지 않은 것이 아니지만
但能心靜卽身凉　마음이 고요하니 몸이 어찌 더우리.

- 白居易

道德經 61章 - 크다

> 大國者下流 天下之交 天下之牝
> 대 국 자 하 류   천 하 지 교   천 하 지 빈
> 牝常以靜勝牡 以靜爲下 故大國以下小國 則取小國
> 빈 상 이 정 승 모   이 정 위 하   고 대 국 이 하 소 국   즉 취 소 국
> 小國以下大國 則取大國 故或下以取 或下而取
> 소 국 이 하 대 국   즉 취 대 국   고 혹 하 이 취   혹 하 이 취
> 大國不過欲兼畜人 小國不過欲入事人
> 대 국 불 과 욕 겸 축 인   소 국 불 과 욕 입 사 인
> 夫兩者各得所欲 大者宜爲下
> 부 양 자 각 득 소 욕   대 자 의 위 하

• 의역 •

빅뱅 이전에는 극도로 응축되어 있다가 온 우주로 폭발하였고 우주의 모든 것은 그곳에서 시작되었다. 따라서 대국(빅뱅 이전)은 아래로 흐르니 천하(빅뱅 이후)가 모두 모이는 곳이요 천하의 어미다. 천하의 어미는 항상 靜的이기에 수놈(色界)을 이기며 아래에 거한다.

대국은 아래에서 소국을 취하고, 소국은 아래에 대국이 있기에 취할 수 있다. 아래에 있어서 취하거나 아래로 갈 수 있기에 취한다. 대국은 억지로 기르지 않고, 소국은 색계에 빠져 지나치면 안된다. 대국, 소국의 맡은 바 소임이 다르며 큰 나라(樸)는 아래에 거하는 것이 좋다.

61章은 겉으로 보기에 道는 크다는 것을 설명하는 것처럼 보인다. 하지만 쪼갤 수 없고 변질될 수 없는 樸의 大制不割의 특징을 설명하면서 순환의 이치를 함께 표현한다. 大邦(大國)은 나라를 지칭하는 것이 아니라 빅뱅 이전의 상태, 우주의 모든 것을 쏟아낸 衆妙之門을 암시한다. 국가 통치를 상상하면 老子의 생각을 따라잡지 못한다.

大國者下流 天下之交 天下之牝 대국자하류 천하지교 천하지빈
대국은 아래로 흐르니 천하가 모두 모이는 곳이요 천하의 어미다. 지금까지 보지 못했던 大國, 大邦이라는 용어들을 사용하여 樸을 설명한다. 국가통치와 전혀 관계없는 표현들이다. 老子가 國자나 邦자를 쓰고 싶은 것인지 아니면 후대에 바꾼 것인지 알 길은 없으나 國이라는 단어를 쓰는 바람에 큰 나라, 작은 나라로 해석할 수밖에 없다. 하지만 전체 맥락이 맞지 않는다. 예로 이 문장을 大海下流, 天下之交, 天下之牝라고 바꾸면 이해가 쉬웠다. 큰 바다의 속성은 아래에 거하고 江河는 낮은 곳으로 흘러 큰 바다에 모이기에 大海는 천하의 어미와 같다.

牝常以靜勝牡 以靜爲下 빈상이정승모 이정위하
천하의 어미는 항상 靜的이기에 수놈을 이기며 아래에 거한다. 이 표현은 重爲輕根과 致虛極 守靜篤의 다른 표현, 동일 의미다. 樸은 절대불변이자 獨立不改인데 폭발하여 온 우주에 만물을 쏟아낸다. 따라서 암컷은 樸을 뜻하고 수컷은 樸을 散하여 器로 만든 상태다. 빅뱅 이후를 상징하는 것이다.

十干으로 표현하면 壬(암놈, 靜的)-->癸, 丙(수놈, 動的)으로의 흐름이다. 壬은 생명의 근원이자 천하의 주인이며 만물을 만들고 물형을 갖추어 각각의 쓰임을 얻어 사용하다 壬의 품으로 돌아와 머물다 재탄생하기를 반복한다. 이것이 우주 법도다. 빅뱅 이전과 이후가 계속 반복하면서 순환을 이끌어낸다. 이런 이치를 이해한 老子에게 우주 어미는 정적이고 낮은 자리에서 근본을 지키고, 안정적이다. 하지만 어미가 만들어낸 色界는 榮하지만 躁하다. 따라서 빨리 그곳에서 벗어나 樸으로 돌아오라고 재촉한다.

故大國以下小國 則取小國 小國以下大國 則取大國
고 대 국 이 하 소 국 즉 취 소 국 소 국 이 하 대 국 즉 취 대 국

따라서 대국은 아래에서 소국을 취하고, 소국은 아래에 대국이 있기에 취할 수 있다. 빅뱅 이전과 이후는 순환하는 母子 관계다. 여기에 특별한 의미를 부여할 필요는 없다. 復命曰常(복명왈상)의 원리를 설명하고 있다. 이 문장도 故大海以下小河 則取小河 이렇게 바꿔서 살펴보면 쉽다. 큰 바다는 아래에 거하면서 작은 바다들을 취할 수 있다. 본질과 변화를 상징하는 표현들이다.

故或下以取 或下而取 고혹하이취 혹하이취

아래에 있어서 취하거나 아래로 갈 수 있기에 취할 수 있다. 이 문장도 바다에 비유하면 어렵지 않다. 낮은 곳에 임하기에 취하고, 낮은 곳으로 향하기에 취할 수 있다. 母子는 더불어 하나이다. 무명과 유명으로 달라 보이지만 同出而名 이다.

大國不過欲兼畜人 小國不過欲入事人
대 국 불 과 욕 겸 축 인 소 국 불 과 욕 입 사 인

대국은 억지로 기르지 않고, 소국은 현실세계에 지나치면 안된다. "畜"은 기르다, "兼"은 함께하다는 뜻이다. 따라서 兼畜人의 의미는 함께 보호하고 기르는 것이다. 문장 전체를 종합하면 대국은 작은 나라를 지나치게 간섭하는 것은 옳지 않고, 작은 나라도 지나치게 현실세계에만 신경 쓰는 것은 옳지 않다. 이 문장도 겉으로는 정치를 논하는 것처럼 보이지만 의미가 명료하다.

大國(樸, 빅뱅 이전) → 小國(樸散, 빅뱅 이후) → 大國(樸, 빅뱅 이전) → 小國(樸散, 빅뱅 이후)의 끊임없는 순환과정을 표현한다. 따라서 대국은 소국을 낳고 기르고, 소국은 색계를 살기에 흔들리지 않는 기준을 바탕으로 만물이 발전하다가 뿌리로 돌아간다. 16장에서 살펴보았던 夫物芸芸 各復歸其根(부물운운 각복귀기근)이다. 老子는 동일한 의미를 다양하게 활용하고 있다. 不過欲兼畜人은 重爲輕根, 不離輜重으로 근본을 지키라는 암시이고 不過欲入事人은 지나치게 色界에 빠져 죽음을 재촉하지 말라는 암시다.

夫兩者各得所欲, 大者宜爲下
부 양 자 각 득 소 욕 대 자 의 위 하

대국, 소국은 맡은 바 소임이 다르며 큰 나라는 아래에 거하는 것이 좋다. 우주 어미에서 나와 삼라만상을 펼치다가 다시 응축하면 어미의 품으로 돌아간다. 따라서 樸이 모이고 흩어지는 이치로 大者는 樸이기에 보이지 않는 곳에서 변화를 이끄는 주체여야 한다. 신기하게도 정치를 논하는 것처럼 보이는 문장들 속에는 전혀 상상하지도 못한 숨은 의미들이 있다. 움직임과 변화, 순환과정을 大國과 小國의 대칭구도로 설명하는 것이다.

道德經 66章 - 아래에 머물다

> 江海所以能爲百谷王者
> 강해소이능위백곡왕자
> 以其善下之 故能爲百谷王
> 이기선하지 고능위백곡왕
> 是以欲上民 必以言下之
> 시이욕상민 필이언하지
> 欲先民 必以身後之
> 욕선민 필이신후지
> 是以聖人處上而民不重
> 시이성인처상이민부중
> 處前而民不害
> 처전이민불해
> 是以天下樂推而不厭
> 시이천하락추이불염
> 以其不爭 故天下莫能與之爭
> 이기부쟁 고천하막능여지쟁

•의역•

강과 바다는 그러하기에 백곡왕이 될 수 있다. 아래에 머물기에 백곡왕이 될 수 있는 것이다. 백성들 위에 머물고자 한다면 반드시 언사를 아래에 두라. 백성들 앞에 나서려면 반드시 몸을 뒤에 두라. 따라서 聖人은 위에 거하지만, 백성들은 위압감을 느끼지 않고, 앞에 서지만 백성들은 상하지 않는다. 따라서 천하가 즐겁게 칭송하면서도 싫어하지 않는다. 그렇게 다투지 않기에 천하에 다툴 것이 없다.

老子의 뛰어난 능력 중 하나는 道德經을 읽는 사람에 따라서 전혀 다르게 해석할 수 있도록 표현한 것이다. 81章을 정리해보면 老子의 사상은 극히 명료하며 절대로 흐트러지지 않는다. 66章도 겉으로 보기에 정치를 논하는 것처럼 보이지만 사실은 우주 본성을 설명하고 있다. 樸의 존재가치를 인간의 처세에 비유하는 것이다. 우주의 주인, 생명수와 같고 바다처럼 모든 것을 품어 기르는 에너지. 가장 낮은 곳에 거하면서도 생기를 부여하고 만물을 이롭게 하는 행위. 老子는 이런 谷神의 가치를 배우고 따르라는 것이다.

江海所以能爲百谷王者 강해소이능위백곡왕자
강과 바다는 그러하기에 백곡왕이 될 수 있다. 百谷, 느낌이 묘한 표현이다. 움푹 팬 계곡 때문에 물이 아래로 흘러 생명수와 접촉한 곳에 생명체가 생겨난다. 江海는 만물의 생기를 만들어내는 원천이다.

以其善下之 故能爲百谷王 이기선하지 고능위백곡왕
아래에 머물기에 백곡왕이 될 수 있는 것이다. 谷神不死를 표현한다. 아래에 거하기에 절대로 죽지 않으며 만물의 어미가 되는 것이다.

是以欲上民 必以言下之 시이욕상민 필이언하지
백성들 위에 머물고자 한다면 반드시 말을 아래에 두라. 老子는 갑자기 우주 어미 百谷王을 帝王에 비유하면서 여러 가지 효과를 노리고 있다. 빅뱅 이전과 이후의 이치를 정치처럼 포장하면서 왕의 작태를 비난한다. 王이 백성들 위에 존재하려면 말을 겸손하게 하라. 만물을 이롭게 하는 행위를 하라. 왕이라고 함부로 명령하고 백성을 죽이지 말라.

欲先民 必以身後之 욕선민 필이신후지
백성들 앞에 나서려면 반드시 몸을 뒤에 두라. 앞에 나서서 왕의 존재에 위압감을 느끼지 않도록 하라. 무조건 나를 따라야 한다는 식이 아니라 뒤에서 존재하지 않는 듯한 역할에 머물러야 한다. 不離輜重의 도리이자 獨立不改의 이치다. 老子는 동일한 의미를 정치처럼 표현한 것이다.

是以聖人處上而民不重 處前而民不害
시 이 성 인 처 상 이 민 부 중 처 전 이 민 불 해

따라서 聖人은 위에 거하지만, 백성들은 위압감을 느끼지 않고, 앞에 서지만 백성들은 상하지 않는다. 교묘하게 聖人을 훌륭한 왕처럼 포장하면서 이런 식의 정치를 해야 한다고 암시를 준다. 백성들 위에 거하면서도 부담스럽지 않은 존재. 앞에 나서면서도 백성을 해치지 않는 존재. 그것이 진정한 성군이다. 우주 어미 樸의 본모습이다. 이 문장은 樸이 본질에서 벗어난 것처럼 표현하지만 王은 반드시 존재하지 않은 듯 뒤에 숨어있어야 함을 강조한 것이다.

是以天下樂推而不厭 시이천하락추이불염
따라서 천하가 즐겁게 칭송하면서도 싫어하지 않는다.

以其不爭 故天下莫能與之爭 이기부쟁 고천하막능여지쟁
그렇게 다투지 않기에 천하에 다툴 것이 없다. 우주 어미는 조용히 자연을 운영하듯, 자연스럽게 나라를 다스릴 수만 있다면 참으로 좋겠다는 희망이 숨어 있다. 이 문장의 실제 의도는 樸雖小, 天下莫能臣也와 동일한 의미다. 樸을 時間으로 규정하면 時間은 만물의 창조자이자 파괴자이기에 누구와도 다툴 일이 없다. 그냥 흘러가면서 만물이 생장쇠멸을 순환하게 만들 뿐이다.

05 빅뱅 이전 내용 요약

이것들은 외부의 타격에 맞아 분해될 수도 없고, 또 깊이 꿰뚫어져 풀어질 수도 없으며, 어떤 다른 방법으로 공격받아 흔들릴 수도 없다. 이것은 당연히 부분 없이 존재하며, 최소의 본성을 가지고 있고, 결코 그 자체로 분리된 적이 없으며, 이후로도 그럴 수가 없는 것으로서, 그 자체가 다른 것의 기본이 되는 하나의 부분이다.
 - 루크레티우스(Titus Lucretius Carus, 로마 시인, 철학자)의 원자.

지금까지 19개 章에 걸쳐 빅뱅 이전의 상황을 살펴보았다. 내용을 보면 그렇게 나눌 수밖에 없는 이유를 충분히 이해할 것이라 믿는다. 老子가 생각했던 빅뱅 이전의 핵심 사항은 ;

1. 움직임은 멈추지 않는다.
2. 근본 틀은 변할 수 없다.
3. 인간의 능력으로는 알 수 없다.
4. 크다.

모두 중요한 내용들이지만 특히 1과 2는 매우 중요한 의미를 갖는다. 1은 본성이 무엇인지 명확하게 이해할 수 있다. 온 우주에 生氣를 퍼트려 만물을 이롭게 하려는 의지다. 2는 老子에게 매우 중요한 의미다. 道

德經 전반에 걸쳐 반복적으로 나오는 단어가 復歸와 常이다. 그만큼 老子는 本性으로의 회귀를 꿈꾸었다. 반드시 모친의 품과 같은 환경이나 조건이 필요했으며 절대 불변이어야 했다. 이런 조건이 갖추어졌을 때에서야 비로소 彼岸의 세계로 돌아가기 때문이다.

色界에 대해 불만스러운 老子에게 모친의 품도 불안정하다면 용납하기 힘들었을 것이다. 老子의 대단한 점은, 常의 절대불변을 有物混成과 조화를 이루어 어색하지 않도록 묘사한 것이다. 절대불변을 극히 안정적인 상황이라고 상상하는 우리에게 有物混成의 혼돈은 이해하기 어렵다. 불안정한 상황에서 安靜을 유지하는 樸의 존재는 참으로 놀랍다. 지금까지 나왔던 핵심 단어들을 간추려 살펴보자.

1. 有物混成 先天地生
   有物混成으로 탁한 무언가가 빅뱅 이전에 존재했다.

2. 獨立不改 周行不殆
   독립적이며 절대로 움직임을 멈추지 않는다.

3. 吾不知其名 强爲之名曰大
   정체를 모르지만 억지로 표현하면 크다.

4. 象帝之先
   마치 조물주 이전에 존재한 것처럼 보인다.

5. 谷神不死
   곡신은 절대로 죽지 않는다.

6. 重爲輕根
    무거워 가벼움의 뿌리다.

7. 不離輜重
    항상 무거움을 유지한다.

8. 致虛極 守靜篤
    극히 응축되어 안정된 상태를 유지한다.

9. 復命曰常
    모든 것은 본질로 회귀한다.

10. 道常無名
    이름도 없고 알 수 없다.

11. 樸雖小
    극도로 응축되어 매우 작다.

12. 樸-大制不割
    본질은 쪼개지지 않는다.

13. 知其榮 守其辱
    색계는 화려하지만 우주 어미는 욕스럽다.

14. 大象
    크다.

15. 道之出口 淡乎 其無味
    도가 나오는 곳은 담백하고 맛이 없다.

16. 視之不足見 聽之不足聞 用之不足旣
    보고, 들어도 알 수 없다.

17. 視之不見 聽之不聞 搏之不得 此三者 不可致詰
    모른다.

18. 混而爲一
    섞여 하나다.

19. 道生一
    道가 우주를 창조했다.

20. 微妙玄通 深不可識
    그 깊이를 알지 못한다.

21. 孰能濁以靜之徐淸 孰能安以靜之徐生
    폭발하여 혼탁함을 풀어낸다.

22. 道之爲物 惟恍惟惚
    황홀하여 불분명하다.

23. 道隱無名
    우리는 도를 알 수 없다.

24. 道大 似不肖
    도는 크지만 모호하다.

25. 天下莫能知 莫能行
    도를 알지 못하여 행하지도 못한다.

26. 大國者下流
    우주어미가 우주를 낳았다.

27. 江海所以能爲百谷王者
    江河는 만물을 낳고 기른다.

老子 道德經

제2장
빅뱅 이후

01 천하의 시작
02 어디에도 존재하는 것
03 팽창한다
04 무위의 특징
05 수시로 변한다
06 만물을 이롭게 하는 생기
07 비어있음의 가치
08 빅뱅 이후 내용 요약

우주의 탄생은 시간 속에서 일어난 사건이 아니다. 시간은 존재의 탄생과 동시에 시작되었다. 우주를 탄생시킨 힘은 시간 안에 있었던 한 사건도 아니고 공간 안에 있었던 한 영역도 아니다. 우주공간에서 어떤 조건에 의해 순간적으로 등장한 바로 그 모체(matrix)라 할 수 있다. 우주 공간의 출현 속도 역시 태초의 절묘함을 보여준다. 만일 우주 공간이 조금만 더 천천히 펼쳐졌다면 팽창하던 우주는 수십억 년 전에 양자 거품의 형태로 붕괴되고 말았을 것이다. 만일 우주 공간이 $1/10^{12}\%$만 더 늦게 펼쳐졌어도 우주는 붕괴되었을 것이다. 만일 우주 공간이 조금 더 빨리 펼쳐졌어도 똑같이 불행한 결과가 나타났을 것이다.

수학적 우주론 자들은 자신의 주변을 돌아보고 별들과 은하를 관찰한 후 다음과 같이 질문한다. 이와 같은 우주 구조를 발전시킨 불덩어리의 본성은 무엇인가? 오늘날 우주와 우주에 존재하는 모든 것들의 본성은 이 태초의 찬란한 불꽃의 본성과 밀접한 관계가 있다. 우주는 시공간 연속체라는 직조물 위에 각각의 개별적 사건들이 다른 사건들과 함께 얽히고설키면서 어울려 직조된 하나이면서 다양한 형태를 가진 진화하는 존재이다.

태초의 찬란한 불꽃이 일으켰던 파문이 우주의 형태를 만들기 위해서는 태초의 원시 원자들이 필요했다. 불덩어리가 냉각되고 우주가 수조 입방마일로 팽창되던 그 순간에 수소와 헬륨이 창발 했다. 수소와 헬륨은 역동적인 작용의 중심이다. 만일 우주가 은하계 안에서 스스로를 만들어가는 방식을 이해하려면, 우리는 수소와 헬륨이 거대한 우주의 본성을 변형시킨 방식을 증명할 필요가 있다.

태초에 시간이 시작될 때의 그 힘이 자신 안에서 거대한 공간을 스스로 펼쳐가는 우주를 이끌어냈다. 수소는 비활성 물질이거나 또는 죽어 있거나 수동적인 물질이 아니다. 오히려 각각의 수소 원자들은 스스로의 에너지로 매순간 계속 끓어오른다.

수소 원자는 자신을 구성하는 요소들인 양성자, 전자, 광자들의 지속적인 상호작용을 이끌어내는 하나의 성취이다. 전자, 양성자 및 광자를 통일된 하나의 전체로 응집시킨 그 주체, 그 작용의 역동적인 중심이 수소이다. 수소는 우주의 새로운 힘이고 작용의 새로운 중심이며 우주 안에 나타난 새로운 존재였다. 수소야말로 새로운 방식으로 작용하는 새로운 실재였다.

불덩어리는 자신의 움직임을 가로막는 장애물, 중력이라는 인력을 만났다. 팽창이 중력이라는 장애를 만났기 때문에 비로소 은하가 출현할 수 있었다. 폭력과 파괴는 우주의 특성이다. 물질의 저항은 폭력의 현실과 관련된 우주의 첫 번째 역학이다. 우주에서 폭력의 역사는 지구와 태양 사이에서 발생한 중력이라는 인력만큼이나 필연적이고 피할 수 없다. 우주의 모든 창조물들은 폭력과 창조의 특성을 변화시킨다. 한편에는 폭력, 파괴, 붕괴가 있고 다른 한편에는 창조, 종합, 통합이 있다.

우주는 스스로 에너지를 만든다. 우주는 자신의 발전을 위해 우주의 모든 에너지를 필요로 한다. 에너지 없이 일어날 수 있는 발전은 우주 어디에도 없다. 열역학 제 2법칙에 따르면 건설적인 활동은 에너지를 필요로 하고 필연적으로 엔트로피, 즉 쓰레기를 만든다.

모든 사물들에게는 자신의 내적 본성을 성취하려는 경향이 있다. 물리학에서는 이 사실을 어떤 물리적 상황에서 맴도는 양자적 경향성이라고 표현한다. 모든 도토리는 미래에 참나무로 자라날 운명을 내부에 품고 있다. 모든 존재들은 제각각 그 존재와 발전에 필요한 자유 에너지를 갈망한다. 각각의 모든 존재들은 소멸되지 않기 위해 멸종에 저항한다.

《우주이야기》 토마스 베리, 브라이언 스윔 지음 ┃ 맹영선 옮김

상기의 내용은 우주이야기 책에 나온 문장들을 연결시킨 것이지만 빅뱅 이후 현재까지의 움직임과 변화를 설명하는데 부족함이 없다. 老子는 37章에 걸쳐 빅뱅 이후의 상황을 묘사한다. 목차에서 설명한 것처럼 중심 내용은 천하의 시작, 어디에도 존재하는 것, 팽창, 무위, 변화,

만물을 이롭게 하는 生氣, 비어있음의 가치 등이다. 無爲를 설명한 章이 가장 많은데, 無爲의 다른 표현은 <u>내적 본성을 성취하려는 성향</u>이다. 老子는 생기를 퍼트리고 만물을 이롭게 하려는 것을 내적 본성으로 보았다. 이제 우주에 찬란한 불꽃을 펼치던 순간으로 출발해보자.

01 천하의 시작

道德經 52章 – 빅뱅. 찬란한 불꽃

```
天下有始 以爲天下母
천 하 유 시   이 위 천 하 모
旣得其母 以知其子
기 득 기 모   이 지 기 자
旣知其子 復守其母 沒身不殆
기 지 기 자   부 수 기 모   몰 신 불 태
塞其兌 閉其門 終身不勤
색 기 태   폐 기 문   종 신 불 근
開其兌 濟其事 終身不救
개 기 태   제 기 사   종 신 불 구
見小曰明 守柔曰强 用其光
견 소 왈 명   수 유 왈 강   용 기 광
復歸其明 無遺身殃 是謂習常
복 귀 기 명   무 유 신 앙   시 위 습 상
```

•의역•

천하의 시작점이 있었으니 바로 천하의 어미라. 그 어미를 얻었기에 그 자식의 정체를 알 수 있다. 또 그 아들을 알고 어미의 품으로 돌아가 따르니 종신토록 위태롭지 않다. 色界를 향한 감각을 닫을 수만 있다면 종신토록 수고롭지 않을 것이다. 五感의 문을 열어 색계의 번잡함에 빠져들면 평생토록 빠져나오지 못한다.

빅뱅이전 응축되었던 본질을 깨닫는 것을 밝음이라 부르고, 生氣를 퍼트릴 수 있는 부드러운 에너지를 유지하는 것을 강하다 한다. 그런 이치를 따라 밝음으로 돌아가자. 그렇게 할 수만 있다면 절대로 재앙을 남기지 않을 것이다. 이것을 習常이라고 한다.

전지전능한 시간이 인간 속으로 스며들었다. - 괴테

인간은 우주 근원과 생명의 본질을 이해하고자 혼신의 힘을 쏟는다. 움직임과 변화를 만들어내는 주체를 알고 싶기 때문이다. 우주는 왜 이렇게 생겼을까? 인간은 왜 이렇게 행동할까? 이런 의문점들의 본질은 움직임과 변화가 어디에서 출발하였나를 알고 싶은 것이다. 왜 알아야만 할까? 존재가치를 규정할 수 있기 때문이고 의문점이 풀려야 내려놓을 수 있기 때문이다. 정체성을 규정하려는 행위의 본질은 인간의 집착이다. 곰곰이 생각해보자. 종교, 철학은 인간 본성에 대한 연구가 주를 이룬다. 始原에 대한 언급은 있지만, 극소수에 불과하고 대부분 인간세계를 다룬다. 사주팔자도 물질의 미래에 집중한다. 언제 돈을 벌고, 승진하고 자식을 얻고, 집을 사고 등 물질에 대한 궁금증이 대부분이다.

우리는 어디에서 우리의 始原을 찾을 수 있을까? 지구? 태양계? 은하? 결과적으로 우주에 찬란한 불꽃이 폭발하던 순간으로 돌아가야만 하고 그곳을 지나 빅뱅 이전의 시공간을 들여다보면 우리의 존재의미가 더욱 명백해진다. 老子도 빅뱅 이전을 언급하고 있지 않은가? 빅뱅 이전과 이후의 움직임과 변화를 알 수만 있다면 우주의 道紀를 아는 것이다.

과학자들은 다양한 방법으로 빅뱅의 장엄한 순간을 묘사하고 있다. 시간과 공간, 열, 찬란한 불꽃이 폭발하는 순간이다. 종교도 철학도 인간본성을 연구하지만 우리는 별 먼지가 아닌가? 그렇다면 빅뱅 이전과 이후의 움직임과 특징 그리고 변화를 살펴야만 우주, 자연, 인간 본성을 명확하게 이해할 것이다. 책 도입부에 양자역학, 시공간, 열과 중력,

무와 대칭에 대해서 간략하게 살펴보았던 이유도 바로 이 때문이다. 老子의 道는 이것들의 중심 혹은 언저리 어딘가에 숨어있다. 왜냐면 빅뱅 이후에 생겨난 시공간과 찬란한 불꽃, 熱이 지구와 우리의 현재를 창조했기 때문이다.

52章은 빅뱅 이후의 순간을 설명하고 있다. 과학적인 표현은 아니지만, 천지가 생겨나던 순간을 그려낸다. 老子는 이 순간을 道紀라 부르고 道의 본질로 이해하고 있다. 52章은 道의 의미와 道를 따르는 방법을 설명한다. 老子의 주장은 극단적이고 비현실적이다. 천지창조 과정을 설명하는 老子에게 통치, 전쟁, 양생으로 활용하는 잘잘한 주제들이 달가울 리가 없다. 천지가 열리는 순간, 우주를 만들어낸 에너지를 아름다운 스토리로 설명하는 老子의 뜻을 헤아릴 필요가 있다.

天下有始 以爲天下母 천하유시 이위천하모
천하의 시작점이 있었으니 바로 천하의 어미라. 지구의 하늘과 땅이 열리는 순간을 天下로 상상하는 것은 적절하지 않다. 빅뱅처럼 야구공만한 크기의 어떤 것이 한 순간 시공간이 열리고 우주가 탄생하던 시점을 천하의 어미라고 상상하자. 天下母는 우주를 존재하게 하는 근원으로 "道"를 만들어낸 본질이다. 창조능력을 가졌고 움직임과 변화의 기준이다.

旣得其母 以知其子 기득기모 이지기자
이미 그 어미를 얻었으니 자식도 알 수 있다. 어미는 有物混成으로 周行不殆의 움직임이다. 따라서 그 자식도 모친을 따를 것이다. 끝없는 움직임을 통하여 천하에 生氣를 퍼트리고 만물을 이롭게 하는 것을 목적으로 한다.

旣知其子 復守其母 沒身不殆 기지기자 부수기모 몰신불태

또 그 아들을 알고 어미의 품으로 돌아가 뜻을 따르니 종신토록 위태롭지 않다. 현재의 움직임과 변화를 살피면 어미가 만든 세상의 원리를 이해하고 그 뜻에 따르면 평생 위태로울 것이 없다. 만물이 어미에 순종하고 뜻을 따르니 어찌 위태로울 것인가? 그렇다면 復守하려면 어떻게 해야 하는 것일까?

塞其兌 閉其門 終身不勤 색기태 폐기문 종신불근

色界를 향한 감각작용을 닫을 수만 있다면 종신토록 수고롭지 않다. 오감작용에 휘둘리지만 않으면 평생토록 평안할 것이라. 눈에, 귀에, 감각에 속아 物質의 세상에서 더 많은 물질, 권력, 명예, 화려한 삶을 쫓으면서 끊임없이 이어지는 간택의 고통 속에서 살지 말라. 天下 母는 淡하고 無味하기에 그 자식도 반드시 그래야한다. 이 문장에는 심각한 문제가 있다. 老子가 色界의 화려함을 부정하기 때문이다. 이런 주장은 13章에도 나타난다.

吾所以有大患者 爲吾有身 及吾無身 吾有何患
오소이유대환자 위오유신 급오무신 오유하환

내가 큰 우환을 가진 이유는 육체를 가졌기 때문이니 만약 없다면 무슨 우환이 있을 것인가? 이 문장은 심각한 편견을 가졌다. 老子는 色界의 존재, 생명체의 존재를 부정하기 때문이다. 塞其兌 閉其門 해야만 종신토록 수고롭지 않고 육체를 없애야만 大患에서 벗어날 수 있다는 주장을 이해하기 어렵다. 天下 母가 원하는 것은 마치 생기를 없애려는 것이라는 황당한 논리처럼 보인다. 인간은 태어나지 말았어야 했다. 그러나 조금만 생각해보면, 老子의 주장은 에고(ego)와 이기심과 물질욕망을 억제하라는 것이다. 色界의 화려함에 속지 말고 판단하지 말라, 간택하지 말라는 다른 표현이며 생기 자체를 부정하는 것이 아니다.

開其兌 濟其事 終身不救 개기태 제기사 종신불구
오감의 문을 열어 번잡함에 빠져들면 평생토록 구하지 못한다. 모든 감각의 문을 열어서 色界를 추구하면 물욕에 고통 받을 것이다.

우주에서 가장 위대한 변화는 천지창조요 지구생명체의 가장 위대한 변화는 눈을 갖게 된 것이다. 화석기록에 따르면, 캄브리아기는 동물들의 신체구조에 혁신이 이루어졌던 시기로, 5억 4,800만 년 전 즈음 500만 년에서 1000만 년의 짧은 기간에 오늘날까지도 사용되는 신체의 디자인이 한꺼번에 만들어졌다. 선충류에서 사람에 이르는 모든 생물이 캄브리아기에 만들어진 구조를 사용한다. 이 시기에 지구 역사상 처음으로 동물 하나가 눈을 떴는데 최초의 삼엽충이 출현했다. 빛을 받은 생명체들은 광합성이 가능해졌고 에너지를 얻게 되었다.

이것이 老子가 설명하는 **開其兌 濟其事**의 시작점이다. 눈을 통해 빛에 적응하면서 彼我의 분별이 생기고 간택함이 생겨났다. 육체를 보호할 갑옷을 두르고 色을 과시하여 적으로부터 도망갈 방법을 연구한다. 눈을 가졌기에 시야가 생겨났지만, 五感을 활짝 열고 번잡함 속으로 **빠져들기** 시작했다. 十干으로 표현해보자.

1. 癸　어둡지만, 五感에 휘둘리지 않는다.
2. 丙　밝음, 눈, 빛 화려한 색계를 보면서 분별이 생겼다.
3. 庚　꽃, 열매, 물질, 탐욕이 생겨났다.
4. 辛　죽음, 씨종자. 열기를 축적하여 중력으로 느려지고, 사망한다.

見小曰明 守柔曰强 견소왈명 수유왈강
그 작음을 볼 수 있음을 밝음이라 부르고, 부드러움을 유지할 수 있음을 강하다 한다. 이런 표현들은 이상하지만 이미 살펴보았다. 빅뱅 이전의 상태는 樸雖小다. 극도로 응축되어 있지만 獨立不改요 天下 母의 본모습이다. 따라서 이런 이치를 이해할 수만 있다면 明이다. 守柔와 弱은 만물을 이롭게 하는 필수조건이다. 수소와 헬륨처럼 공간팽창을 목적으로 하는 작용력이다. 빅뱅 이전은 小, 빅뱅 이후는 柔弱을 체성으로 한다. 小는 인간의 판단에서 小다. 가치 없고, 중요하지 않은 어떤 것이지만 실제로는 우주 어미의 본질이다.

用其光 復歸其明 용기광 복귀기명
그 빛을 기준으로 밝음으로 돌아가리. 用其光은 見其小로 우주 어미의 본모습을 볼 수만 있다면 明으로 돌아간다. 어미가 만들어놓은 세상의 이치를 깨달을 수만 있다면 근원으로 돌아갈 수 있으리.

無遺身殃 무유신앙
재앙을 남기지 않을 것이다. 오욕스럽게 살지 않을 것이다. 오감에 구속되지 않는다.

是爲習常 시위습상

이것을 習常이라고 한다. 常은 흔들리지 않는 기준이다. 위의 문장들과 연결하여 習의 의미를 생각해보면 常을 유지하려는 노력이다. 여기에 어울리는 시를 올려본다.

是是非非都不關　시시비비 따질 이유가 없다네.
山山水水任自閑　산과 바다는 모두 스스로 그러한 것이라네.
莫問西天安養國　서쪽 하늘에 정토가 있는지 묻지도 말게나.
白雲斷處有靑山　흰 구름 걷히면 청산은 스스로 드러나거늘.

- 臨濟禪師

道德經 1章 – 道可道 非常道

> 道可道 非常道
> 도가도 비상도
> 名可名 非常名
> 명가명 비상명
> 無名 天地之始
> 무명 천지지시
> 有名 萬物之母
> 유명 만물지모
> 故常無欲以觀其妙
> 고상무욕이관기묘
> 常有欲以觀其徼
> 상유욕이관기요
> 此兩者同 出而異名
> 차양자동 출이이명
> 同謂之玄 玄之又玄 衆妙之門
> 동위지현 현지우현 중묘지문

•의역•

道를 道라고 부를 수는 있어도 恒常의 道는 아니다. 이름을 이름이라 부를 수는 있어도 恒常의 이름은 아니다. 無名은 천지의 시작이요, 有名은 만물의 어미다. 따라서 항상 無欲으로 道의 오묘한 이치를 살피고, 항상 有欲으로 변화된 겉모양을 본다.

이 둘은 동일한 것이다. 동일한 어미에서 나왔으며 이름은 틀리지만 둘 다 모두 오묘하고 오묘하여 모든 신비로움을 만들어내는 門과 같다.

모든 검은 구멍은 새로운 우주가 움트는 씨앗이다.

- 우주의 일생, 스몰린

책에서 이런 내용을 본적이 있다. 저명한 목사가 젊어서 철학을 전공하고 대학에서 강의하셨는데, 하루는 어떤 학생이 "道가 무엇입니까?"라는 질문을 받고서 답하지 못했다. 가장 근본적인 물음에 답하지 못한 것이다. 자괴감을 견디지 못하고 엿장수, 넝마주이를 전전하다 나중에 신학대학에 들어가 목사가 되었다고 한다. 학생의 질문하나로 교수가 엿장수로 변하고 말았다. 이 질문을 기억하면 많은 사람들이 방황할 수 있다. "道는 무엇인가요?"

인류 역사에서 道가 무엇인지 명쾌하게 대답했던 사람은 없었고, 앞으로도 없을 듯이다. 老子도 1장에서 유사하게 표현한다. 道라는 명칭으로 설명하지만 나도 모른다고. 인간은 왜 규정할 수도 없는 道의 정체를 알고자 방황하는가? 정체를 모르고 표현하기도 힘들지만 본능적으로 道를 어미라고 느끼기 때문이다. 선현들은 道를 어떻게 표현했는지 살펴보자.

장자(莊子)는 「제물론(齊物論)」에서 이렇게 말한다. "만물에는 정말로 그렇다고 여기고, 옳아서 오로지 따를 뿐 그 까닭조차 의식하지 못하는 것이 도이다."라고 했고,

한비자(韓非子)는 「해로편(解老篇)」에서 "道는 만물이 그렇게 된 까닭이요, 모든 이치가 머무는 까닭이며, 만물이 이루어지는 현상이고, 만물이 그렇게 되는 이치이므로 일컬어 도리(道理)라고 한다"고 했다,

불교에서 이렇게 말한다. 道는 중생 본연의 성품이다. 세계가 있기 전에도 이 성품은 있었고, 세계가 무너질 때도 이 성품은 소멸하지 않으므로 변화의 근거가 되는 성품이다. 불변의 道라서 변하거나 달라짐이 없고 움직임과 고요함이 허공과 같아서 세상의 모습으로 항상 머문다. 진여(眞如), 해탈(解脫), 보리(菩提), 열반(涅槃) 등 여러 가지 이름으로 불린다. 우주 삼라만상 모두 佛性 아닌 것이 없다.

애매모호한 표현들이다. 老子의 표현처럼 大하지만 不肖하다. 그 정체가 무엇인지 명확하게 표현하지 못하니 답답할 노릇이다. 과연 道가 무얼까? 道의 정체를 규정하면 이렇다. <u>빅뱅이 발생하여 138억 년이 지난 현재까지의 모든 것</u>이다. 道의 정체는 절대로 이 범주를 벗어나지 못한다.

100% 맞다. 道는 우주에 존재하는 모든 현상들을 만들어낼 능력을 가진 '**어떤 것**'이다. 이런 이유로 우주 어디에도 道 아닌 것이 없고 神 아닌 것이 없다. 이렇게 명료한 道를 왜 모를까? 이유는 간단하다. '어떤 것'의 정체를 우리 능력으로는 알 수 없기 때문이다.

인간은 138억 년 동안 우주에서 발생했던 모든 일들을 알 수 없다. 영화 "루시"처럼, 시공간을 넘나드는 자유로운 神이 되어 138억 년의 과거 현재 미래를 동시에 읽어낼 수만 있다면 道의 정체를 깨달을지도 모른다. 하지만 불가능한 일이다. 道德經 14章에 이런 표현이 있다.

執古之道 以御今之有 집고지도 이어금지유
우주가 열리던 시점부터 현재까지 道가 존재하지 않았던 시공간이 없었노라. 能知古始 是謂道紀(능지고시 시위도기) 따라서 그 시작점을 알 수만 있다면 도의 본질을 규정할 수 있을 것이다.

우리는 道의 정체를 이해하려면 빅뱅의 순간과 현재 사이에 존재하는 차이점을 분석해내는 것이 가장 쉬운 방법일지도 모른다. 우리는 과학의 발전으로 두 가지를 이해하게 되었다. 빅뱅 이전에는 시공간이 없었다. 시공간이 열리고 엄청난 열기가 펼쳐지고 식어가는 과정에 물질을 만들고, 4%의 물질계를 형성했다. 다만 여전히 96% 암흑에너지와 암흑물질의 정체를 모르지만 지금까지 과학계에서 밝혀낸 정보는 이러하다.

1. 수소화 헬륨으로 폭발과 팽창을 위주로 한다.
2. 팽창과정에 중력 작용으로 약 4% 물질계와 생명체를 만들어낸다.
3. 척력과 중력의 沖 작용으로 만물과 생명체를 내고 거두기를 반복한다.

이 작용에는 완벽하지는 않지만 대칭이 숨어있다. 시간만 존재하는 것도 공간만 존재하는 것도 아니고 에너지만 존재하거나 물질만 존재하는 것도 아니다. 항상 한 쌍이 짝을 이루어 변화한다. 이런 특징을 이해하면 道의 정체를 파악하기 쉬워진다. 지구에서 이루어지는 道의 의지는 명확하다. 生氣를 퍼뜨리고 만물을 이롭게 하는 것이다. 老子는 道에 이르려면 물질을 멀리하고 道의 의지대로 生氣를 택하라고 강조한다. 지금부터 老子가 가장 고심했을 1장의 내용을 살펴보자.

道可道 非常道 名可名 非常名 도가도 비상도 명가명 비상명
道를 道라고 부를 수 있어도 恒常(항상)의 道는 아니다. 이름을 이름이라 부를 수는 있어도 恒常(항상)의 이름은 아니다. 道可道의 구조에서, 앞의 道는 본성을 상징하고 可道의 道는 인간이 느끼는 道이다. 道를 道라 부를 수는 있지만 常道(상도)는 아니다. 이름을 규정하지만 常名(상명)은 아니다. 첫 문장을 왜 이렇게 시작했는지 이해할 수 있다. 도의 정체를 규정해야겠는데 함부로 말하면 곡해할까 걱정스럽다. 노파심 많은 老子가 우리에게 경고하는 것이다. 내가 道라는 이름으로 우주 본성을 규정하려는데 정확하지 않다. 따라서 내 설명이 무조건 맞는다고 생각하면 안된다. 물질이 생겨나고 분별하기 위해서 이름을 부여하지만 단지 분별을 위한 것일 뿐 이름자체가 존재의 모든 것을 규정할 수는 없다.

無名 天地之始 무명 천지지시
무명, 천지의 시작이다. 극도로 응축된 有物混成 회오리로 천지가 시작되던 당시의 상황을 규정할 수 없기에 이름이 없다. 다만 시공간이 생겨나던 시점이기에 천지의 시작이다.

有名 萬物之母 유명 만물지모
有名은 만물의 어미다. 無名과 반대개념이다. 시공간이 열리고 물질이 생겨났다. 無에서 有를 만들어냈기에 만물의 어미다. 無와 有의 경계는 빅뱅이며 시공간이 열리고 존재의 유무를 규정하였다. 無名의 변화된 모습이 有名이니 無와 有는 형태만 다를 뿐 모친과 자식 사이다.

故常無欲以觀其妙 고상무욕이관기묘
따라서 항상 無欲으로 道의 오묘한 이치를 살핀다. 道의 신비로움을 느껴보라고 한다. 다만, 無에서 有가 생겨났기에 無를 느끼고 싶다면 色界의 존재를 배제한 상태로 바라볼 때에서야 비로소 그 오묘한 이치를 깨닫는다고 한다. 사실 노자의 이 표현은 의구심이 든다. 인간은 어떤 방식으로든 <u>常無欲(상무욕)의 경지에 이를 수 없다.</u>

중력으로 뭉친 육체를 가진 인간이 어떻게 無欲의 상태로 세상을 바라볼 수 있단 말인가? 가능하다고 주장한다면 마치 <u>자신은 세상을 극히 객관적으로 본다고</u> 억지를 부리는 것과 같다. 아무리 혼자 객관적이라고 떠들어도 세상에 객관은 존재하지 않는다. 중력에 휘둘리는 주관이거나 잘해야 주관들을 모아서 보편타당하다고 동조할 뿐이다.

常有欲以觀其徼 상유욕이관기요
항상 有欲으로 그 외형을 본다. 유욕으로는 본질은 볼 수 없고 본질이 변화된 외형만 볼 수 있다. 4% 물질계에서는 96% 無의 오묘한 세상을 알 수 없다. 無에서 오묘함을 느끼고 有에서 변화된 모습을 보고 둘 사이의 차이를 느껴야함은 물론이고 또 둘이 달라 보이지만 동일한 것임을 깨우쳐야 한다. 깨닫기 어려운 것이 道다.

此兩者同 차양자동
이 둘은 동일한 것이다. 無와 有, 기운과 물질, 하늘과 땅, 無名, 有名. 시간과 공간 등 대칭으로 보이는 모든 것은 하나였다.

出而異名 同謂之玄 출이이명 동위지현
동일한 어미에서 나왔으며 이름은 틀리지만 모두 오묘한 것이다.

玄之又玄 衆妙之門 현지우현 중묘지문
오묘하고 오묘하여 모든 신비로움을 만들어내는 門과 같다. 玄이라는 단어를 사용한 점도 묘하다. 검을 玄으로 암흑에너지, 암흑물질, 블랙홀처럼 불분명하고 정체를 규정하기 어려운 상태를 표현하였다.

道德經 1章은 판도라 상자가 열리고 오묘한 세상을 만들어내는 門. 어쩌면 神, 어쩌면 時空間, 어쩌면 道, 어쩌면 암흑에너지인 "어떤 것"이 세상을 펼쳐냈다고 묘사한다. 138억 년이 지난 지금까지의 과정은 冲氣와 회오리로 만들어낸 無爲의 역사다. 중력과 척력이 충돌하면서 우주에 신비로운 에너지를 쏟아내고 있다. 에너지가 물질로, 물질이 에너지로 끊임없이 순환하는 우주. 老子는 눈으로 보이지 않고, 귀로 듣지 못하고, 손으로 만질 수 없지만 무한대로 응축한 有物混成 회오리가 빅뱅 후 암흑에너지로 펼쳐져 만물을 이롭게 하였음을 설명하고 있다.

道德經 첫 章에서 짚고 넘어가야할 핵심 사항들이 많이 숨어있다. 그 중 하나가 '대칭'으로, 수많은 章에서 다루지만 잘 보이지 않는다. 우리는 완벽한 대칭을 無 혹은 숫자로 0이라 부른다. 예로, 두 레슬링 선수가 동일한 힘으로 밀면 꼼짝하지 않는 이유는 에너지의 움직임을 가감하면 0이기 때문이다. 움직임이 보이지 않기에 無라고 인식하지만 합하여 0의 움직임들이 끝없이 이어진다. 완벽했던 균형이 깨지고 無가 有로 드러나고서야 비로소 우리는 아름다운 色界를 본다. 1章에 드러난

대칭 구도를 정리해보자.

| 道可道 非常道 | 名可名 非常名 |

常道와 常名이 대칭을 이루고 있다.

| 無名 天地之始 | 有名 萬物之母 |

無名과 有名이 대칭을 이루고 있다. 무명은 물질이 생겨나기 이전의 상태로 天地之始 천지의 시작점이다. 빅뱅과 다를 바 없는 표현이다. 지구를 묘사하였다고 해도 작용력은 동일하다. 유명은 물질과, 육체가 생겨난 상태이며 萬物之母로 색계의 시작점이다. 무와 유 사이에 분별이 생겨나기에 무명과 유명의 가장 큰 차이점은 물질의 존재여부다.

| 常無欲以觀其妙 | 常有欲以觀其徼 |

常無와 常有가 대칭을 이룬다. 정리하면, 常無 = 常道 = 無名 = 天地之始를 동일한 의미로 이해해도 무리는 없다. 해석이 어려운 부분이 있는데 이 문장의 주어를 무엇으로 볼 것인가의 문제다. 보통 두 가지로 해석을 하는데,

첫째, 常無欲을 주어로 해석한다. 항상 무욕의 상태로, 항상 무욕으로
둘째, 常無 즉, 항상 無의 상태. 완벽한 대칭을 이룬 無의 상태다.

주어를 무엇으로 하느냐에 따라 의미가 다르다. 상무욕의 경우는 항상 무욕의 상태로 볼 때서야 비로소 오묘함을 볼 수 있다. 마치 무욕, 무소유와 같은 정신 상태를 요구하는 것처럼 느껴진다. 인간의 욕망을 없애야만 천지시작의 오묘함을 깨우칠 수 있다는 주장이다. 하지만 인간은 無欲의 상태를 모른다. 常無欲(상무욕)으로 해석하면 껄끄러운 이유가 이것 때문이다. 常無로 해석해보자.

常無	항상 없음은
欲以觀	보려고(깨우치려고) 한다면.
其(天地之始)	그, 지칭하는 것은 천지시작이다.
妙	오묘함

정리하면, 常無는 천지시작의 오묘함으로부터 깨달을 수 있다. 道가 무엇인지 알려면 천지의 시작점에서 답을 찾아야 한다. 동일한 방법으로 常有를 해석해보자. 常有, 欲以觀 其徼. 常有도 또한 = 常名 = 有名 = 萬物之母라고 정리할 수 있다.

常有	항상 있음은
欲以觀	깨우치려고 한다면
其(萬物之母)	그, 지칭하는 것은 만물의 시작점이다.
徼	외형, 실상, 테두리, 경계.

정리하면, 常有의 본질을 알고자 한다면 만물의 외형, 실상을 살펴야 한다. 常有는 겉으로 보이는 외형에서 그 가치를 찾을 수 있다. 어떤 해석이 더 적절한가는 개인의 판단에 맡기기로 하자. 다만 주의할 점이 있다. 老子는 無名과 有名을 대칭구도로 설명하지만 어느 쪽이 좋거나 나쁘다고 강조하지 않는다. 그럴 수밖에 없는 이유는 무명과 유명은 동일한 것이기에 무명은 나쁘고 유명은 좋다는 식의 차별을 두려워한다. 그렇게 판단하는 이유는 다음 문장 때문이다.

此兩者同 出而異名

둘은 동일한 곳에서 나왔으며 이름만 다를 뿐이다. 無와 有는 응축상태에서 생겨났기에 동일한 곳에서 나왔다. 무와 유가 분리되면서 달라 보이지만 이름만 다를 뿐이다. 老子는 절대로 무와 유를 갈라놓지 않는다. 좋다, 나쁘다, 옳다, 그르다는 잣대를 들이대지 않는다.

대칭과 분별없음은 老子의 핵심 사상이다. 이 둘이 있기에 復(복), 歸(귀), 反(반), 常(상)의 이치들이 가치를 얻는다. 즉, 對稱(대칭)은 순환원리의 기준이다. 무에서 유로, 유에서 무로 끊임없이 순환하는 이유는 대칭으로 이루어진 본질 때문이다. 무가 없으면 유도 없고, 유가 없으면 무도 없다. 色과 空이 달라 보이지만 동일하다. 1장에서 묘사하는 천지창조 3단계 과정을 정리해보자.

1단계는 天地 시작 이전으로 유명과 무명이 완벽한 대칭상태이다.

2단계는 天地가 생겨나고 無名의 상태다.

3단계는 만물의 시작점으로 有名의 상태다.

有와 無가 차별적이지 않음을 25章에서 有物混成 混而爲一(유물혼성 혼이위일), 15章에서 深不可識(심불가식)이라 표현했다. 분별하지 못하기에 차별은 존재할 수 없다. 회오리치기에 有가 無로, 無가 有로 수시로 변한다. 모두 衆妙之門(중묘지문)에서 나왔기에 좋고 나쁨을 분별하는 행위는 옳지 않다. 본성은 선악, 시비, 명암이 따로 존재하는 것이 아니라 한 쌍으로 묶여 분리될 성질이 아니다. 한시도 멈추지 않고 변해버리니 무엇이 無요, 무엇이 有란 말인가. 모를 뿐이다.

老子의 설명에서 양자물리학의 향기를 느낀다. 입자가 파동으로 파동이 입자로 무엇이 진짜요, 무엇이 가짜인지 모를 정도로 빠르게 변덕을 부린다. 인간은 입자와 파동을 반드시 구분해야만 직성이 풀리는데 동일한 것이라고 하니 참으로 당황스럽다. 善은 좋고 惡은 나쁘다고 배웠는데 입자와 파동이 동일하며 좋고 나쁨이 동일하다니. 하지만 老子는 분명하게 말한다. 衆妙之門에 담겨져 그 경계에 분별이 없다고.

道德經 42章 – 道生一 대칭과 균형

```
道生一 一生二 二生三 三生萬物
도생일 일생이 이생삼 삼생만물
萬物負陰而抱陽 冲氣以爲和
만물부음이포양 충기이위화
人之所惡唯孤寡不穀 而王公以爲稱
인지소오유고과불곡 이왕공이위칭
故物或損之而益 或益之而損
고물혹손지이익 혹익지이손
人之所教 我亦教之 强梁者不得其死 吾將以爲教父
인지소교 아역교지 강량자부득기사 오장이위교부
```

•의역•

우주가 폭발하여 道가 1을 낳고, 1은 2를 낳고, 2는 3을 낳고, 3은 우주에 만물을 창조했다. 만물은 陰(빅뱅 이전과 같은 상태)을 등지고 陽(빅뱅 이후와 같은 상태)을 품는다. 冲氣로 움직이고 변화를 통하여 조화를 이룬다. 빅뱅이전 응축 상황은 색계처럼 화려하지 않고 어둡고 辱(욕)스럽기에 孤(고), 寡(과), 不穀(불곡)이라는 명칭들은 빅뱅 이전을 표현한 것이다.

따라서 帝王도 자신을 칭할 때 이런 용어들을 사용해야할 뿐만 아니라 그 명칭에 어울리게 행동해야 한다. 제왕이라고 함부로 권력을 휘두르며 백성을 다룰 수 없다. 그런 행위는 오래가지 못한다. 본질과 변화는 수시로 바뀌어 物이 부족해보이면 더해주고, 物이 많아 보이면 덜어내 버린다.

이런 도리는 오래 전부터 가르쳐온 바이고 나도 동일하게 알려주는 것 뿐이다. 색계를 탐하면 딱딱하게 굳어버리니 결과적으로 죽을 수밖에 없음을 가르침의 벼리로 삼을 것이다.

시간은 오가면서 우리에게 무엇인가를 주고 또 가로챈다.
≪시간의 탄생≫ 알렉산더 데만트 지음 | 이덕임 옮김

우주에 찬란한 불꽃이 피어나던 순간을 무어라 불러야 할까? 天下有始(천하유시)의 순간. 시공간이 열리던 황홀한 순간. 우리는 앞서 一(하나)의 의미를 간략하게 살폈는데 지금부터는 좀 더 자세히 살펴보도록 하자. 먼저 빅뱅 이전과 이후의 변화과정을 정리해보자. 1을 이해하려면 반드시 넘어야할 개념들이다.

1. 無(무)

우리는 無를 없음으로 이해한다. 숫자로 0이다. 그런 인식의 출발은 보고 듣고 만질 수 있으면 존재하고, 그렇지 않으면 존재하지 않는다고 믿기 때문이다. 하지만 인간의 한계는 수천 년 역사 과정에 고스라니 드러났다. 1670년대에 미생물 사냥꾼 레벤후크가 현미경으로 세균의 존재를 밝히고 1900년대에는 원자의 정체를 밝혀냈다. 없다고 느끼는 그곳에 절대로 멈추지 않는 움직임과 변화가 있다. 無가 아니었다. 老子는 빅뱅 이전에도 有物混成의 움직임이 周行不殆라 표현했다. 無는 아무것도 없다가 아니라 有物混成으로 회오리치는 세상이다.

2. 空(공)

텅 빈 공간을 空이라 상상한다. 반대 상황을 色이라 부른다. 色卽是空, 空卽是色으로 표현하는 용어들이다. 하지만 無가 폭발하여 만들어낸 속성을 절대로 空이라 부를 수는 없다. 空도 유물혼성으로 끊임없이 움직여 色으로 바뀔 개연성을 가진 무엇이다.

3. 虛(허)

13章에 致虛極 守靜篤(지허극 수정독) 이라는 표현이 나온다. 극도로 응축된 상태가 樸이기에 虛極도 有物混成의 움직임이다. 즉, 없음이나 텅 빔의 의미로 無, 空, 虛를 살필 수는 없다. 그렇다면 세상에 펼쳐진 시공간과 열기를 어떻게 부를 것인가의 문제가 생긴다. 老子는 다른 장에서 天下有始 天下母라 표현하였고 이 章에서는 道生一이라 표현한다. 따라서 道는 天下母요 1은 有始로 우주가 열리는 순간이다.

없음과 있음은 母子와 같아서 동질 혹은 유사하며 어느 시공간에도 영원히 존재하며 사라지지 않는다. 無와 空의 차이를 억지로 찾는다면 時空間의 존재여부라 할 것이다. 無는 時空間이 없고, 空은 時空間이 존재하며 공간이 팽창하는 과정에 중력으로 물질을 만들어내는 독특한 성질이다.

플라톤은 "티마이오스"에서 이렇게 표현했다. "빈 공간은 물체들에 의해 이리저리 흔들리고, 흔들리는 공간은 다시 물체들을 흔든다. 모든 원소가 공간의 본성에 영향을 줄 수 있고 그 속에 다른 것이 들어갈 때마다 성질이 바뀐다." 공간이 물질을 창조할 뿐만 아니라 흔들기도 한다.

플라톤의 설명은 아인슈타인의 "시공간이 휘어진다"는 의미와 유사하다. 老子의 표현에 따르면 有物混成 無가 폭발하여 空으로 바뀌고 1이라 표현하였다. 1은 결과적으로 우주에 시공간과 열과 생명체가 존재하게 만드는 '어떤 것'이다. 다만 42章의 표현은 조금 이상하다. 道生一 一生二 二生三 三生萬物이라고 하기 때문이다. 1과 道는 동일한 것이라고 생각했는데 道가 1을 만들어내기에 道와 1은 동일하지 않다. 노자는 道의 정체를 빅뱅 이전과 이후에 혼용하고 있다. 道生一이라 했으니 道는 천지창조 이전의 有物混成 상태다.

道生一 一生二 二生三 三生萬物 도생일 일생이 이생삼 삼생만물
道가 1을 낳고, 1은 2를 낳고, 2는 3을 낳고, 3은 만물을 생한다. 잘못 이해하면 삼천포로 빠지기 쉬운 표현이다. 1에서 하늘이 열리고, 2에서 땅이 열리고, 3에서 만물이 생겨난다고 생각하는데 三이 만물을 낳는다고 주장한다. 이 과정을 다른 용어를 활용해서 풀어보자.

道(도)　　無, 有物混成. 周行不殆, 시공간이 없다.
空(공)　　時空間이 열리고, 有物混成이 흩어지고, 회오리친다.
有(유)　　중력으로 物質이 생겨난 색계다.
萬物(만물)　중력의 결과물, 생기와 생명체들 그리고 만물이다.

여기에 十干 에너지를 조합해보자. 壬이 터지면 癸 척력이 펼쳐지는데 이 상태가 1이다. 1에는 중력이 숨어있기에 癸와 沖으로 회전하여 은하, 항성, 행성, 지구 등을 만들어낸다. 여기까지 정리해보자.

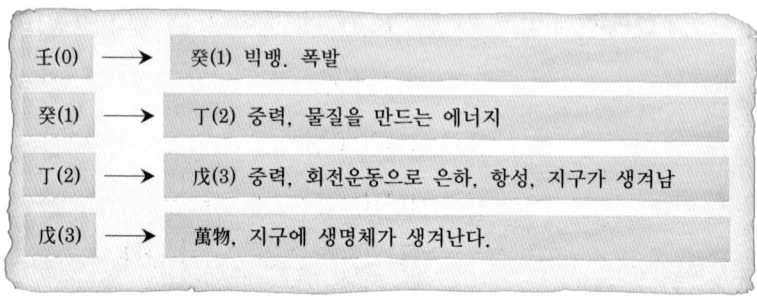

이 정도로 정리하고 이어서 살펴보자.

萬物負陰而抱陽 冲氣以爲和 만물부음이포양 충기이위화
만물은 陰을 등지고 陽을 품는다. 冲氣(충기)로 造化(조화)를 이룬다. 道德經에 굉장한 표현들이 많은데 그중 하나가 冲氣以爲和(충기이위화)이다. 두 문장을 나눠서 살펴보자.

萬物負陰而抱陽
만물은 陰陽의 조화로 생겨난다는 멋진 표현이다. 음과 양의 작용력을 명확하게 설명하고 있다. 陰은 谷神이자 樸이고 陽은 樸散이자 器이다. 음을 근거로 양이 생겨난다. 인체에서 등이 음이고, 앞이 양이니 뒤로 걷지 못하고 앞을 향하여서 나아간다. 수면을 취할 때도 등을 바닥에 대고 하늘을 향한다. 陰은 밝음을 모르고 陽이 향하는 곳을 따르지만, 본질을 버리지 않는다. 陽은 스스로 나아가는 듯해도 陰이 있기에 가능하다. 이런 이치가 萬物負陰而抱陽이다.

冲氣以爲和
충기로 조화를 이룬다. 이 章에서 이 문장을 이해하면 大漁를 낚은 것이다. 老子는 冲氣로 和한다고 표현했는데 많은 사람들이 冲을 비어있다고 해석하는 오류를 범한다. 冲을 비어있음으로 이해하는 순간 老子의 생각에 접근하지 못한다. 冲은 정반대 에너지들이 격렬하게 접촉하는 운동이다.

이 표현이 오묘한 이유는 반대 에너지들이 冲하면 흩어져버릴 것인데 어떻게 和하는지 의문이 생긴다. 세상을 生剋으로 이루어졌다고 살피면 生은 生뿐이고 剋은 剋뿐이라는 극단적인 생각에 빠진다. 生剋 논리로는 老子의 표현을 이해하기 어렵다. 老子는 생이지만 극이며, 극이지만 생이라고 한다. 이상한 주장을 하고 있다. 이 표현을 十干으로 살펴보자.

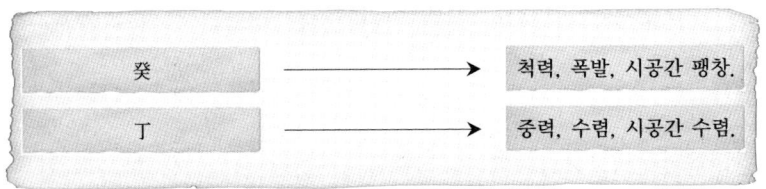

癸 혹은 丁만으로 이루어진 우주는 없다. 癸만 있다면 팽창만 할 것이고 중력이 없으니 물질과 생명체가 생겨나지 않는다. 丁 중력만 있다면 우주는 쪼그라들어 블랙홀처럼 붕괴되어 사라졌을 것이다.

단독으로는 존립할 수 없기에 癸와 丁이 모두 필요하다. 문제는 쌍방이 정반대 움직임이기에 공존할 수가 없다는 것이다. 이 문제를 해결하려면 반드시 조정자가 필요한데 그것이 바로 壬이다. 老子의 표현으로는 樸이다.

```
丁(중력) ---------- 壬(응축, 우주 본성) ---------- 癸(척력)
```

이런 구조라면, 丁癸 沖으로 긴장감을 유지하며 회오리친다. 러시아 과학자들이 주장했던 토션필드 같은 개념이다. 老子도 丁癸 沖으로 조화를 이루며 발전한다고 주장한다. "암흑에너지 속에 癸와 丁이 沖하면서 움직임과 변화가 발생하고 조화를 이루어 발전한다." 우주, 자연에서 이루어지는 흐름은 아래와 같다.

```
壬(응축) → 癸(빅뱅) → 丙(분산) → 丁(수렴) → 壬(블랙홀) → 빅뱅
```

척력에너지가 폭발하였다가 중력에너지가 증가하면 움직임이 느려지고 별은 스스로 붕괴되어 사라졌다가 새로운 별로 탄생한다. 인간의 삶도, 윤회 과정도 동일하다. 모두 丁癸 沖을 통해 생겨나 사라지고 다시 생겨나기를 반복한다. 충격을 통하여 자극을 받아 움직이고 발전한다.

인체에서 丁癸 沖의 원리는 심폐소생술에서 찾을 수 있다. 심장만으로, 혹은 뇌만으로 생명을 유지할 수 없고 뇌와 심장이 沖하여 생기를 얻는다. 만약 심장(丁)이 잘못되면 뇌(癸)는 10분 후에 뇌사에 빠지는데 심폐소생술로 심장과 뇌를 충돌시키면 다시 살아난다. 인체는 沖으로 뇌와 심장이 한시도 멈추지 않고 움직여 생명을 유지하는 것이다. 만약 沖氣以爲和 이 표현을 陽陰以爲和라고 했다면 감흥이 없다. 이렇게 아름다운 내용을 펼치다가 갑자기 아래와 같은 이상한 문장이 연결된다.

人之所惡 唯孤寡不穀 而王公以爲稱 인지소오 유고과불곡 이왕공이위칭
인간이 싫어하는 孤, 寡, 不穀이라는 명칭을 왕이 자신을 칭할 때 사용한다. 사람들이 싫어하는 단어들을 왕 스스로가 사용하여 겸양의 덕을 나타낸다는 의미다. 그런 다음 또다시 전혀 이어지지 않을 것 같은 문장이 나온다.

故物或損之而益 或益之而損 고물혹손지이익 혹익지이손
따라서 物은 부족하면 더하고, 많으면 덜어내는 것이다. 道가 만들어낸 1의 특징을 설명하고 있다. 대칭과 균형을 유지하면서 순환하는 道의 운행원리이다. 중력과 척력(丁癸)이 沖으로 발전하는데, 중력에 집중하여 물질을 탐하면 반드시 육체를 상하게 만들어 균형을 맞춘다. 돈만 보고 열심히 살아왔지만, 병으로 죽어간다. 병에 시달리는 것은 탐욕을 버리고 生氣의 균형을 맞추려는 하늘의 의지다. 물질만 추구하지 말고, 정신과 균형을 유지해라. 이런 방식으로 丁癸 沖이 조화를 이루며 발전한다.

人之所敎 我亦敎之 인지소교 아역교지
사람들이 가르쳐온 바를 나도 동일하게 가르치고 있다. 세상 이치는 원래부터 그러했고 지금도 그러하다. 내가 하는 말은 모두 알고 있는 도리다.

强梁者不得其死 吾將以爲敎父 강량자부득기사 오장이위교부
강한 것은 죽을 수밖에 없음을 모든 가르침의 벼리로 삼을 것이다. 강한 것은 딱딱해지고 죽음을 재촉한다. 이런 이유로 강한 것은 절대로 부드러운 것을 이기지 못한다. 물질만 추구하면 죽음을 재촉할 뿐이다. 중력 丁은 물형을 강하게 만들기에 척력 癸를 고갈시켜 죽음으로 내몬다. 이 章은 내용이 참으로 산만하다. 천지창조 과정을 一로 표현한 후, 沖氣로 균형과 조화를

이루는 순환 원리를 설명하다가 갑자기 겸손한 왕이 등장하고 균형이 깨지면 죽음을 재촉할 뿐이라고 설명한다. 원문이 아닐 것이라 느껴진다.

齒弊舌存 치폐설존

'상용'이 노환으로 자리를 보전하게 되었다.
노자가 그를 찾아가 마지막 가르침을 청했다.
그러자, 상용은 갑자기 입을 벌렸다가 다물고는 물었다.
"내 이가 아직 있는가?" "없습니다."
그는 다시 입을 벌렸다가 다물며 물었다. "내 혀는 남아 있는가." "있습니다."
잠시 침묵하던 상용이 말했다. "내 말을 이해하는가."
노자 왈 "단단한 게 먼저 없어지고 부드러운 게 남는다는 말씀
아니었습니까."
상용은 고개를 끄덕이며,
"그렇다네. 천하의 이치가 모두 그 안에 있네."

02 어디에도 존재하는 것

道德經 39章 – 어디에도 존재하는

```
昔之得一者 天得一以淸 地得一以寧 神得一以靈
석 지 득 일 자  천 득 일 이 청  지 득 일 이 녕  신 득 일 이 령
谷得一以盈 萬物得一以生 侯王得一 以爲天下貞
곡 득 일 이 영  만 물 득 일 이 생  후 왕 득 일  이 위 천 하 정
其致之
기 치 지
天無以淸 將恐裂 地無以寧 將恐發
천 무 이 청  장 공 렬  지 무 이 녕  장 공 발
神無以靈 將恐歇 谷無以盈 將恐竭
신 무 이 령  장 공 헐  곡 무 이 영  장 공 갈
萬物無以生 將恐滅 侯王無以貴高 將恐蹶
만 물 무 이 생  장 공 멸  후 왕 무 이 귀 고  장 공 궐
故貴以賤爲本 高以下爲基
고 귀 이 천 위 본  고 이 하 위 기
是以侯王自謂孤寡不穀 此非以賤爲本邪 非乎
시 이 후 왕 자 위 고 과 불 곡  차 비 이 천 위 본 야  비 호
故致數輿無輿 不欲琭琭如玉 珞珞如石
고 치 삭 여 무 여  불 욕 록 록 여 옥  락 락 여 석
```

• 의역 •

태초에 우주가 폭발하였기에 에너지(道)가 온 우주에 펼쳐져 하늘은 淸해지고, 땅은 충만하여 안정되었다. 지구의 神은 영험해졌고, 만물을 생하는 谷은 풍요로우며, 만물은 어미를 따라 생겨나기에 천하는 바르게 되었다. 만약 이런 에너지(道)가 없다면 하늘은 무너지고, 땅은 어지럽고, 神은 영험하지 못하여 쓸모가 없고, 谷은 가득차지 않아 궁핍하고, 만물은 생기가 없어 소멸하고, 다스림이 바르지 않기에 무너질 것이다. 이런 이유로 貴(색계)는 賤(빅뱅이전)을 근본으로 삼고, 높음(가볍고 화려함)은 낮음(무겁고 어두움)을 기초로 한다. 이런 이치를 깨달은 왕이라면 자신을 고독하고, 부족하고, 악한자라고 불러야 하고 반드시 그 이치를 따라야만 한다. 이것이 바로 천한 것을 근본으로 삼는다는 뜻이다. 따라서 가장 高貴하다는 뜻은 권력과 물질(색계의 화려함)을 최대로 축적하는 것이 아니라 낮고 천한 본질에 머무르는 것이다. 아름다운 옥처럼 되려하지 말고 돌처럼 평범해야 하는 이치다.

바탕은 그 자신으로는 아무 성질도 띠지 못한다. 만약 성질을 가진다면 "이것은 그 자신의 얼굴도 나타내야 할 것"이다.

- 타마이오스, 플라톤

39章도 一(1)의 의미를 설명하고 있다. 빅뱅 이전 有物混成이자 3이 하나로 섞여 끝도 시작도 없이 회오리치다 빅뱅으로 淸하고 生하는 천하로 바뀌었다. 어미를 닮은 一(1)의 움직임이 시작되었다. 一(1)이 어떤 존재인가를 알아야만 道의 정체를 알 것이다.

昔之得一者 석지득일자

태초에 일을 얻었기에, 고대에 1을 얻었기에. 여기에서 一者는 사람이 아니다. 道者처럼 一(1)을 지칭한다. 사람으로 해석하는 순간 전체 맥락이 비틀린다. 태초에 1을 얻었기에, 一(1)이 만들어졌기에, 道의 자식이 태어났기에. 문제는 一者를 얻었기에 모든 것이 존재하는 것은 알겠는데, 1의 정체는 무엇이냐고 물으면 神이나 時間처럼 답하기 어렵다. 道가 무엇입니까? 와 동일한 질문이다. 14章에서 一(1)의 정체를 알려면 道의 出口를 알아야 한다고 설명하였다.

執古之道 以御今之有 能知古始 是謂道紀

빅뱅의 상태가 현재 상황을 결정했기에 그 상황을 알면 존재를 알 수 있다. 따라서 道가 무엇인지 알려면 빅뱅 순간을 이해해야 한다. 老子의 표현을 정리해보면, 25章에서 有物混成이라 표현했고, 14章에서 섞여서 하나라고 하였다. 따라서 一(1)의 정체는 有物混成, 혼탁, 丁-壬-癸 회오리와 같은 움직임이다. 이 章에서 ㅡ(1)을 어떻게 이해해야 할까? 이해를 돕기 위해서 **時空圖**로 살펴보자. (時空圖는 마지막 章에서 다룰 것이다.)

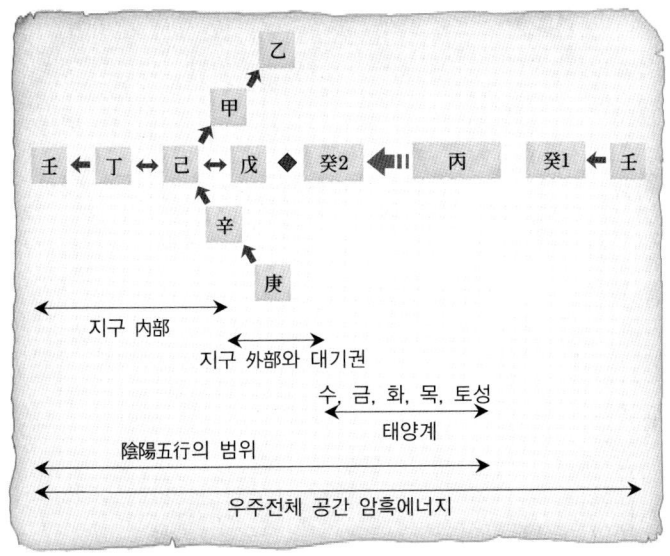

ㅡ(1)에는 두 종류가 있다. 빅뱅 순간에 펼쳐진 에너지는 癸1로 道의 자식이다. 色界 이전의 상태로 우주 어디에도 존재하며 만물에 스며든 주인이다. 老子는 癸1의 정체를 깨닫고 아이처럼, 물처럼 순수해야 한다고 주장한다. 조금만 생각해보면 이상한 점을 발견하는데 癸1도 有物混成으로 혼탁하며 癸2도 역시 마찬가지다. 둘의 차이점을 정리해보자.

1. 癸1은 色界에 스며들기 이전의 본성이다.
2. 癸2는 色界와 함께하는 본성이다.

癸2는 만물 내부에 존재하며 중력에 탁해진 본성으로 이미 色界를 경험하여 업보를 벗어날 수 없다. 그 이유는 명확하다. 지구는 중력의 산물이고 지구 중심에는 중력이 축적되어 癸2를 도망가지 못하게 잡아버린다. 인간은 탁해진 癸2 본성만 소유할 수 있다. 이런 이유로 인간은 탄생하여 죽을 때까지 끝없는 갈등을 일으킨다. 육체를 벗어나기 전에는 결코 癸1을 얻을 수 없고, 육체를 벗어나도 癸2에 갇혀 癸1을 느끼지 못한다. 즉, 癸1을 간절히 추구하면서도 癸2만 느낄 뿐이다.

癸1과 癸2의 차이점이 느껴지는가? 이것이 10장에서 언급한 載營魄抱一 能無離乎(재영백포일 능무리호)의 상황이다. 癸2(載營魄)에서 癸1(抱一)의 본성을 찾으라는 것이다. 한순간 머무는 色界가 아니라 영원에 머무는 癸1의 주인이 되라고 요구한다. 이런 의미들은 종교, 명리, 철학의 다양한 용어들을 만들어낸다. 천당, 지옥, 탁함, 본성, 이성, 실존, 존재, 선악 등으로 불리는 것들이다.

一(1)은 우주가 열리는 순간이다. 다만, 一(1)을 이해해도 뜬구름 잡는 이야기에 불과하다. 老子는 이런 문제를 명확하게 표현한다. 우주가 열리기 이전의 상태를 有物混成이 꼬리에 꼬리를 물고 周行不殆 상태라고 밝히지 않았는가? 一(1)은 有物混成이 우주에 펼쳐진 것 이상도 이하도 아니라는 것이다.

老子의 주장에 따르면, 道는 순수한 어떤 것이 아니다. 우주가 열리던 순간의 조건을 벗어날 수 있는 道는 어디에도 없다. 우주가 열렸기에 현재가 있으므로 모든 것을 우주가 열리던 순간으로 돌리면 道를 만난다. 道이자 도의 자식 一(1)이며 天下母이다. 극히 명확한 논리 전개다.

상상의 나래를 펴서 우주가 열리던 순간을 그려보자.

| 빅뱅 이전 有物混成 | → | 빅뱅 이후 有物混成이 펼쳐진 순간 |

빅뱅 이전과 이후는 어떤 변화가 생겼을까?

1. 時空間이 펼쳐진다.
2. 엄청난 열기가 펼쳐진다.

1) 시공간이 펼쳐진다.

시공간이 팽창하는 특징이 척력이며 우주가 팽창을 지속하는 이유다. 十干으로 癸이고 물질로 수소와 헬륨이다. 성경에 "수면위에 계셨다"는 癸로 생명수를 상징한다. 과학계는 빅뱅 이전을 극히 응축된 상태로 설명하는데 老子는 有物混成과 樸雖小로 표현하니 그 의미가 닿는다.

2) 불꽃과 熱氣가 펼쳐진다.

열기는 인간에게 극히 중요하다. 열기가 없다면 생명체는 존재할 수 없다. 얼어 죽지 않고 생명을 유지하는 것도 모두 열기 덕분이다. 빅뱅의 순간에 존재했던 열기의 특징이 현재의 인간을 규정한다. 지구 내부도 5000도 이상의 열기 때문에 얼어 죽지 않고 생명체들이 살아간다. 열기가 반응하면 화산폭발, 지진, 해일의 문제가 발생한다.

인체는 항상 36.5도를 유지하며 그 중심은 심장이다. 열기를 활용하여 불을 발견했고 전기를 활용한다. 有物混成이 없다면 우주는 회전할수 없다. 1996년에 러시아 학계에서 주장했다. 자연계에 "토션필드"라는 힘이 존재한다. 이것은 모든 현상이 회전이나 순환으로 이루어져 물질의 밀도, 관성의 원인이며 생명체를 유지하는 회전시스템이다. 有物混成의 빅뱅 이전이 有物混成의 빅뱅 이후를 만들어낸 것이다. 39章에 있는 老子의 생각을 따라 가보자.

昔之得一者 석지득일자
태초에 하나를 얻었기에. 一者를 얻었기에 모든 것이 존재한다. 1의 정체가 무엇입니까? 라고 질문하면 어디에도 道 아닌 것이 없다고 답한다. 그럼, 道의 정체가 무엇인데요? 라고 질문할 것이다. 老子는 이 문제에 답하고 있다. 14章에서 빅뱅에 따라 道의 본성이 결정된다고 표현하였고 有物混成으로 道의 정체를 규정한다. 3자가 섞여 회오리와 같은 움직임이다.

天得一以淸 천득일이청
하늘은 一(1)을 얻어 淸해졌다. 1의 영향을 받지 않은 시공간은 존재하지 않는다. 모든 것은 一(1)에서 한 치도 벗어날 수 없다. 하늘은 하나를 얻고 맑아졌다. 濁이 淸으로 바뀐 것이다. 하늘이 열리던 때에 가벼운 것은 하늘로 올라가고 무거운 것은 땅이 되었다는 신화도 있지만 우주는 그런 방식으로 만들어진 것이 아님을 과학자들이 증명하고 있다.

地得一以寧 지득일이녕
땅은 하나를 얻어 안정하였다. 一(1)이 펼쳐졌기에 쓰임을 얻은 것이다.

神得一以靈 신득일이령
神은 하나를 얻어 영험함을 얻었다. 지구에 존재하는 모든 것에 1이 스며들어 신령스러워졌다. 만물에 영혼이 깃들었다는 다른 표현이다.

谷得一以盈 곡득일이영
곡은 하나를 얻어 풍성해진다. 谷神不死의 谷이다. 지구에서 계곡과 같고 어미의 자궁과 같다. 谷은 一(1)이 원하는 방식으로 생명체들을 쏟아낸다.

萬物得一以生 만물득일이생
만물은 하나를 얻어 생한다. 만물에 생기를 퍼트리려는 신의 의지가 함께한다.

侯王得一以爲天下貞 후왕득일이위천하정
하나를 얻어 천하가 바르다. 왕이 다스리는 것을 극도로 싫어하는 老子가 侯王이라는 표현을 했을지 궁금하다. 후왕을 人으로 바꾸면 一(1)의 본성에 따르는 생명체들로 천하가 바르게 된다.

其致之 기치지
상기와 같은 이치에 따르면. 아래 문장들은, 만약 一이 없다면 어떻게 될 것이라는 부연 설명이다.

天無以淸 將恐裂 천무이청 장공렬
만약 하늘이 맑지 않다면 무너질까 두렵고

地無以寧 將恐發 지무이녕 장공발
만약 땅이 안정되지 않으면 어지러워질까 두렵고

神無以靈 將恐歇 신무이령 장공헐
신이 영험함을 얻지 못하면 쓸모없어질까 두렵고

谷無以盈 將恐竭 곡무이영 장공갈
곡이 가득차지 않으면 궁핍해질까 두렵고

萬物無以生 將恐滅 만물무이생 장공멸
만물이 생기가 없으면 소멸할까 두렵고

侯王無以貴高 將恐蹶 후왕무이귀고 장공궐
만약 다스림이 바르지 않으면 무너질까 두렵다.

故貴以賤爲本 高以下爲基 고귀이천위본 고이하위기
따라서 貴는 賤함을 근본으로 삼고, 높음은 낮음을 기초로 한다. 老子의 이런 표현들에 익숙할 것이다. 어둠에서 밝음을 향하고 음에서 양을 향한다. 辱에서 榮을 향한다. 辱이 賤의 다른 표현이고 榮의 다른 표현이 貴다. 즉, 낮은 곳으로만 흐르는 壬과 만물을 윤택하게 하고 생기를 퍼트리는 癸를 통하여 色界에서 물질과 권력에 취한다. 따라서 貴는 賤 때문에 가능하고, 高는 下 때문에 가능하다. 본질과 변화를 설명하고 있다.

是以侯王自謂孤寡不穀 시이후왕자위고과불곡
따라서 왕은 자신을 고독하고, 부족하고, 악한자라고 부른다. 노자가 여기에 이 표현을 넣은 이유는 王도 道의 이치에 따라 행동하라고 압박하기 위함이다. 위 문장에서 貴는 賤함을 근본으로 삼고 높음은 낮음을 기초한다고 하였다. 따라서 高貴하려면 반드시 賤(천), 下(하)의 근본을 따라야 하기에 스스로 자신을 孤(고), 寡(과), 不穀(불곡)이라 부르지 않는가? 따라서 말로만 겸양인척 하면서 실제로는 권력과 물질만 탐하는 왕이 아니라 그 용어에 어울리는 행동을 하라는 것이다.

此非以賤爲本邪 非乎 차비이천위본야 비호
이것이 진정으로 천한 것을 근본으로 한다는 뜻이 아닌가?

故致數輿無輿 고치삭여무여
따라서 가장 高貴한 것은 낮고 천한 곳에 머무르는 것이다. 낮고 천한 곳에 머무르는 것이 도와 함께 하는 것이므로 진정으로 고귀해지는 것이다. 왕은 반드시 이런 태도를 보이라는 주장이다. 賤, 下의 행동을 해야만 진정으로 高貴한 帝王이 되는 것이다. 권력에 취하고 물질에 취하는 帝王은 없어져야 한다는 암시다. 노자 앞에서 왕 노릇 힘들다.

不欲琭琭如玉 珞珞如石 불욕록록여옥 락락여석
아름다운 옥처럼 되려하지 말고 돌처럼 평범해야 한다. 어미의 본질은 투박한 것이다.

道德經 22章 - 우주를 다스리는 본질

> 曲則全 枉則直 窪則盈 敝則新 少則得 多則惑
> 곡즉전 왕즉직 와즉영 폐즉신 소즉득 다즉혹
> 是以聖人抱一爲天下式
> 시이성인포일위천하식
> 不自見故明 不自是故彰 不自伐故有功 不自矜故長
> 불자현고명 불자시고창 불자벌고유공 불자긍고장
> 夫唯不爭 故天下莫能與之爭
> 부유부쟁 고천하막능여지쟁
> 古之所謂曲則全者 豈虛言哉 誠全而歸之
> 고지소위곡즉전자 기허언재 성전이귀지

• 의역 •

자연과 만물은 대칭과 순환을 원칙으로 한다. 굽혀야 온전하며, 구부려야 펼 수 있다. 패여야 채울 수 있고 낡아야 새로워질 수 있다. 적어야 얻을 수 있고, 많으면 현혹될 뿐이다.

따라서 聖人은 道가 만들어낸 一을 천하를 다스리는 방식으로 삼는다. 一은 만물에 깃들어 그 존재를 드러내지 않으면서도 천지를 다스린다. 이런 이치에 따르면, 스스로 보지 않기에 밝으며, 스스로 옳다하지 않기에 널리 드러내고, 스스로 자랑하지 않기에 공을 이루며, 스스로 교만하지 않기에 오래 지속한다. 다투지 않으니, 천하에 다툴 이가 없다. 옛말에 구부려야 온전하다는 것이 어찌 헛소리겠는가? 진실로 온전하게 하여 근본으로(道) 돌아가야 한다.

39章에서 1에 대하여 자세히 살핀 후 22章에서 萬物을 다스리는 一의 이치를 부연 설명한다.

曲則全 枉則直 곡즉전 왕즉직
굽혀야 온전하며, 구부려야 펼 수 있다. 曲이란 굽어진 모양으로 모든 상황에 유연하게 대처함을 암시하며 불완전하고, 부족하며, 결함이 있는 상태이기에 완전할 수 있다. 물처럼 자유자재로 조정할 수 있기 때문이다. 莊子에 굽어진 나무는 오래도록 생명을 유지할 수 있다는 내용과 유사하다. 구부려야 펼 수 있다. 아래 문장들도 모두 어떤 상태일 경우에 비로소~한다. 나빠 보이지만 오히려 좋을 수 있다는 내용들이다. 또 나쁨과 좋음이 한 쌍이라는 뜻이기도 하다.

窪則盈 敝則新 와즉영 폐즉신
패여야 채울 수 있고 낡아야 새로워질 수 있다. 패여야 채운다. 낡아야 새로워진다. 새로운 것은 낡고 결과적으로 다시 새로워진다. 대칭으로 이루어진 한 쌍이 끊임없이 순환한다.

少則得 多則惑 소즉득 다즉혹
적어야 얻을 수 있고, 많으면 현혹될 뿐이다. 삼각형 모양을 상상하면 이해가 쉽다. 출발점에서는 힘이 미약하지만 계속 상승하다가 꼭짓점에 이르면 꺾이고 무력해진다. 色界는 이런 순환과정을 벗어나지 못한다. 老子는 가득 찬 욕망을 경계한다. 과욕 부리다 치욕을 당하는 것이다. 부족해야 채울 수 있고 많으면 빼앗길 일만 남은 것이다.

是以聖人抱一爲天下式 시이성인포일위천하식
따라서 聖人은 一을 껴안아 천하의 법도로 삼는다. 드디어 一의 정체가 드러났다. 一은 한시도 멈추지 않고 움직이며 변하지만 대칭과 순환으로 균형을 유지한다. 낡으면 새로워지고, 새로운 것은 낡아버린다. 응축되었던 우주가 극에 이르면 폭발하여 色界를 펼치고 다시 블랙홀처럼 응축했다가 폭발하기를 반복한다. 이것이 聖人이 一로 자연을 다스리는 방식이다.

道가 만들어낸 자식(一)은 근본을 유지하면서도 冲氣로 조화를 이룬다. 굽고, 곧고, 패이고, 차고, 적고, 많고 등으로 끊임없이 변한다. 이런 움직임은 회오리처럼 돌아서 어느 것이 좋고, 나쁜지 분별할 수 없다. 재물을 축적했다고 좋아하지만 결과적으로 병에 걸리거나 빼앗길 일만 남았고, 재물이 작다고 슬퍼하지만 머지않아 늘어날 일만 남았다. 一은 부족하고 완벽하고, 휘고 직선이고, 패이고 충만하고, 낡고 새롭고, 작고 많아서 정반대로 보이는 두 가지를 순환과 균형을 유지하는 방식으로 천하를 다스리는 것이다.

不自見 故明 불자현 고명
스스로 보지 않기에 밝으며, 스스로 옳고 그름을 분별하지 않기에 밝고,

不自是 故彰 불자시 고창
스스로 옳다하지 않기에 널리 드러내고

不自伐 故有功 불자벌 고유공
스스로 자랑하지 않기에 공을 이루며

不自矜 故長 불자긍 고장
스스로 교만하지 않기에 오래 지속한다.

이런 묘사들은 道德經에 지속적으로 등장한다. 누가 저런 행위를 하는가? 道의 자식 聖人이다. 一을 활용하여 無爲로 이루지만 의도나 목적이 없다. 聖人은 뛰어난 사람을 지칭하는 것이 아니다. 인간은 저런 행위를 하지 못한다.

夫唯不爭 故天下莫能與之爭 부유부쟁 고천하막능여지쟁
다투지 않으니, 천하에 다툴 이가 없다. 樸雖小 하지만 천하에 이길 자 없다는 설명과 동일하다. 時間은 만물의 암살자이면서도 만물의 창시자다. 만물은 시간을 이길 수 없다.

古之所謂曲則全者 豈虛言哉 誠全而歸之
고 지 소 위 곡 즉 전 자 기 허 언 재 성 전 이 귀 지

옛날 말에 구부려야 온전하다는 것이 어찌 헛소리겠는가? 진실로 온전하게 하여 근본으로(道) 돌아가야 한다. 어디로 돌아가는가? 빅뱅의 출발점으로 돌아가는 것이다. 왜 돌아가는가? 정반대 성질을 가진 有無, 曲直이 중심축을 기준으로 마구 회오리치면서 균형을 맞추기에 분별이 없기 때문이다. 그것이 誠全而歸다. 분별이 없기에 고통도 없고 다툼도 없는 세계다. 道德經, 종교, 철학은 모두 <u>출발점에 대한 탐구</u>다. 그곳에서 인간본성을 찾고 싶은 것이다.

道德經 10章 – 인간과 다른 본성 癸1

```
載營魄抱一 能無離乎 專氣致柔 能嬰兒乎
재영백포일  능무리호  전기치유  능영아호
滌除玄覽 能無疵乎 愛民治國 能無爲(知)乎
척제현람  능무자호  애민치국  능무위(지)호
天門開闔 能爲雌乎 明白四達 能無爲(知)乎
천문개합  능위자호  명백사달  능무위(지)호
生之畜之 生而不有 爲而不恃 長而不宰
생지축지  생이불유  위이불시  장이부재
是謂玄德
시위현덕
```

•의역•

육체에 내재한 혼과 백을 우주어미의 본성과 합하여 분리되지 않도록 할 수 있는가? 氣를 집중하여 극도로 부드럽게 하여, 어린아이처럼 生氣가 넘치는 상태를 유지할 수 있는가? 본성의 거울을 닦아 흠이 없도록 할 수 있는가? 생명체를 사랑하고 천하를 無爲로 대할 수 있는가? 천문이 열리고 닫힘에 암컷(谷神)처럼 흔들리지 않는 본질을 지켜 안정을 유지할 수 있는가? 세상의 이치에 통달하였음에도 無爲로 할 수 있는가?

道는 언제나 無爲로 행하기에 억지로 하지 않으면서도 이루지 못하는 것이 없다. 道는 만물을 생하고 德은 길러낸다. 생하면서도 소유하지 않고, 이루면서도 기대지 않는다. 만물을 기르면서도 다스리지 않는다. 이것을 玄德이라 부른다.

一에 대한 老子의 설명이 이어진다. 39章과 22章에서는 우주, 자연을 다스리는 一을 설명했다면 10章은 인간본성에 초점을 맞추고 있다.

載營魄抱一 能無離乎 재영백포일 능무리호
營魄을 실어서 一을 껴안아 분리되지 않을 수 있는가? 이 문장을 해석하는 데 의견이 분분하다. 주로 "혼백을 실어서"라고 해석하지만 구조를 분석하면 상황이 달라진다. 載(동사) + 營魄(먼저 할 일), + 抱(동사) 一 (나중에 할 일)로 구성된 문구이다. 혼(魂) 정신을 다스리는 넋과 백(魄) 육체를 다스리는 넋을 하나로 묶어서 **抱一**한 후 떨어지지 않게 할 수 있는가?

이 문장에 숨겨진 의미는 매우 깊지만 잘못 이해하면 삼천포로 빠지기 쉽다. **營魄**이 떨어져 있으니 반드시 둘을 하나로 묶어 분리되지 않도록 하라는 설명이 아니다. 營 따로, 魄 따로 떨어져 있기에 하나로 묶으라는 의도였다면 老子는 **載營魄合**一이라 표현했을 것이다. "인간의 육체는 혼백이 한 쌍이며 하나를 품어(抱一) 분리되지 않도록 할 수 있는가?"를 묻는다. 이것은 전혀 다른 의미다.

부연설명하면, 육체의 영백(癸, 丁)은 한 쌍으로 冲氣를 이루지만 진정한 一이 아니다. 우주 어미가 만들어낸 一(癸1)을 껴안아 色界를 벗어나지 못하는 **營魄**(癸2)과 떨어지지 않도록 하라. 道의 본성에 맞춰서 살라는 주장이다. 이 문장에 숨은 의미들을 찾아보자.

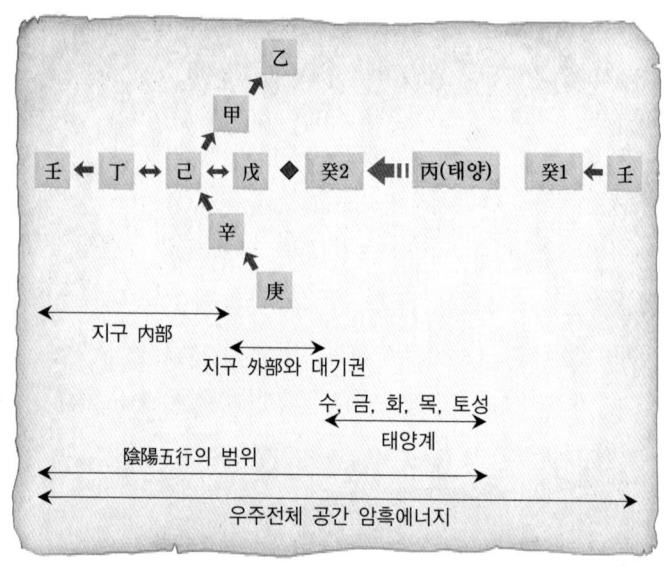

載營魄抱一 能無離乎

時空圖에서 癸1과 癸2의 차이를 살펴보았다. 癸1은 道의 자식이자 色界 이전의 본성이요 癸2는 癸1의 본성을 가졌지만 중력으로 변질되었기에 癸1에 미치지 못하는 본성이다. 물질, 명예, 권력에 익숙해진 혼백은 癸1을 품지 못한다. 인간의 육체는 영백이 沖氣로 충돌하여 생명을 유지한다. 자동차 열쇠를 꼽고 시동을 거는 상황을 상상해보자. 충격으로 차가 움직이고 휘발유를 주입하면 계속 달릴 수 있다.

문제는 따로 있다. 이 문장의 핵심은 癸2와 癸1을 분리하고 있다는 점이다. 육체의 영백을 표현해보자. 정신을 다스리는 魂(癸, 확장하려는 욕망)과 육체를 다스리는 魄(丁, 물질을 축적하려는 이기심)이 沖氣로 갈등한다. 중력이 강해지면 재물, 권력에 심취하고 척력이 강해지면 학문, 교육에 심취하지만 수시로 변한다. 老子는 색계에서 이루어지는 대칭구도가 맘에 들지 않는다. 언제나 물질만 좋고 정신은 나쁘다는 식으로 나누는 것이 안타까운 것이다. 따라서 색계에 물들기 이전의 癸1을 품으라고 요구한다. 하지만 載營魄抱一 能無離乎에 숨겨진 뜻은 분별을 버리라는 것이다.

能無離乎
丁壬癸, 有物混成이 하나로 섞여 떨어지지 않을 수 있는가? 물질과 정신이 한 쌍이며 동일한 것임을 인정하겠는가? 분별하지 않을 수 있는가? 不離輜重할 수 있는가?

專氣致柔 能嬰兒乎 전기치유 능영아호
氣를 집중하여 극도로 부드럽게 하여, 어린아이와 같은 상태를 유지할 수 있는가? 老子가 생각하는 어린아이는 生氣의 충만함이다. 색계에 물들지 않아서 물질과 정신은 동일하며 분별도 모른다. 成人은 재물, 명예, 권력이 최고라 생각하지만, 어린아이는 먹는 것에만 충실한다. 老子는 生氣 충만한 상태를 道가 만들어낸 一의 본성이라고 간주한다. 生氣를 퍼트려 만물을 이롭게 하는 神의 의지는 아이와 같다.

滌除玄覽 能無疵乎 척제현람 능무자호
본성의 거울을 닦아서 흠이 없도록 할 수 있는가?

愛民治國 能無爲(知)乎 애민치국 능무위(지)호
백성을 사랑하고 나라를 다스림에 무위로 할 수 있는가?

天門開闔 能爲雌乎 천문개합 능위자호
천문이 열리고 닫힘에 암컷처럼 할 수 있는가? 천문은 본성에서 벗어나지 않는 상태요 雌는 암컷으로 谷神의 다른 표현이다.

明白四達 能無爲(知)乎 명백사달 능무위(지)호
세상의 이치에 통달하였음에도 無爲로 할 수 있는가?

이렇게 道를 설명한 후 玄德이라는 단어로 마무리한다. 아래에 해석하기 까다로운 문장이 나오기에 집중하여야 한다. 道德經을 이해하는 지름길은 道의 정체를 時間으로 규정하고 살피는 것이다. 물론 정확하게 시간이라는 의미는 아니다. 위에서 언급한 것처럼 시공간, 열과 중력, 무와 대칭 사이 어딘가에 존재하는 것이지만, 時間으로 상상하고 老子의 문장을 살피면 쉽게 이해할 수 있다. 10章 후반부를 이해하기 위해 먼저 37장 내용을 살펴볼 필요가 있다.

道常無爲 도상무위
道는 언제나 無爲로 행한다. 道가 행하는 모든 것은 자연스럽다. 억지로 행하여 이루지 않는다. 無爲가 道의 본질이다. 그렇다면 道가 무어냐 물으면 아직도 답하기는 어렵다. 무위를 실행하는 자는 과연 누구인가? 神이라고 규정하면 모든 것이 명확해진다. 神의 정체를 모르지만 全知全能한 神이면 모든 의문점은 명확해진다. 하지만 이상하게도 老子의 道는 천지창조 과정을 설명하면서도 전지전능한 神을 표현하지 않는다. 谷神, 玄牝으로 극히 불분명한 존재다. 내성적이고 소극적이고 자신을 드러내지 않는다. 이와 유사한 특징이 시간이다. 時間만이 노자의 神과 유사한 성향이면서 無爲로 모든 것을 움직이고 변화시킨다.

而無不爲 이무불위
억지로 행하지 않으면서도 이루지 못하는 것이 없다. 모든 것을 자연스럽게 이루어낸다. 이런 대단한 행위는 오로지 道만이, 時間만이 할 수 있다.

이제 51章 마지막 부분을 살펴보자.

道生之 德畜之 도생지 덕축지
道는 만물을 생하고 德은 길러낸다.

生而不有 생이불유
생하지만 소유하지 않는다. 道는 기르면서도 소유하지 않는다. 만물을 만들어내는 존재가 있는 것 같은데 우리는 그 존재를 모른다.

爲而不恃 위이불시
이루면서도 기대지 않는다. 해석하기 까다롭지만 의미는 차이가 없다. 도는 무위로 모든 것을 이루지만 집착하지 않는다.

長而不宰 장이부재
만물을 기르면서도 다스리지 않는다. 天地는 不仁하다. 그럴 수 있는 존재는 神, 道, 時間 뿐이다. 시간은 우리의 모든 것에 관여하지만 존재하지 않는다.

是爲玄德 시위현덕
이것을 玄德이라 부른다. 一의 다른 명칭은 玄德이다.

위 표현들의 속뜻을 정리하면, 시간은 우주에 生氣를 퍼트려 생하고, 기르고 성장하게 만들지만 특별한 의도나 목적이 없다. 빅뱅 후 138억 년이 지난 지금에 와서 道의 정체를 살펴보니 저런 작용이다. 만물을 다스리지만 특별한 의도나 목적이 없다.

이제 10章 첫 문장을 다시 보자.

載營魄抱一 재영백포일
비록 육체에 갇힌 영과 백이 따로 놀지만 둘을 묶어서 一의 본성에 따르도록 하면 안 되겠니? 時間은 아이처럼 부드럽지. 만물에 생기를 부여하거든. 그러면서도 항상 균형을 유지하며 한쪽으로 쏠리게 하지 않아. 따라서 시간을 이해하면 부드러운 아이처럼 될 수 있단다. 老子는 아이처럼 순진무구하게 살아갈 맘이 없느냐고 묻는다.

03 팽창한다.

道德經 5章 - 팽창한다.

> 天地不仁 以萬物爲芻狗
> 천지불인 이만물위추구
> 聖人不仁 以百姓爲芻狗
> 성인불인 이백성위추구
> 天地之間 其猶槖籥乎
> 천지지간 기유탁약호
> 虛而不屈 動而愈出
> 허이불굴 동이유출
> 多言數窮 不如守中
> 다언삭궁 불여수중

• 의역 •

천지와 성인은 만물과 백성을 無爲로 대하기에 인자하지 않아 보인다. 하늘과 땅 사이의 움직임은 마치 풀무와 같아서 비어있는 것처럼 보이지만 그 속에서는 끊임없이 움직이면서 팽창한다. 마치 우주가 지금도 팽창을 멈추지 않는 이치와 같다. 하지만, 계속 팽창만 하면 항상 무거움을 유지하려는 우주 본성에서 멀어지기에 반드시 그것을 지켜야 한다.

우주 전체에서는 모든 시간을 통해, 입자와 반입자가 無로부터 끊임없이 생겨난다. 양자 성질이 결코 0이 될 수 없다. 0은 매우 정확한 숫자이기 때문이다. 여기에는 어마어마한 함축이 담겨 있다. 에너지는 절대로 0이 될 수 없다. 운동이 완전히 멈추는 일은 결코 없다. 양자세계의 모든 것(그리고 존재하는 모든 것, 여기에는 無도 포함된다.)은 끊임없는 동요 상태에 있다. 그것들은 마치 교실에 갇힌 아이들처럼 가만히 있지 못하고 항상 분주하게 움직인다.

≪우주의 구멍≫ K.C 콜 지음 | 김 희봉 옮김

우리는 4장에 걸쳐 一이 자연을 다스리는 방식을 다루었다. 5장에서도 인간을 다스리는 방식에 대해 부연설명한 후 一의 전혀 다른 특징을 설명한다. 마치 빅뱅이론과 유사한 느낌을 받는다. 우주는 팽창을 본성으로 한다. 一의 움직임은 팽창이다.

天地不仁 以萬物爲芻狗 - 물질계
聖人不仁 以百姓爲芻狗 - 생명계

천지는 인자하지 않아서 만물을 지푸라기로 여긴다. 성인은 인자하지 않아서 백성을 지푸라기로 여긴다. 천지는 자연, 성인은 백성과 문구를 맞추고 있다. 聖人은 왕이나 道를 수련한 위대한 사람이 아니다. 전체 내용이 전혀 통하지 않기 때문이다. 聖人은 一이다. 백성은 생명체를 뜻한다. 芻狗는 짚으로 만든 개 모양인데 제사를 지내고 버리는 하찮은 물건이다. 이 문장의 중국어 문법은 以~爲로 "앞의 것을 뒤의 것으로 간주하다"는 표현이다. 따라서 천지와 성인은 만물과 백성을 추구처럼 여긴다. 하찮은 존재로 여긴다. 그들의 생장쇠멸에 흥미를 보이지 않는다고 해석하면 쉽게 이해된다. 다만, 문장을 이해해도 남는 문제가 있다. 天地와 聖人은 왜 그런 행동을 할까?

다른 章에서는 不仁이라는 표현을 쓰지는 않는데 여기에서만 不仁이라 표현한다. 중국 위나라 때의 학자 왕필의 해석을 살펴보자. 天地는 자연스럽게 맡겨두어서 억지로 하거나 조작하지도 않으며 만물이 스스로 서로를 다스린다. 이런 이유로 天地는 어질지 않다. 仁하면 반드시 억지스러움이 있고 무위의 도리를 벗어나 문제가 생긴다. 설명은 이해하지만 왜 天地는 불인한가의 답은 아니다. 이해가 쉽도록 문장을 좀 바꿔보자.

時間不仁 以萬物爲芻狗 - 물질계
時間不仁 以百姓爲芻狗 - 생명계

째깍째깍 흘러가는 시간은 만물과 생명체에게 골고루 주어지는 작용이며 특정한 만물이나 생명체에게 인위적으로 仁을 행사하지 않는다. 시간은 아쉬울 것이 없다. 자신이 원하는 방식대로 움직이기 때문이다. 문제는 인간에게 있다. 시간은 그 자체로 좋고 나쁨도 빠르고 느림도 옳고 그름도 없지만 시간의 가치를 증명하는 것은 인간이다. 목적도 의도도 없이 흐르는 時間의 의미를 따지는 것은 인간이다. 우리는 운이 좋다, 나쁘다. 돈을 벌었다. 기분이 나쁘다 하면서 시간을 욕하거나 칭찬하기를 반복한다. 왜 시간을 평가할까? 우리의 삶을 결정하기 때문이다. 時間은 길흉 분별의 고통을 창조했다. 信心銘(중국 禪宗의 제3대 祖師인 승찬이 지은 책. 석가의 道를 알리기 위해 쓴 책으로, 4언 146구 584자로 구성) 첫 장은 이렇게 시작한다.

至道無難 唯嫌揀擇 지도무난 유혐간택
道에 이르는 길은 어렵지 않으며 오로지 간택함을 꺼린다. 누가 무엇을 간택하는가? 인간이 時間의 가치를 부여하고 길흉을 따져 스스로 고통 받는다. 고통에서 벗어나는 길은 時間에 가치를 부여하지 않는 것이다. 어떤 時間이라도 함께 하면 도에 이를 것이다. 성경에도 이런 말이 있다.

<마태 25>
11 나중에 나머지 처녀들이 와서 "주인님, 주인님, 문을 열어 주십시오." 하고 청하였지만, 12 그는 "내가 진실로 너희에게 말한다. 나는 너희를 알지 못한다." 하고 대답하였다. 13 그러니 깨어 있어라. 너희가 그날과 그 시간을 모르기 때문이다."

나는 너희를 알지 못한다. 이 표현은 천지는 불인하다. 時間은 불인하다는 의미와 맞닿아 있다. 깨어있으라는 의미는 간택함을 버리라는 의미다. 道德經을 읽어 내려가는 과정에 시간의 의미를 느끼면 道德經이 쉽게 이해될 뿐만 아니라 종교, 명리, 철학과도 매우 빠르게 가까워질 것이라 믿는다. 마지막으로 달마대사의 표현을 보자. 달마는 시간은 불인하니 평가하지 말고 오고 감 그대로를 받아들이라 한다.

지혜로운 사람은 자신에게 맡기지 않고 사물에 맡기기 때문에 취함과 버림도 없으며 거스름과 순응함도 없다. 어리석은 사람은 사물에 맡기지 않고 자신에게 맡기기 때문에 (시비와 길흉을 따지기에) 취함과 버림이 있으며 거스름과 순응함이 있다.

만약 마음을 활짝 열고 사물에 맡겨 최후로 천하를 잊을 수 있다면 이것이 바로 사물에 맡겨 시간을 따르는 것이다. 사물에 맡겨 시간에 따르는 것이 순행이요 저항하여 사물을 변화시키는 것은 난행이다. 사물이 오면 그에 맡겨 거스르지 말며 떠나가면 떠나가는 대로 쫓지 말며 무엇을 말하였던 지나간 것은 후회하지 말며 아직 오지 않은 것은 염려하지 말라.

5章의 윗부분에서는 不仁하는 一을 설명하다가 갑자기 전혀 다른 표현이 등장한다.

天地之間 其猶橐籥乎 虛而不屈 動而愈出
천 지 지 간 기 유 탁 약 호 허 이 불 굴 동 이 유 출

천지 사이의 작용은 마치 풀무와 비슷하지 않은가? 비어있지만 다하지 않고, 움직일수록 끊임없이 나온다. 여기에서 橐籥은 제련하는 과정에 바람을 일으키는 선풍기 같은 것이다. 하늘과 땅 사이의 움직임은 왜 풀무와 닮았을까? 虛而不屈 動而愈出 비어있지만 쇠하지 않고, 움직이면 움직일수록 계속 무언가 나오기 때문이다. 屈은 '쇠하다, 다하다.', 愈出은 '더욱 나온다.'이다. 분명히 비어있는데 계속 움직이면서 무언가를 쏟아내는 느낌이 하늘과

땅 사이의 작용이다. 老子의 이 표현은 물질의 증가가 아니라 에너지, 파동의 증가를 뜻한다. 어떻게 멈추지도 않고 끝없이 폭발할까? 이런 행위가 가능한 것은 무엇인가? 빅뱅 이전과 이후의 움직임을 다시 정리해보자.

壬의 응축상태는 마구 섞여 실체가 불분명한데 癸로 폭발하면 우주가 팽창한다. 지금도 우주는 팽창을 지속하고 있다. 에너지 가득한 시공간에서 움직이고 변화한다. 이런 행위를 道의 자식 一이 하는 것이다. 죽간 甲本에 動而愈出의 動이 沖으로 표기되어 있다. 沖氣로 조화를 이루며 팽창하는 우주를 표현한 것이리라.

愈出의 원리를 부연설명하면 이렇다.

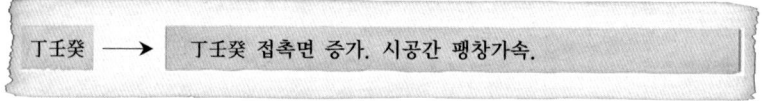

계의 팽창과정이 끝없이 충돌하면서 접촉면이 계속 증가하고 확장한다. 이런 원리는 엔트로피 증가, 불확정성 원리가 증가하는 이치와 다를 바 없다.

多言數窮 不如守中 다언삭궁 불여수중

말이 많으면 궁해질 뿐이니 본질을 지키는 것이 낫다. 위에서 풀무를 설명하였기에 팽창과정에 生氣를 퍼트리는 것이 좋다는 암시를 하고서 갑자기 말이 많으면 궁해지니 입을 다물라고 한다. 노자의 도덕경을 이해하기 어려운 이유다. 우주가 계속 팽창하지만, 본질이 아니다. 생기를 퍼트리는 작용을 하지만 樸은 大制不割이다. 행여 樸散해도 본질은 변할 수 없으니 守中 지키라고 한다. 老子의 노파심이 지나쳐 보이는 문장이다. 無名과 有名은 玄同이기 때문이요, 모친이 자식을 만들어냈기 때문에 자식의 존재를 부정할 수는 없다. 老子의 의미를 정리해보자.

1. 우주가 창조되었지만, 천지를 관리하는 방식은 특별한 의도나 목적이 없다.
2. 텅 빈 공간에 존재하는 에너지는 풀무와 같아서 돌릴수록 팽창한다.
3. 분별이 증가하고 복잡해져 본질에서 멀어져간다.
4. 본질에 머물라. 본질은 극히 간단한 것이다.

道德經 43章 - 끊임없는 파동

> 天下之至柔 馳騁天下之至堅
> 천 하 지 지 유　치 빙 천 하 지 지 견
> 無有入無間 吾是以知無爲之有益
> 무 유 입 무 간　오 시 이 지 무 위 지 유 익
> 不言之敎 無爲之益 天下希及之
> 불 언 지 교　무 위 지 익　천 하 희 급 지

•의역•

하늘과 땅이 열리고 수소, 헬륨과 같은 부드러운 에너지들이 딱딱한 물형을 가진 물질을 만들어냈다. 따라서 세상에서 가장 부드러운 것이 가장 딱딱한 것들을 다스린다. 道가 만들어낸 一은 텅 빈 공간에서 冲氣로 끊임없이 변화를 이끌어낸다.

이것이 無가 無사이에 끼어드는 이치로 나는 無爲의 有益함을 안다. 말이 필요 없는 가르침이요 無爲의 有益함으로 천하에 드문 것이다.

중요한 점은 반발력이 빈 공간 자체에서 온다는 것이다. 반발력은 중력과 달리 모든 곳에서 똑같은 것으로 보인다. 정의에 따라, 중력은 물질이 집중된 곳에서 커진다. 그러나 반발력은 공간 전체에 균일하게 퍼져있다. 이 균일성이 아인슈타인이 임의로 도입한 그 유명한 상수이다. 우주 상수의 에너지는 결코 변하지 않으며, 요동치지도 않는다.

≪우주의 구멍≫ K.C 콜 지음 | 김희봉 옮김

빅뱅 이후의 움직임을 살펴보고 있다. 이 章에서는 4章의 道冲과 42章의 冲氣以爲和 등과 유사한 표현이 나온다. 빅뱅 이후의 작용을 一이라 규정하고 우주를 다스리는 방식을 설명하고 있다. 道德經 70% 이상이 빅뱅 이전과 이후를 설명하는 것이다. 지금까지 살펴본 빅뱅 이후의 움직임은 天地有始와 1 그리고 팽창이다. 이 章에서는 周行不殆의 움직임이 道冲과 冲氣로 한순간도 멈추지 않고 변화하고 있음을 표현한다. 바로 無有入無間이다. 無가 無와 無 사이에 끼어든다.

天下之至柔 馳騁天下之至堅 천하지지유 치빙천하지지견
천하에 가장 부드러운 것이 가장 강한 것을 부린다. 老子는 다양한 방식으로 부드럽고 약한 것이 세상을 다스리는 본질이라고 강조한다. 40章에 나오는 弱者道之用은 가장 대표적인 표현이다. 弱者와 至柔는 동일한 의미다. 빅뱅 이전에는 樸처럼 응축되어 있지만, 우주에 펼쳐진 에너지들은 극히 부드럽고 가볍기에 풀무처럼 팽창하면서 萬物에 생기를 부여한다. 물처럼, 공기처럼, 수소와 헬륨, 無처럼 존재하지 않는 듯 보이는 것들이 만물의 주인이다. 이 章에는 老子의 답답함이 숨어있다. 딱딱한 것은 色界의 물질이며 죽음에

이르는 문이다. 사람들은 죽는 줄도 모르면서 딱딱한 것만 찾으니 답답할 노릇이다.

無有入無間 吾是以知無爲之有益 무유입무간 오시이지무위지유익
無는 無 사이에 끼어드니, 나는 無爲의 有益함을 알고 있다. 無爲의 정체에 대해 힌트를 얻을 수 있는 문장이다. 無爲는 극히 부드러운 존재다. 無가 無 사이에 끼어든다는 의미는 어디에도 가득하여 존재하지 않는 곳이 없다는 뜻이다. 道의 자식 一의 움직임과 쓰임에 대한 설명을 하는 것이다. 道는 無와 無 사이를 비집고 들어갈 정도로 지극히 부드러워서 만물의 움직임과 변화를 이끌어내는 주인이다. 이것이 無爲의 有益이다. 無라 부르는 이유는 존재하지만 인간의 눈으로는 확인할 수 없기 때문이다. 우주에 가득한 암흑에너지와 같은 존재다. 無爲를 시간으로 표현하면 時間은 時間 사이에 끼어들어 변화를 일으키며 영원히 존재한다. 과거와 미래 사이에 끼어드는 현재로 멈추지 않는 시간을 설명하고 있다. 빈틈없이 흐르는 시간은 공간을 지배하고 물질의 생장쇠멸을 결정한다.

이 章에서 가장 매력적인 문구는 "無有入無間" 이다. 굉장히 투박한 표현이지만 지극히 철학적이다. 영화 "루시"에서 마지막에 나오는 표현이 있다. "I am everywhere." 나는 어디에도 있다. 바로 時間을 암시한다. 종교의 神이며 우주를 다스리는 자다. 無는 無爲를 일으키는 본질이기에 자연스럽게 빈틈을 파고 들어간다. 절대로 힘들게 이동하는 것이 아니다. 老子는 몇 개 글자로 우주의 근본을 설명하였다. 수천 년 전에 이미 빅뱅, 암흑에너지, 회오리, 우주팽창의 속성을 알고 있는 듯하다. 실

체가 없는 주인을 안다. 실체도 없는 것이 세상을 좌지우지 하는데 유익한 존재라고 한다. 無는 세상을 유익하게 하며 만물을 이롭게 하는 존재임을 알고 있다. 道德經 전반에 흐르는 사상이다.

不言之敎 불언지교	말 없는 가르침,
無爲之益 무위지익	자연스럽게 有益하게 만드는
天下希及之 천하희급지	천하에 극이 드문 것이다.

인간은 道의 존재와 행위를 이해하기 어렵다. 너무도 부드럽고 보이지도 않으며 지극히 약해서 물형에 따라 자유자재로 바꾸며 공평하게 다스린다. 그렇게 행할 수 있는 존재는 극히 드물다. 道, 時間, 神 또 무엇이 있을까?

道德經 40章 - 反 순환

> 反者道之動
> 반 자 도 지 동
> 弱者道之用
> 약 자 도 지 용
> 天下萬物生於有
> 천 하 만 물 생 어 유
> 有生於無
> 유 생 어 무

•의역•

反(순환)은 道의 움직임이요, 부드러움(弱)은 道의 쓰임이다. 만물은 有에서 생겨나고 有는 無에서 생겨난다.

나는 알파요, 오메가이다. 시작과 끝, 처음과 마지막이다. - 시간

25章 마지막에 反이라는 단어가 나온다. **大曰逝 逝曰遠 遠曰反** 바로 이 부분이다. 道는 우주 어디에도 미치지 않은 곳이 없고 서로 잇닿아 있으며 돌아올 수 있다는 설명을 하는 과정에 "反"이라는 단어를 사용했다. 동일한 단어가 40章에 나오는데 먼저 25章에서 살폈던 有物混成 先天地生의 의미를 다시 음미해보자. 혼탁한 상태가 우주에 펼쳐졌다. 우주에 존재하는 모든 것들은 有物混成이 만들어낸 자식들이다. 비록 시공간이 넓어졌지만 有物混成의 본성을 바꿀 수는 없다. 이런 이치는 종교, 철학, 명리에 깊은 의미를 부여한다.

우리는 삶의 가치를 찾고자 노력한다. 본성을 찾고자 험난한 길을 간다. 어딘가에 피안의 세계가 있을 것이라는 맹목적인 믿음으로. 하지만 有物混成이 본성이라면 <u>평온도 찾을 수 없고 천당, 지옥, 극락도 없다.</u> 본성이 탁하고 수시로 움직여 변하기에 안정을 취할 수는 없다. 이 의미를 곱씹어보면 내가 그토록 원했던 "나를 찾는 과정"이 모두 부질없음을 뜻한다. 아무리 내가 나를 찾고자 해도 나는 어디에도 없고, <u>彼岸의 세세는 없다</u>! 우리가 찾던 순수한 본성이란 존재하지 않는다. 나에게 평안을 줄 그 무엇도 없으니 道를 닦아봐야 소용없다. 老子는 심각한 주장을 하고 있다. 어떻게 해야 하는가? 道德經을 다 읽어 내려갈 즈음에 방법을 찾을 지도 모른다. 본문으로 돌아가서,

反者 道之動 반자 도지동

反은 道의 움직임이다. 도의 움직임은 反하는 것이다. 反은 "회오리치다" 의미와 다를 바 없다. 끝도 시작도 없이 뱀처럼 꼬리를 물고 어디에서 시작해서 어디에서 끝나는지 알 수 없다. 그것이 순환하는 도의 움직임이다. 다만 아무리 어지럽게 움직여도 반드시 <u>대칭과 순환을 원칙</u>으로 한다. 예로 무에서 유로, 유에서 무로 움직인다. 비우면 채워지고, 채워지면 비워지는 방식으로 움직인다. "反" 老子는 이 글자 하나로 세상이치를 명확하게 표현한다. 무시무시한 의미다. 反은 반대, 반복, 순환을 상징한다. 우주 자연은 되풀이된다고 보는 것이다. 이런 원리는 易와 연결된다. 모든 것은 움직이며 변한다.

1. 반대

반대로 이루어진 세상이다. 다른 표현으로는 대칭이다. 양과 음, 밝음과 어둠, 하늘과 땅, 시간과 공간, 기운과 물질. 그러기에 冲氣로 상대의 기운을 밀어내고 변화를 주어서 새로운 기운을 동하여 변화를 이끌어낸다. 冲氣로 和하는 이치다. <u>反(대칭)은 冲을 위한 필수 조건</u>이다. 冲으로 새로운 기운을 만들어 변화하는 이치는 참으로 오묘하다.

2. 순환

시간의 종류는 세 가지가 있다. 圓과 삼각형 그리고 직선이다. 圓은 영원을 상징하며 순환한다. 時間이 원처럼 흘러가는 이유는 지구가 돌고 태양이 돌고 우주가 회오리치기 때문이다. 팽이처럼 돌면서 冲氣로 살아있음을 증명한다. 삼각형은 물질의 순환과정이다. 태어나 성장하여 시들고 죽고 다시 탄생하기를 반복한다. 명리에서는 이런 이치를 寅午戌(인오술) 色界와 申子辰(신자진) 空界의 순환과정이라고 표현한다. 뒤에서 自然循環圖(자연순환도)를 다룰 때 다시 살펴보도록 하자. 직선은 생명체가 느끼는 시간흐름이다. 절대로 과거로 가지 못하며 미래도 갈 수 없으며 오로지 현재만을 산다. 현재의 연속선상에서 탄생하고 중력으로 늙어 죽음을 맞는다. 순환의 단어 뜻에는 모종의 행위가 자연스럽게 이루어지는 것을 암시하지만 反과 같은 자극은 없다. 유사한 단어들도 정리해보자.

1) 易

易은 변한다. 바뀐다. 무엇이 바뀌게 할까? 이것을 알면 神의 정체를 찾을 수 있다. 시공간이 모든 것을 바꿔놓는다.

2) 沖氣以爲和

42章에 나오는 표현으로 沖하여 조화를 이룬다. 정반대 특징을 가진 에너지들끼리 충돌하여 원래 향하던 움직임에 반발하여 새로운 조화를 이끌어낸다. 十宮圖(십궁도)로 그 이치를 살펴보자.

壬	庚 숙살지기	戊	丙	甲 탄생
癸	辛 씨종자(죽음)	己	丁	乙

← 시간 흐름

생명의 탄생은 甲으로 표현한다. 성장하여 씨종자로 바뀌어 윤회 과정을 거쳐야 한다. 그 과정은 단순하지 않다. 먼저 己土에서 甲己 合으로 甲을 하강하게 만들고 庚에서 甲을 沖하여 성장의 기세를 수렴의 기세로 돌려버린다. 그렇게 해야만 하는 이유는 甲의 움직임을 통제하여 결과적으로 씨종자 辛으로 완성하기 위함이다. 따라서 庚이 甲을 沖하는 것은 甲을 죽이는 행위처럼 보이지만 辛 씨종자를 만들기 위해서 그랬던 것이다. 沖으로 폭력이 발생하지만 창조로 전환하고, 윤회를 위한 필연적인 행위이다. 이 의미가 沖氣以爲和이자 反이다.

3) 對稱

우주, 자연은 완벽한 대칭은 아니지만 나름의 대칭으로 이루어졌다. 밝음과 어둠, 하늘과 땅, 시간과 공간, 기운과 물질. 정반대 기운들이 沖으로 조화를 이루면서 순환한다. 沖은 순환을 위한 필연적인 행위다. 四季圖로 그 이치를 살펴보자.

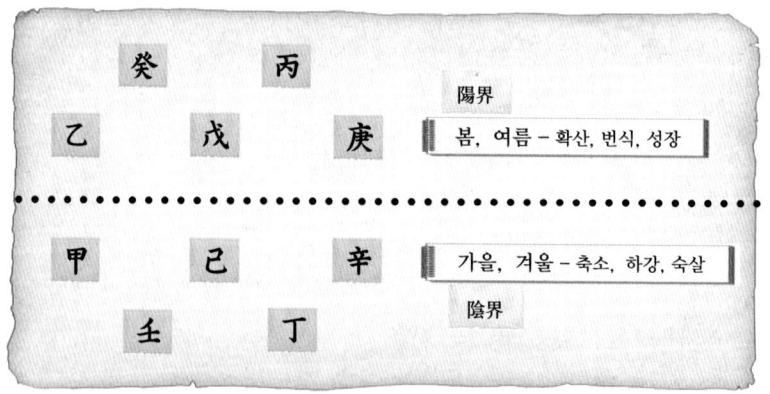

壬과 丙은 정반대 편에 있으며 겨울과 여름으로 빛과 어둠이자 분산과 응축에너지다. 어둠 속에서 빛이 나왔고 빛은 어둠 속으로 사라진다. 어둠은 빛이 있기에 존재를 드러내고 빛은 어둠으로 들어가 새로운 발전을 기약한다. 시공간의 순환이다. 따라서 反은 반복적으로 순환하는 움직임이며 무조건 반대로만 움직이는 것이 아니다.

弱者 道之用 약자 도지용
弱은 道의 쓰임이다. 弱用하는 것이 道. 弱은 약함이 아니다. 부드러운 것, 끊임없이 움직일 수 있고 변할 수 있는 존재다. 예로, 時間. 陽氣. 공기. 물과 같고 수소와 헬륨이다. 43장에서 살펴보았던 無有入無間. 無와 無 사이에 자유자재로 끼어들어 만물에 氣를 불어넣어 생기를 부여하는 존재다.

天下萬物生於有 有生於無 천하만물생어유 유생어무
천하 만물은 有에서 생겨나고 有는 無에서 생겨난다. 표현은 다르지만, 충분히 이해하는 내용이다. 폭발 당시에 생겨났던 一이 沖하여 회오리로 지구를 만들어 만물이 생겨날 터전을 만들었다. 38억 년 전에 생명체가 지구에 등장하였다. 무에서 유, 유에서 만물을 생성하는 과정이다.

여기에서 有와 無의 차이를 보자. 無의 본질은 단순하게 없다가 아니라 <u>沖氣로 물질을 만들어낼 수 있는 상태가</u> '없다'는 것이다. 한시도 멈추지 않고 요동치는 에너지가 있기에 무에서 유가 생겨난다. 그렇다면 무에서 유로, 유에서 만물로의 변화는 무엇이 만들어낼까? 그 원동력은 바로 時空間과 熱 그리고 중력이며 그 속에 숨어있는 움직임과 변화다. 老子는 이런 존재들을 설명하고 있다.

道德經 62章 - 만물 내부에 스며든 道

```
道者 萬物之奧 善人之寶 不善人之所保
도자  만물지오  선인지보  불선인지소보
美言可以市 尊行可以加人 人之不善 何棄之有
미언가이시  존행가이가인  인지불선  하기지유
故立天子 置三公 雖有拱璧以先駟馬
고립천자  치삼공  수유공벽이선사마
不如坐進此道 古之所以貴此道者何
불여좌진차도  고지소이귀차도자하
不曰以求得 有罪以免邪 故爲天下貴
불왈이구득  유죄이면야  고위천하귀
```

•의역•

道는 만물 깊은 곳에 깃든 본성과 같다. 善人의 보물이자 不善人도 반드시 지녀야할 것이다. 아름다운 말로 존경을 살 수 있고, 아름다운 행위로 사람들을 모이게 할 수 있지만 그것이 진실하다고 할 수는 없다. 다만, 이런 행위들이 선하지 않다고 해서 나쁘다 할 수는 없는 것이다.

天子를 세우고 삼공을 설치(법규, 통치수단)하여, 위엄 있게 보이고자 진기한 보물을 드러내고 말들을 앞세우는 허례허식이 만연하지만 道를 찾아 내면으로 들어가는 것만 못하다.

옛사람들이 이 도리를 귀하게 여긴 이유를 아는가? 구해서 득하면, 죄가 있더라도 면할 수 있기 때문이 아니겠는가? 천하에 귀한 것이 道의 존재라.

물질이 아니라 힘이 세계의 진정한 존재다. 우주의 모든 곳에 충만해 있는 것은 에테르가 아니라 힘이다. 물질의 점(원자)들은 그 중심에서 퍼져 나와 우주 전체를 엮어 짜는 수많은 역선들의 교차점일 뿐이다.
- 앰허스트 대학 물리학자 자종(A. ZAJONC)

만물의 깊은 곳에 스며들어 항상 함께하는 道의 존재를 설명한다. 老子는 이 존재가 만물의 움직임을 결정한다고 믿는다. 풀무처럼 팽창하면서 生氣를 퍼트리고 만물을 이롭게 하는 존재가 나타난 것이다. 그것이 바로 道이자 道의 자식 一이다.

道者萬物之奧 도자만물지오
道는 만물의 내면에 깃든 존재다. 우주 운행 원리는 참으로 오묘하구나! 老子는 만물에 깃든 오묘한 존재를 道라고 믿는다. 이 존재는 본디 有物混成이었고 빅뱅 후에도 모든 만물에 有物混成의 혼이 깃들어 있으며 생기를 부여하고 만물을 이롭게 한다.

善人之寶 선인지보
선인의 보물. 善人은 道의 이치를 깨달은 道人을 말하는 것이 아니다. 만물에는 자연스럽게 生氣를 퍼트리려는 神의 의지가 담겨있다. 열심히 도를 닦은 자만이 道人이 되는 것이 아니다. 닦지 않아도 만물에 내재된 본성이 道이기 때문에 본성이 선한 존재다. 문제는 善惡이 한 쌍으로 沖하고 끊임없이 변하기에 분별이 없으면 존재하지 않지만 내가 그것을 분별하는 순간 善과 惡이 양쪽으로 극명하게 갈라지면서 스스로 고통을 받는다. 참으로 오묘한 이치다.

不善人之所保 불선인지소보

不善人도 반드시 지녀야 할 것이다. 표현이 애매하지만, 도를 닦지 않아서 선인이 될 수 없다는 뜻이 아니다. 만물에는 神의 의지가 내재되어 존재를 깨닫지 못한 자들도 깨우쳐야한다. 善人과 不善人은 구별하기 위한 것일 뿐 착해서 얻거나 악해서 잃는 성질의 것이 아니며 만물의 깊은 곳에 존재한다. 그토록 나를 찾고자 하는 이유는 바로 나의 내면에 깃든 道를 찾기 위함이다.

美言可以市 尊行可以加人 人之不善 何棄之有
미 언 가 이 시   존 행 가 이 가 입   인 지 불 선   하 기 지 유

아름다운 말로 존경을 살 수 있고, 아름다운 행위로 사람들을 모이게 할 수 있다. 따라서 불선하다고 포기할 수는 없는 것이다. 예로 상인이 물건을 팔기 위해서 홍보, 광고하는 것은 당연한 일인데 이런 행위가 道와 거리가 멀다고 不善人이라 할 수는 없다. 또 그러기에 그 사람을 나쁘다고 道를 찾는 것을 포기하게 할 수는 없다. 우리 모두는 내면 깊은 곳에 道를 품어서 언제라도 깨우칠 수 있기 때문이다. 市尊과 加人은 사람들의 이목을 집중시키는 것이다.

故立天子 置三公 雖有拱璧以先駟馬 고립천자 치삼공 수유공벽이선마

天子를 세우고 삼공을 설치하여, 비록 진기한 보물을 품고 말들을 앞세우지만. 이해하기 쉽지 않은 문장이지만, 밖으로 보여주기 위한 허례허식, 예의에 관해 설명하고 있다. 왜냐면 道者萬物之奧로 내면 깊은 곳에 존재하는 것이지 겉으로 보여지는 것이 아니기에 보석이나 말, 예의와 권력에서 도의 존재를 찾을 수는 없다. 그렇다면 어떻게 해야만 하는가?

不如坐進此道 불여좌진차도
道의 존재를 찾아 내면으로 들어가는 것만 못하다. 도는 밖에서 찾을 수 있는 성질의 것이 아니다. 특히 물질에서 찾을 수는 없다. 따라서 色界를 향하는 구멍과 문을 닫고 내면에 숨겨진 보물을 찾으라고 한다.

古之所以貴此道者何 고지소이귀차도자하
옛사람들이 이 도리를 귀하게 여긴 이유를 아는가? 물질 권력보다 내면의 道를 깨닫고자 노력했던 이유가 무언지 아는가?

不曰以求得 有罪以免邪 불왈이구득 유죄이면야
구해서 득하면, 죄가 있더라도 면할 수 있기 때문이 아니겠는가?

故爲天下貴 고위천하귀
그래서 천하에 귀한 것이 道의 존재라.

老子의 의도가 궁금해지는 문장이다. 道를 찾는 이유는 면죄부나 받으려는 것이 아닐 것이다. 의미를 확장하면, 道는 물질 세상에서 찾을 수 있는 성질의 것이 아니다. 아무리 밖에서 물질을 추구해도 찾지 못하기에 옛사람들이 道를 그리 귀하게 여겼다. 만약 구해서 얻을 수만 있다면 내면에 깃든 道와 함께 할 수 있으리라. 비록 과거에는 그 본질을 깨닫지 못했더라도 도와 함께 하는 기쁨을 표현한 것이리라.

04 無爲의 특징

道德經 37章 - 無爲

```
道常無爲 而無不爲
도 상 무 위   이 무 불 위

(侯王)若能守之 萬物將自化
후 왕 약 능 수 지   만 물 장 자 화

化而欲作 吾將鎭之以無名之樸
화 이 욕 작   오 장 진 지 이 무 명 지 박

無名之樸 夫亦將無欲
무 명 지 박   부 역 장 무 욕

不欲以靜 天下將自定
불 욕 이 정   천 하 장 자 정
```

•의역•

道는 만물의 내면에 깃든 오묘한 이치에 따라 항상 無爲로 행하면서도 이루지 못하는 것이 없다. 만약 道를 만들어낸 빅뱅 이전의 응축 상태를 유지할 수만 있다면 만물은 스스로 조화를 이룰 것이다.

그 과정에 作爲가 개입되면, 나는 천지를 창조했던 無名의 樸으로 다스릴 것이다. 무명지박은 언제나 무욕으로 다스리며 욕심을 부리지 않기에 靜하며 그 이치에 따라 천하는 스스로 이루어진다.

돌고 돌아가는 세상의 바퀴

끊임없이 과녁을 바꾸며 돌아가네.

화난 사람은 그것을 비참함이라 부르고

바보들은 그것을 게임이라 부르네. - 니체

　우리는 지금 빅뱅 이후에 펼쳐진 道가 만들어낸 一의 특징을 살피는 중이다. 道의 정체를 이해하려면 반드시 뛰어넘어야 할 과정이다. 지금부터는 道에 버금가는 無爲에 대해 살펴보자. 81장 전체에 골고루 펼쳐있는 無爲의 정체는 과연 무엇일까? 아무리 無爲를 느껴보려고 해도 정체를 파악하기 어려운 이유는 바로 이것이다. <u>無爲는 인간의 행위에 없다.</u> 즉 인간의 능력으로는 실행이 불가능하기에 그 정체를 모르고 잠시 느낀다 해도 체감정도가 너무 낮은 어떤 것이다. 이런 이유로 老子는 67장에서 我道大 似不肖(아도대 사불초) 라고 한탄하였다.

　우리는 무위와 무위자연을 이런 식으로 이해한다. 억지로 하지 않아도 저절로 이루어지는 것이라고. 하지만 老子가 주장하는 無爲라고 보기에 부족하다. 道를 따르고 지키는 것을 德이라 하였으니 德을 행하는 것을 無爲라 해도 문제가 없다. 道의 정체는 위에서 정리하였고 빅뱅 이후 펼쳐진 一의 움직임을 이해해야 德을 행하며 그 행위가 無爲다.

　지금까지 살펴본 바로는, 無爲는 만물 내면에 깃들어 生氣를 부여하여 이롭게 하는 것이다. 다만, 無爲는 인간이 할 수 없는 방식이기에 아무리 행하려 해도 어렵다. 道德經에 無爲를 설명하는 표현들이 넘쳐나도 해석조차 어려운 이유가 바로 無爲의 정체를 모르기 때문이다.

제1部에서 양자물리학, 시공간, 열과 중력, 무와 대칭 등의 개념들을 정리했던 이유가 道와 無爲의 정체를 미리 이해해보자는 취지였다. 인간은 알 수 없고, 행할 수 없는 어떤 것이기에 인간을 제외하고 과연 어떤 존재가 행할 수 있는지 후보들의 정체를 살폈던 것이다. 전지전능한 神만이 할 수 있다고 주장하면 간단하지만, 老子는 神을 설명하는 것이 아니다. 따라서 道와 無爲를 이해하려면 반드시 넘어야 할 산들이 바로 양자물리학, 시공간, 열과 중력, 무와 대칭에 대한 개념들이다. 인터넷에서 발췌한 무위에 대한 설명들이다.

- 무위는 자유자재(自由自在)하고, 사물의 실상과 합일로 얻는 원만성이다.
- 무위는 자연스러움을 회복하려는 방법이며, 세상을 다스리는 법이다.
- 무위는 만물을 생성케 하는 근원으로 태극의 개념과도 만난다.
- 무위는 사물의 자연스러운 본성에 따르는 것을 말한다.
- 무위는 자연법칙에 따라 행위하고 인위적인 작위를 하지 않는다.
- 여러 인연으로 만들어지는 것이 아닌 존재. 생멸변화(生滅變化)를 초월하는 常住.
- 열반(涅槃)의 이명(異名)으로 사용된다.
- 무위는 생멸변화가 없는 모든 법의 진실 체이다.
- 생주이멸의 변천이 없는 진리, 열반, 진여, 법성과 같은 뜻이다.
- 인위 없이 자신의 내재한 힘으로 그렇게 되는 것이다.

상기 내용을 읽어보면 이해하기 어렵다. 德을 행하는 것이 無爲인데 德은 道를 따른다. 道는 一을 만들어냈기에 德과 一은 동일한 것인지 다른 것인지도 헷갈린다. 무위를 이해하는 가장 빠른 방법은 道를 이해하는 것이다. 왜냐면 一도, 德도, 無爲도 모두 道가 낳은 자식들이기 때문이다. 위에서 언급한 내용 중에서 생멸변화(生滅變化)를 초월하는 常住를 "움직임이 없는 존재나 상황"으로 잘못 이해하면 안 된다. 움직임의 없는 존재는 아무리 위대해도 무의미하다. 죽어 生氣가 없기 때문이다. 老子가 빅뱅 이전에 有物混成, 周行不殆라고 표현해야만 했던 이유를 이해할 것이다. 道를 이해하는 과정에 반드시 주의할 점이 바로 이것이다. 無爲의 반대말은 有爲, 人爲다. 인위는 어떤 상태일까? 간단한 방식으로 설명하면 이렇다.

丁(중력)	--	壬(중도)	--	癸(척력) = 有物混成, 樸, 谷神, 周行不殆
물질, 利己	--	중심	--	정신, 利他

빅뱅 이전 3개가 뒤섞여 움직이지만 균형이 깨진 상태는 아니다. 우주가 폭발하고 극히 미세하게 三者의 불균형이 생겨났고 대략 100억 년이 지난 시점에 물질계가 생겨났다. 인간도 중력이 만들어낸 物質이자 利己다. 따라서 인간본성은 利己를 기본으로 한다. 아무리 노력해도 중도를 지킬 수 없다. 따라서 人爲는 극히 자연스러운 행위로 억지스럽지 않지만 老子는 利己에서 고통이 생겨난다고 본다.

보는 각도에 따라서 어쩌면 無爲이고, 어쩌면 有爲인 것이다. 老子는

無爲로 행하라고 한다. 無爲는 무엇인가? 道가 만들어낸 자식이다. 道는 무엇인가? 利己가 생겨나기 이전의 상태지만 有物混成으로 뒤죽박죽 끊임없이 움직이는 어떤 것이다. 여기에서 우리는 답해야 한다. 인간은 과연 無爲를 행할 수 있는가? 도를 따를 수 있는가? 정리하면 人爲는 丁壬癸 균형이 조금 틀어지고 중력(丁)쪽으로 욕망이 강해진 상태다. 이런 이유로 인간은 항상 간택하고 고통 받고 번뇌에 빠진다. 老子는 무위를 어떻게 설명하는지 살펴보자.

道常無爲而無不爲 도상무위 이무불위
도는 언제나 무위로 행함에도 이루지 못함이 없다. 다시 강조하지만, 常은 生滅變化를 초월한 존재일지라도 반드시 움직이고 변한다. <u>움직임은 반드시 변화를 만들지만, 본질은 절대로 변함이 없는 것이 常</u>이다. 이 세상 모든 것들을 아무런 장애 없이 뚝딱 만들 수 있는 것이 과연 무엇일까?

道는 아무 짓도 하지 않는데 이루지 못함이 없다. 또 무언가를 이루려고 하지도 않지만 자연스럽게 해낸다. 이것이 계속 설명하는 道沖, 冲氣以爲和, 無有入無間이며 無爲의 정체다. 움직임과 변화를 본질로 하지만 무엇이든 자연스럽게 이루어내는 존재. 神이라 부르지 않는 이상, 그렇게 행하는 존재를 찾아야만 하는데 그 후보들이 원자, 시공간, 열과 중력, 無와 대칭이다. 老子는 이런 존재들을 설명하지는 않았지만, 無爲와 道에 닿아있는 것은 분명하다. 명리의 표현으로는 생기를 퍼트리려는 癸가 바로 無爲이다.

정리하면, 老子의 無爲는 아무것도 하지 않거나, 하지 말라는 의미가 아니라 목적이나 의도가 없어도 자연스럽게 이루어지는 어떤 것이다. 예로, 138억 년 동안 우주에서 이루어진 모든 것들은 인간의 의지와 관계없이 스스로 그러하였다. 노자는 이렇게 스스로 그러하게 만드는 존재를 무위로 보는 것이다.

無爲와 인간 의지는 상이한데 色界를 살기에 육체와 물질에서 자유로울 수 없기 때문이다. 無爲와 人爲 사이의 간극 때문에 번뇌와 고통이 생겨난다.

(侯王)若能守之 萬物將自化 (후왕)약능수지 만물장자화
만약 (道, 無爲를) 지킬 수만 있다면 만물은 스스로 조화를 이룰 것이라. 이 표현은 이미 32章에서 살펴보았다. 왕이 만물을 다스린다고 표현하지만, 老子의 생각은 侯王이 없는 문장이었을 것이다. 왕이 무슨 재주로 만물을 다스릴 것인가? 황당할 따름이다. 樸, 谷神, 道, 無爲가 만물에 스며들어 自化하게 만드는 것이다. 이 문구를 若能守之 萬物將自化로 바꾸면 극히 자연스럽다.

化而欲作 吾將鎭之以無名之樸 화이욕작 오장진지이무명지박
스스로 조화를 이루는 과정에 作爲가 개입되면, 나는 無名의 樸으로 진압할 것이다. 無爲로 이루어지는 과정에 인위가 개입되면 樸으로 제압할 것이라. **無名之樸의** 樸은 빅뱅 이전의 우주본질이다. 老子의 표현을 바꿔보면, 樸의 道로 모든 것은 이루지만 인간이 작위로 행하려 한다면 반드시 벌을 가할 것이다. 老子가 그렇게 하겠다는 것이 아니라 무위로 이루어지게 하는 것이다.

無名之朴 夫亦將無欲 무명지박 부역장무욕
무명지박은 반드시 무욕으로 다스릴 것이다. 無欲은 無爲다. 인간의 작위가 생겨나면 朴으로 제압할 것인데 無欲으로 이루어지며 근본을 벗어나지 않는다. 化而欲作의 행위를 무위로 돌려놓을 것이다. 결론적으로 이 표현은 無爲로 다스려지는 과정에 문제가 생겨도 결과적으로는 무위로 돌아갈 것이라는 뜻이다.

不欲以靜 天下將自定 불욕이정 천하장자정
욕심을 부리지 않기에 靜하며, 천하는 스스로 정해질 것이다. 靜과 安은 빅뱅 이전에 나오던 용어들이다. 세상이 흐트러지면 무위로 바르게 다스릴 것이며 다시 정상적으로 운용될 것이다.

萬物變遷無定態
세상만물은 변하여 정해진 형태가 없으니,

一身閑適自隨時
이 한 몸 한적하게 스스로 때를 따를 뿐이라.

年來漸省經營力
최근에는 경영하는 힘이 점점 약해지니,

長對靑山不賦詩
청산을 오래 마주하면서도 한 편의 시도 짓지 못하네.

- 이언적

道德經 48章

爲學日益 爲道日損
위학일익   위도일손

損之又損 以至於無爲
손지우손   이지어무위

無爲而無不爲
무위이무불위

取天下常以無事
취천하상이무사

及其有事
급기유사

不足以取天下
부족이취천하

•의역•

물질과 권력을 얻기 위한 學은 행할수록 쌓여서 무거워지고 딱딱해져 죽음에 이르지만, 道는 행할수록 줄어들고 가벼워져 극히 부드러운 상태에 이른다. 따라서 덜어내고 덜어내면 無爲에 이르며 부드러운 에너지로 우주를 창조하였듯 무위로 이루지 못하는 것이 없다. 天下를 취하면(道를 따르면) 항상 無爲로 이루지만 억지로 하려면 天下를 충분히 취하지 못한다. 시간을 거스르는 자연스럽지 못한 시도들은 결코 이루어지지 않는다.

道德經의 주된 내용이 빅뱅 이전과 이후를 다루는 것이라는 주장을 받아들이기 힘들었을 것이다. 지금까지 30章 가까이 살펴보았으니 나름 공감하기 시작했을 것으로 믿는다. 우주가 열리고 138억 년이 지난 지금까지 모든 것이 無爲로 이루어졌다는 것이 老子의 생각이다. 따라서 老子의 생각을 따라잡으려면 아래의 상황을 이해해야 한다.

1. 빅뱅 이전과 이후의 상황을 이해한다.
2. 지구에서 살아가는 인간의 삶의 방식을 이해한다.
3. 1과 2에 존재하는 차이를 파악한다.
4. 2의 현재를 1의 빅뱅으로 돌리면 道에 이른다.

우리는 사실 無爲가 주는 어감(語感)에서 모호한 자유를 느낀다. "自由"의 정체는 무엇일까? 죽어서 육체를 버리는 것인가? 우리는 자유를 얻고자 엄청난 노력을 한다. 자유를 향한 의지를 표현한 수많은 영화와 책들, 삶에서도 다양한 형태로 보인다. 아이러니 하게도 우리는 自由의 정체에 대해 자유롭지 못하다. 자유라는 단어를 알지만 그 정체가 무엇이냐고 물으면 답하기 어렵다. 또 무엇으로부터 자유를 갈망하는지도 모른다. 마치 神, 時間, 道의 존재처럼.

현재 道德經 40% 정도를 읽어 내려가지만 이해하기 어려운 표현 중 하나가 無爲다. 이해할 수만 있다면 道德經의 근간을 뚫을 것이다. 48章에도 無爲가 등장한다. 먼저 學益(학익)과 道損(도손)이라는 단어를 살펴보자. 學은 행할수록 축적되고, 道는 행할수록 점점 줄어든다. 둘은 정반대 속성으로 無爲에 이르려면 덜어내라고 한다. 무엇을 덜어내라는 것일까? 老子는 덜어내면 자유로워진다고 주장하고, 영화 "쇼생크 탈출"에서 주인공 앤디는 감옥에서 탈출하여 자유를 얻는다. 하지만 무엇으로부터 탈출하고 자유의 정체가 무언지 모른다. 나를 속박하는 실체를 알아야 하는데 그 정체가 무언지 알려고 평생을 헤맨다. 우리는 무엇으로부터 자유를 원하는가?

뤽 베송 감독의 영화 "루시"는 정반대 주장을 하고 있다. 채우라고 한다. 인간은 10%의 뇌 용량도 활용하지 못하는데 엄청난 양의 마약을 먹고 뇌 용량이 계속 증가하여 결과적으로 100%를 활용한다. 감독이 전달하고 싶은 메시지가 마지막 부분에 나오는데 "I am everywhere 나는 어디에도 있다"는 표현이다. 육체에 속박 받지 않고 우주에 펼쳐진 時空間과 일치할 수만 있다면 자유로워질 것이다. 나를 구속하는 모든 것들로부터 벗어나 경계에 걸리지 않는다. 중력으로 내 육체가 만들어졌고 그 속에 갇혀 벗어나지 못하는 우주 어미의 본성을 되찾을 것이다. 10%의 뇌도 활용하지 못한다는 복선은 인간의 가치는 100%이었는데 90% 이상 속박당하여 자유를 상실한 채 살아가고 있다는 뜻이다. 속박에서 벗어나 자유로울 수만 있다면 神과 같은 존재다.

쇼생크는 감옥에서 탈출하여 자유를 찾고, 루시는 100% 뇌 사용량을 회복하여 시공간에 자유로워진다. 老子는 육체와 물질에 갇혀있지 말고 無爲에 이르라고 요구하며, 소강절은 천지를 만든 주인처럼 살라고 한다. 모두 공통적으로 주인처럼 살지 않을 거냐고 묻는다.

내가 神이라는 것을 어떻게 깨달아야 할까? 힌트를 주는 영화가 "매트릭스"다. 1편 초입에 나오는 대사가 있다. "네오, 너는 노예다. 너는 정신을 통제받는 가짜 세상에 살고 있지." 마지막 부분에서는 "나는 사람들에게 경계가 없는 세상을 보여주겠다. 어떤 것도 가능한 세상임을 보여주겠다."고 말한다. 100% 뇌를 활용한다는 의미와 다를 바 없지만 아직 해결하지 못한 문제가 있다. 나는 누구의 노예인가? 나를 노예로 만드는 것은 누구인가? 그리고 어떻게 해야 자유로워지는가에 대해서는 여전히 답하지 못하고 있다. 道德經을 공부하는 과정에 이 물음에 대한 답을 얻을지도 모른다.

爲學日益 爲道日損 위학일익 위도일손

學은 행할수록 축적되는데 도는 행할수록 줄어든다. **學**은 무엇이고, **道**는 무엇인지 명확하지 않다. 무엇을 배우면 안 되고, 어떻게 덜어내 無爲에 이를까?

損之又損, 以至於無爲 손지우손 이지어무위

덜어내고 덜어내면 無爲에 이른다. 주의할 문장이 至於다. 덜고 덜어서 無爲로 돌아갈 수 있다. 老子가 생각하는 끝은 바로 빅뱅의 순간이다. 물질이 생겨나기 이전의 상태다. 또 無爲에 이르면 어떤 상태일까? 老子의 주장은 명확하다. 無爲는 바로 丁-壬-癸가 균형을 이룬 有物混成 상태로 언제든 물질과 육체를 만들 수 있는 부드러운 상태다.

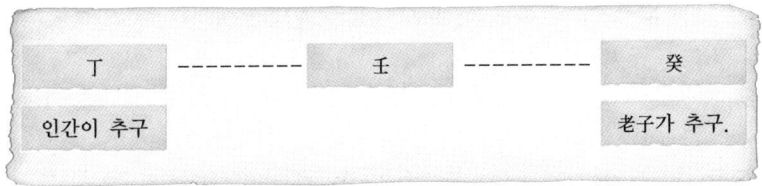

인간은 돈, 명예, 물질, 권력, 명성에 집착하고 채우려 한다. 영화 "루시"에 나오는 그 대사 바로 "인간은 소유에만 집중하고 존재에 관해서 관심을 두지 않는다."는 의미다.

爲學日益 爲道日損 위학일익 위도일손

이 문장을 다시 살펴보면, 학을 행할수록 늘어가지만, 도를 행할수록 점점 줄어든다. 學을 행할수록 늘어가는 것은 色界의 탐욕이 늘어가는 것이다. 돈, 명예, 물질, 권력을 위한 공부를 하지만 본성에서 멀어져간다. 道는 물질을 축적하기 위한 것이 아니다. 無爲에 이르려면 돈, 명예, 물질, 권력 욕망을 덜어내라고 한다.

損之又損 以至於無爲 손지우손 이지어무위

계속 덜어내다 보면 無爲로 이루어진 경계에 이른다. 사실 어려운 표현이다. 우리가 무위를 이해하지 못하는 이유다. 우리는 더 많이 소유하고자 몸부림치는데 老子는 끝없이 덜어내라고 한다. 老子는 죽음을 향하는 탐욕이 불쌍해 보였던 것이리라.

無爲而無不爲 무위이무불위

무위로 이루지 못하는 것이 없다. 138억 년 동안 누가 作爲를 했던가? 인간도 하지 못했다. 장구한 시간 속에서 인간은 기껏 수백 만 년의 존재에 불과하다. 모든 것이 극히 자연스럽게 현재에 이르지 않았는가?

取天下常以無事 취천하상이무사
천하를 취하면 항상 無爲로 이루어진다. 천하를 취한다는 뜻은 왕이 나라를 다스린다는 뜻이 아니다. 道를 따르면 모든 것이 無爲로 이루어지는 것이다.

及其有事 不足以取天下 급기유사 부족이취천하
억지로 하려면 천하를 충분하게 취하지 못한다. 인위가 개입되었다. 억지스러움이 생긴다. 결과적으로 時間을 거스르고 문제가 생긴다. 다른 각도에서 무위에 이르는 방법을 살펴보자.

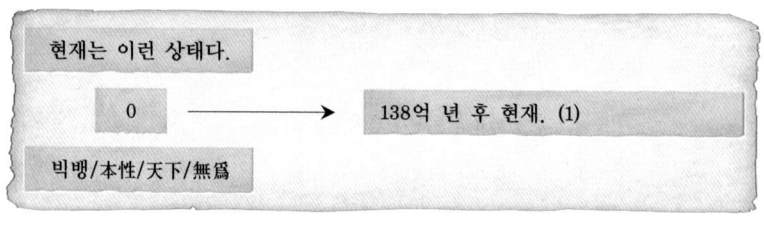

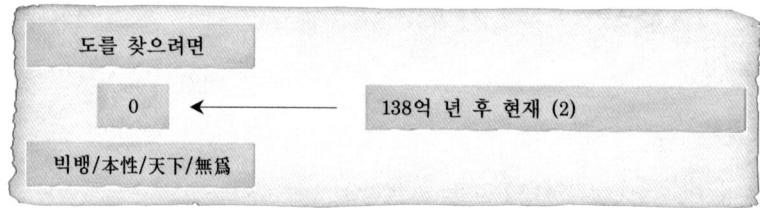

"빅뱅의 순간"으로 돌아가 현재와의 사이에 어떤 차이가 있는지 살핀다. 가장 큰 차이는 육체와 물질의 세상을 살아간다. 무위에 이르려면 빅뱅 당시에 없었던 것들을 하나씩 버리는 것이다. 老子는 축적되어 왔던 탐욕들을 덜어내면 無爲로 돌아갈 수 있다고 주장한다. 사실 우리는 자신도 모르게 다양한 방법으로 돌아가려고 노력한다. 종교, 명리, 철학, 수행, 참선 등 다양한 시도를 하는데 여전히 자유로워지지 않는다.

위에서 언급한 것처럼, 자유의 정체를 모르기 때문이며 무엇으로부터 자유를 원하는지도 모른다. 자유를 얻었다고 해도 자유가 무언지 모른다. 自由도 時間처럼 손에 잡히지 않는 불분명하고 모호한 것이다. 세상에는 모호한 것들이 너무도 많다.

사실 1과 2 사이에는 중요한 차이가 있다. 바로 有無를 규정하는 기준이다. 존재하지 않다는 것과 존재하다 만큼의 차이이다. 영화 루시에서 "존재를 규정하는 것은 시간이다."라는 표현만큼 차이가 있다. 빅뱅의 순간이 色界의 존재를 규정했다. 따라서 빅뱅의 순간에서 존재가치를 찾아야 한다. 老子의 주장을 이해하는 빠른 방법은 四季圖의 의미를 파악해보는 것이다.(四季圖는 뒤에서 다시 다룰 것이다)

癸乙 봄	丙庚 여름
壬甲 겨울	丁辛 가을

봄에는 癸乙로 부드러운 에너지로 생명체의 성장을 촉진한다. 老子는 이런 이치를 따르라고 한다. 여름에 빛을 받아들이고 열을 축적하면 중력이 쌓이고 가을에 죽음에 이른다. 老子가 물처럼 살라, 아이처럼 부드럽게 살라고 계속 강조하는 이유다. 丙庚 色界에 나가지 말라는 이유도

재물, 권력, 욕망을 탐하면 목숨을 재촉하기 때문이다. 여기에 丁壬癸도 함께 비교해 보자.

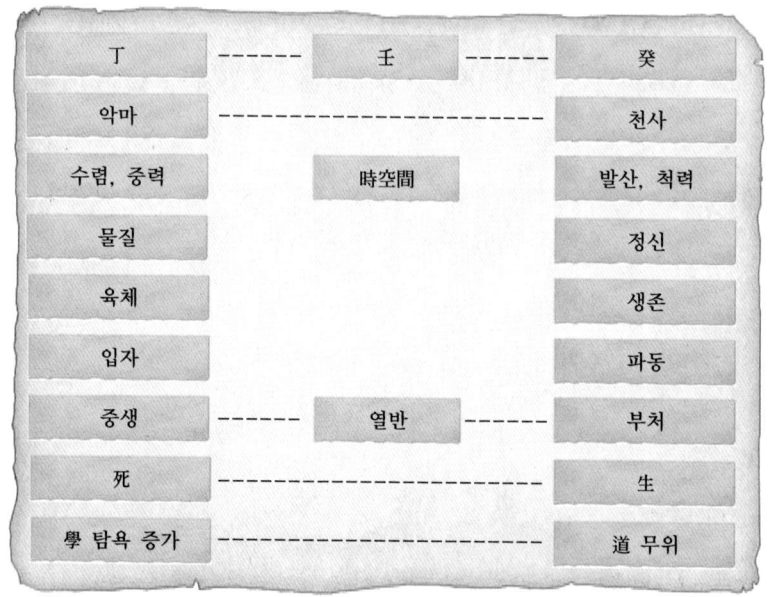

주의할 점은, 비록 대칭구도지만 丁壬癸는 멈추지 않고 회전한다. 중간에서 균형을 맞추는 존재가 壬(樸)이다. 완벽한 균형은 無이고 차이가 생기면 空이며 물질이 생겨나면 色이다. 이때 회전하는 움직임은 매우 중요한 의미를 갖는다. 우리 마음이 회오리임을 깨우치면 많은 것을 이해한다. 수시로 흔들리는 것도 회오리 때문이다. 왜 흔들리는가? 왜 괴롭다가 즐겁고 즐겁다가 괴롭고 서로 다른 나를 만나는가? 회전하기 때문이다. 중력도 척력도 모두 내 속성이며 원자처럼 동시다발적으로 입자로, 파동으로 반응한다. 이런 에너지를 육체에 장착한 우리 마음은 한순간도 멈추지 않는다.

우리의 뇌가 한시라도 얌전하게 있는가? 육체를 버리고 無로 돌아가도 丁壬癸는 멈추지 않는다. 새로 육체를 얻어도 회오리 작용은 멈추지 않는다. 따라서 <u>우주 어디에도 멈춤은 없으니 멈추려는 노력은 무의미하고 오히려 더 괴로워질 수도 있다.</u> 道는 움직임이다. 老子의 주장은 한결같다. 빅뱅의 순간에 머물라는 것이다. 항상 生氣와 함께하기 때문이다. 물형을 딱딱하게 만드는 丁(중력, 탐욕)쪽으로 가지 말라고 한다. 죽음을 재촉할 뿐이다. 내 마음이 괴로운 이유는 <u>현재의 시간에 만족하지 못한 것</u>이다. 육체를 가졌기에 물질 쪽으로 에너지를 집중하면서 색계에 머물려는 성향이 강해져간다. 老子는 學을 행하면 이런 욕망이 더욱 강해지는 것으로 보았다. 탐욕만 늘고 마음이 괴로울 것이며 죽음을 재촉할 것이라고 한다.

爲學日益 爲道日損

정리하면 學은 知와 智를 만들어내는 원천이고 3章 不尙賢(불상현)처럼 尙賢을 만들어내는 근원적인 문제다. 결과적으로 貴難得之貨(귀난득지화)의 문제를 만들고 백성들을 부러움, 시기, 질투, 경쟁, 탐욕에 빠트린다. 또 13章 寵辱若驚(총욕약경)으로 극히 불안정해지는 심리상태를 만들어내는 원천이다. 老子는 이것을 덜어내라는 것이다.

이제 우리는 무엇으로부터 자유를 원하는가에 답해보자. <u>時間으로부터 자유</u>다. 내 욕망의 불만족으로부터 자유다. 모든 것에 만족하면 자유가 필요 없다. 만족과 불만족은 시간이 만든다. 내가 시간을 평가해서 시비가 생겨난다.

  그렇다. 우리는 만족스럽지 못한 시간 때문에 내 자유를 구속받는다. 결론적으로 自由와 老子의 有物混成은 연결되어 있다. 마구 섞여 시작도 끝도 없기에 不可致詰(불가치힐)로 분별이 없는데 우리는 그것을 자꾸만 분별하기에 자유를 잃어버린다.

任性合道 임성합도	本性에 맡기어 道와 하나 되면
逍遙絕惱 소요절뇌	자유롭게 번뇌를 끊어낸다.

道德經 63章 – 흐름에 순응하라

> 爲無爲 事無事 味無味
> 위 무 위　사 무 사　미 무 미
>
> 大小多少 報(執)怨以德
> 대 소 다 소　보 (집) 원 이 덕
>
> 圖難於其易 爲大於其細
> 도 난 어 기 이　위 대 어 기 세
>
> 天下難事 必作於易
> 천 하 난 사　필 작 어 이
>
> 天下大事 必作於細
> 천 하 대 사　필 작 어 세
>
> 是以聖人終不爲大 故能成其大
> 시 이 성 인 종 불 위 대　고 능 성 기 대
>
> 夫輕諾必寡信 多易必多難
> 부 경 낙 필 과 신　다 이 필 다 난
>
> 是以聖人猶難之 故終無難矣
> 시 이 성 인 유 난 지　고 종 무 난 의

• 의역 •

無爲로 행하고, 억지로 처리하지 말며, 맛없음을 맛으로 느끼라. 큰 것을 작게 여기고, 많은 것을 적게 여겨라. 원한을 德으로 갚으라. 큰 문제를 처리하려면 쉬울 때부터 도모하고, 큰일을 도모하려면 자잘한 것부터 잘 처리한다. 천하의 어려운 일도 쉬운 일에서 시작되고, 천하의 대업도 작은 일에서 시작되었다. 따라서 聖人(道)은 큰일을 도모하지 않으면서도 크게 이룬다. 경솔하게 승낙하면 약속을 지키지 못하며, 쉽게 생각하면 반드시 어려움에 처한다. 따라서 聖人은 쉬운 일도 어렵게 여기기에, 어려운 상황에 봉착하지 않는다.

63장은 현실에서 활용하는 無爲를 설명하고 있는 것처럼 보인다. 하지만 여전히 一이 행하는 無爲를 살피고 있다.

爲無爲 事無事 味無味 大小多少 報怨以德
위 무 위　사 무 사　미 무 미　대 소 다 소　보 원 이 덕

無爲로 행하고, 억지로 처리하지 말며, 맛없음을 맛으로 느끼라. 큰 것을 작게 여기고, 많은 것을 적게 여겨라. 원한을 德으로 갚으라. 老子는 참으로 어려운 요구를 하고 있다. 爲無爲 만물의 자연스러운 변화를 따르되 감히 어찌 해 보려지 말라. 거스르지 말고 순응하라. 역행하면 人爲로 바뀌고 집착할 것이다. 事無事 일도 자연스럽게 처리해야 한다. 억지로 일을 만들면 문제만 생긴다. 味無味 달마의 표현과 동일하고 信心銘의 간택하지 말라는 의미와 대동소이하다. 옳다 그르다 판단 말라. 오고 감에 휘둘리지 말라. 맛이 전혀 없는 것처럼 맛을 느끼라. 맛에 취해서 분별하고 잣대를 들이대서 집착과 애증이 생기지 않게 하라. 35장의 道之出口 淡, 無味로 色界를 멀리하라는 다른 표현이다.

大小多少 이 문장의 이해는 어렵지 않지만 老子의 생각을 따라 가보면, 큰 것을 크다고 느끼면 탐욕이 생기고 많음을 많다고 느껴도 역시 탐욕이 생긴다. 따라서 大多에 집착하지 말라는 뜻이다. 크고 작고 많고 적음을 시비하면 원한만 생길 뿐이다. 분별을 없애면 원한도 생기지 않을 것이다.

圖難於其易 爲大於其細 도 난 어 기 이　위 대 어 기 세
큰 문제를 처리하려면 쉬울 때부터 도모하고, 큰일을 도모하려면 자잘한 것부터 잘 처리한다. 시간에 거스르지 않으려면 차근차근 준비하면 될 것이

다. 집착하지 않고 억지로 도모할 일도 없다. 이것이 爲無爲, 事無事다.

天下難事 必作於易 天下大事 必作於細
_{천 하 난 사　필 작 어 이　천 하 대 사　필 작 어 세}
천하의 어려운 일도 쉬운 일에서 시작되고, 천하의 대업도 자잘한 일에서 시작된 것이다.

是以聖人 終不爲大 故能成其大 _{시이성인　종불위대　고능성기대}
따라서 성인은 큰일을 도모하지 않으면서도 크게 이룰 수 있다. 논조가 어렵지 않다. 큰 문제가 생긴 후에서야 문제를 해결해보려 하기에 有爲, 억지스럽게 처리하고 문제가 생긴다. 여기에서도 聖人은 無爲를 실행하는 자로 인간을 지칭하는 것이 아니다. 時間으로 이해해도 무리가 없다. 시간은 순차적으로 흘러 모든 것을 이루기 때문이다.

夫輕諾必寡信 多易必多難 _{부경낙필과신　다이필다난}
경솔하게 승낙하면 반드시 약속을 지키지 못하며, 쉽게 생각하면 반드시 어려움에 처한다.

是以聖人猶難之 故終無難矣 _{시이성인유난지　고종무난의}
따라서 성인은 쉬운 일도 어렵게 여기기에, 어려운 일에 봉착하지 않는다. 순응하는 자세로 살면 어려운 일에 봉착할 이유가 없다. 이 章은 현실에 비유하여 無爲의 의미를 설명하고 있다. 聖人을 時間으로 바꾸어 살피면 극히 쉬워진다. 聖人은 의인화된 道다.

道德經 27章 - 스스로 그러한 것

善行無轍迹 善言無瑕謫 善數不用籌策
선 행 무 철 적　선 언 무 하 적　선 수 불 용 주 책
善閉無關楗 而不可開 善結無繩約 而不可解
선 폐 무 관 건　이 불 가 개　선 결 무 승 약　이 불 가 해
是以聖人常善救人 故無棄人
시 이 성 인 상 선 구 인　고 무 기 인
常善救物 故無棄物 是謂襲明
상 선 구 물　고 무 기 물　시 위 습 명
故善人者 不善人之師 不善人者 善人之資
고 선 인 자　불 선 인 지 사　불 선 인 자　선 인 지 자
不貴其師 不愛其資 雖智大迷 是謂要妙
불 귀 기 사　불 애 기 자　수 지 대 미　시 위 요 묘

•의역•

만물에 깃든 無爲로 이루는 선한 행위들은 자취를 남기지 않고, 선한 말은 흠이 없으며, 선한 헤아림에는 손익을 따지지 않는다. 선하게 잠그면 빗장이 없어도 열지 못하며, 선하게 맺으면 묶지 않아도 풀 수가 없다. 따라서 聖人은 항상 선한 마음으로 사람을 구하며 그 누구도 포기하지 않는다. 항상 선하게 만물을 구하기에 포기할 만물이 없으며 이것을 襲明이라 한다. 따라서 善人은 不善人의 스승이고, 不善人은 善人의 자본이다.

道의 이치를 깨달은 사람은 그렇지 않은 사람의 스승이요, 깨닫지 못한 자는 깨달은 자에게 자본(본보기)과 같다. 스승을 귀하게 여기지 않고, 자본(본보기)을 사랑하지 않으면 비록 물질적으로는 지혜로울지 몰라도 크게 어지러울 것이니, 이것을 요묘라 부른다.

"빅뱅인가 창조인가"라는 책이 있다. 神이 우주를 창조하지 않았다는 스티븐 호킹의 주장을 반박하는 책이다. 神이 우주를 창조했기에 행위자가 있지만, 과학에서 설명하는 빅뱅은 행위자가 없기에 불가능하다는 주장이다. 老子는 천지창조 과정을 道生一로 표현하였다. 따라서 우리가 道의 정체, 一의 정체를 명확하게 밝히지 못하면 道德經 망령에서 한 치도 벗어나지 못한다. 과연 道와 一은 스스로 그러한 것인가 아니면 神처럼 우주를 창조하는 행위자인가?

道德經 전반을 살피면, 老子의 생각은 행위자가 아니라 자발적 의지를 가진 존재이다. 우주어디에도 神아닌 것이 없다. 빅뱅 이전도 有物混成으로 움직이고 빅뱅 이후 원자의 세계에서도 끊임없는 움직인다. 神의 生氣를 퍼트리려는 의지를 따르는 행위들이 우주 어디에서도 이루어지고 있다. 이처럼 우주 전역에 펼쳐진 모든 것이 生氣의 주체이자 神의 의지다. 27章도 "스스로 그러한 것" 無爲에 대한 설명이다. 인간의 의지와 상관없이 스스로 그러하다.

善行 無轍迹 선행 무철적　선한 행위는 자취를 남기지 않고
善言 無瑕謫 선언 무하적　선한 말은 흠이 없으며
善數 不用籌策 선수 불용주책　선한 헤아림에는 손익을 따지지 않으며
선한 행위, 언어, 헤아림은 스스로 그러하기에 인간의 잣대로 옳고 그름을 판단할 수 없다. 따라서 흔적이 없고, 흠이 없으며, 손익을 따지지 않는다. 극히 자연스럽다.

善閉無關楗 而不可開 善結無繩約 而不可解
선 폐 무 관 건 이 불 가 개 선 결 무 승 약 이 불 가 해
선하게 잠그면 빗장이 없어도 열지 못하며. 선하게 맺으면 묶지 않아도 풀 수가 없다. 이 두 표현은 무위로 이루어지는 행위는 극히 자연스럽고 어떤 상황에서도 문제를 일으키지 않는다는 것을 강조하고 있다.

是以聖人 常善求人 故無棄人 시이성인 상선구인 고무기인
따라서 성인은 항상 선한 마음으로 사람을 구하며 그 누구도 포기하지 않는다. 道가 만들어낸 一은 만물의 내부에 깊이 스며들어 道의 본성에 따른다. 이 문장에서도 聖人은 왕이나 도인이 아니다. 老子는 道와 無爲의 본질은 선하기에 근본적으로 악한 생명체는 없다고 본다. 굳이 성선과 성악을 따진다면 老子는 성선 쪽에 기울어져 있다. 이 문장은 62章의 人之不善, 何棄之有 (인지불선 하기지유)와 연결되어 있다. 생명체들 내부에는 道가 깊이 존재하는데 겉으로 불선하다고 포기할 수는 없는 것이다.

常善求物 故無棄物 是謂襲明 상선구물 고무기물 시위습명
항상 선하게 만물을 구하기에 포기할 만물이 없으며 이것을 襲明이라 한다. 이 문장도 만물에 스며들어 내재된 道로 이루어지는 無爲를 설명하며 인간의 행위가 아니다. 위 문장에서 생명체를 언급하였고 이 문장에서 물질을 언급하였다. 만물을 이롭게 하려는 道의 의지는 우주 어디에도 펼쳐져 있다.

故善人者 不善人之師, 不善人者 善人之資
고 선 인 자 불 선 인 지 사 불 선 인 자 선 인 지 자
따라서 善人은 不善人의 스승이고, 不善人은 善人의 자본이다. 이 문장은 해석하기 까다롭다. 老子는 계속 無爲의 움직임을 설명하면서 常善求人 故無棄

人 이라 표현했다. 즉, 無爲는 항상 선하게 구하며, 절대로 포기하지 않는다. 이 표현은, 본성은 道를 따르기에 극히 선하다는 것이다. 만물을 이롭게 하고 생기를 퍼트리기 때문이다. 이런 이치에 따르면, 비록 당장 道를 이해하지 못하더라도 포기하지 말고 교화시켜야 한다고 주장한다.

위에서 살폈던 62章 道者萬物之奧(도자만물지오), 道는 이미 만물 내면에 존재한다. 善人之寶 선인의 보물이며 不善人之所保 道의 존재를 느끼지 못하는 사람도 지녀야할 것이다. 지니고 있으면서도 그 존재를 모를 뿐이다. 표현만 다를 뿐 동일한 의미다. 즉 내면 깊은 곳에 만물을 이롭게 하는 본성을 가지고 있으니 그것을 깨달은 자에게는 보물과 같고, 깨닫지 못했다고 하더라도 반드시 깨우쳐야할 것이다. 이 문장을 다시 해석해보자.

故善人者 不善人之師
道를 깨달은 사람은 그렇지 않은 사람의 스승이요

不善人者 善人之資
깨닫지 못한 자는 깨달은 자에게 자본(본보기)과 같다.

不貴其師 不愛其資 불귀기사 불애기자
스승을 귀하게 여기지 않고, 자본(본보기)을 사랑하지 않으면. 道와 無爲를 깨달은 자를 본받지 않고, 道와 無爲를 깨닫지 못한 자의 행위를 통하여 경각심을 게을리 하면

雖智大迷 是謂要妙 수지대미 시위요묘
비록 지혜로우나 크게 어지러울 것이니, 이것을 요묘라 부른다. 智는 48章에서 언급했던 덜어내야만 하는 學을 상징한다. 즉, 道와 無爲의 본성을 이해하지 못하고 色界에서 필요로 하는 것만 배우고 學을 나쁘게 활용하여 탐욕을 부리는 것이 智다. 따라서 色界에서는 지혜로워 보이지만 道에서는 갈수록 멀어지기에 크게 어지럽다. 智는 덜어내야만 하고 축적할 성질의 것이 아니며 이런 차이를 깨닫는 것을 要妙(요묘)라 부른다.

道德經 7章 - 天長地久

> 天長地久 天地所以能長且久者
> 천 장 지 구　천 지 소 이 능 장 차 구 자
> 以其不自生 故能長生
> 이 기 불 자 생　고 능 장 생
> 是以聖人後其身而身先 外其身而身存
> 시 이 성 인 후 기 신 이 신 선　외 기 신 이 신 존
> 非以其無私邪 故能成其私
> 비 이 기 무 사 야　고 능 성 기 사

•의역•

天地는 長久하다. 천지가 장구할 수 있는 까닭은 스스로 살려고 하지 않기 때문이다. 聖人은 정체를 드러나지 않고 몸을 뒤로 무르기에 오히려 앞에 존재하고, 자신을 밖에 두기에 내부에 존재할 수 있다. 사사로움이 없기 때문에 진정한 道(私)를 이룰 수 있다.

老子가 주장하는 道는 始初의 본질이자 어디에도 존재하는 어떤 것이다. 하지만 老子도 정체를 모른다는 것이 아이러니다. 우주를 주물럭거리지만, 무엇이라 불러야 할지 모른다. 이름을 억지로 붙이면 道요, 운행원리를 聖人, 無爲 등 수많은 이름으로 표현한다. 聖人이라는 용어를 활용하여 道의 경지가 깊은, 혹은 위대한 인물일 것이라는 선입관을 갖게 만들고, 聖人은 이러저러하게 행동한다는 의인화된 표현에 속아서 해석에 어려움을 겪는다. 이 章에서는 時間을 활용해서 해석해보자. 위에서 간략하게 언급하였지만 시간의 정체도 여전히 오리무중이다. 시간의 정체를 파악하기 위해 헌신한 사람들의 표현은 이렇다.

1. 시간이 무언지 잘 모르겠다.
2. 시간은 흐르지 않는다.
3. 시간은 과거도 없고 미래도 없으며 오로지 현재만 존재한다.
4. 시간 그 자체는 변화가 없기에 시간의 역사는 없다.

天長地久 천장지구
天地는 장구하다. 천지는 영원하다. 하늘은 長, 땅은 久를 활용하였다. 시간은 영원하고 공간은 오래도록 존재한다.

天地所以能長且久者 以其不自生 故能長生
천 지 소 이 능 장 차 구 자   이 기 불 자 생   고 능 장 생
천지가 장구할 수 있는 까닭은 스스로 살려고 하지 않기 때문이다. 끊임없이 움직이며 만물을 이롭게 하지만 의도나 목적이 없다. 時間이 순환하는 이

치에는 아무런 이유가 없다. 우주가 탄생한 이유 따위는 없는 것이다.

是以聖人後其身而身先 外其身而身存
시 이 성 인 후 기 신 이 신 선   외 기 신 이 신 존

따라서 성인은 몸을 뒤로 물러나기에 오히려 앞에 존재하고, 자신을 밖에 두기에 내부에 존재할 수 있다. 오로지 시간의 특징이 이러하다. 시간은 어디에도 존재한다.

非以其無私邪 故能成其私 비 이 기 무 사 야   고 능 성 기 사

사사로움이 없기 때문에 진정한 道(私)를 이룰 수 있다. 私는 우리가 생각하는 사사로움이 아니며 聖人은 공정하기에 사사로움을 이룬다. 도는 사심 없는 행위를 하며 그런 방식으로 우주를 운용하기에 무심한 것이다. 차별이 없다. 목적이 없으며 빅뱅 하니 그냥 그런 것이다. 이것이 無私로 사사로움을 이룬다.

이 章의 대부분 해석은, 天地가 먼저 나오고 聖人이 나중에 나오기에 천지가 만들어낸 聖人으로 간주한다. 위대한 인간을 聖人으로 설정하고 그 행위를 배우고 따라야 한다고 번역한다. 聖人은 과연 그런 의미일까? 6章에 현빈지문(玄牝之門)은 천지근(天地根)이란 표현이 나온다. 검은 암컷의 문은 천지의 뿌리다. 따라서 天地는 지구로 이해해야 어울리고 聖人은 지구에 생기를 불어넣는 주체로 보아야 한다. 天地가 聖人을 만든 것이 아니고 聖人이 天地를 운용한다. 長久의 주체가 天地와 聖人이다. 다만, 天地는 만물을 품는 주체요, 聖人은 생명체를 품는 주체라

는 차이가 있다.

만약 天地와 聖人을 구분하고 싶다면, 천지가 스스로 한다는 의미가 아니라 聖人이 이렇게 저렇게 해주니까 天地 不自生, 天地는 스스로 생하지 않는다고 이해하는 것도 한 방법이다. 강조하고 싶은 것은, 극히 뛰어난 인간이 聖人이라고 간주하면 전체 해석이 틀어지고 만다. 이제 聖人의 정체를 時間으로 설정해보자. 不自生의 의미를 시간으로 살피면 어렵지 않다. 天地는 스스로 살려고 하지 않는다. 인간처럼 억지스러운 의도를 가지고 행하는 것이 아니다. 天地는 不自生으로 어떻게 행동하는지 다음 문장에서 설명한다.

是以聖人後其身而身先 外其身而身存 非以其無私邪
故能成其私
따라서 성인은 몸을 뒤로 물러나기에 앞에 나서고, 밖에 존재하기에 내부에 존재할 수 있다. 사사로움이 없기에 진정한 도(私)를 이룬다. 天地가 長生할 수 있는 이유는 성인의 이런 행동 때문이다. 道德經에서 드러난 聖人의 성격이나 행동은 굉장히 독특하다. 어떻게 몸을 뒤로 물러나는데 앞으로 나서고 밖에 존재하는데 또 내부에 존재할 수 있을까?

是以聖人後其身而身先 外其身而身存
성인은 뒤에도 앞에도 외부에도 내부에도 존재한다. 오로지 時間만이 어디에도 존재한다. 천지가 장구할 수 있는 이유는 時間(聖人)이 천지와 함께하기 때문이다. 언제 어디에도 존재하며 無爲로 행한다. 이런 이유로 시간은 若存의 상태다. 존재하는 듯, 존재하지 않는 듯. 인간은 시간의 정체를 모른다.

시간(聖人)의 本性이 天地의 본성이기에 天地는 不自生이다. 천지의 본성이 인간의 본성이기에 인간도 不自生해야 하는데 그렇지 못한 이유는 중력에 묶인 욕망 때문이다. 時間은 無私로 행하기에 과거도 현재도 미래도 없고 좋고 나쁨도 없는데 인간만이 시간에 가치를 부여하고 길흉을 분별하여 고통 받는다.

道에 이르고 싶다면 시간을 간택 하지 말라. 번뇌에서 벗어나려면 時間에 가치를 부여하지 않으면 된다. 하지만 우리는 한시도 멈추지 않고 끊임없이 간택한다. 중력이 내 몸을 감싸고 있기 때문이다. 이제 조금은 느꼈을 것이라 믿는다. 聖人을 時間으로 바꿔서 읽으면 <u>道를 깊게 닦은 사람</u>이라는 착각과 오류에서 빠져나올 수 있음을. 다시 강조하지만 聖人은 사람이 아니다.

道德經 9章 – 공을 이루면 몸을 물린다

持而盈之 不如其已
지 이 영 지　불 여 기 이

揣而銳之 不可長保
취 이 예 지　불 가 장 보

金玉滿堂 莫之能守
금 옥 만 당　막 지 능 수

富貴而驕 自遺其咎
부 귀 이 교　자 유 기 구

功遂身退 天之道
공 수 신 퇴　천 지 도

• 의역 •

가득 채우려하지 말고 만족할 줄 알아야 한다. 날카로움은 오래 유지하기 어렵다. 금은보화는 절대로 지켜내지 못하며 부귀하고 교만하면 허물만 남길 뿐이다. 공을 이루면 몸을 뒤로 물리는 것이 하늘의 도리다.

생氣를 머금은 생명체들은 동일한 본성을 가지고 있다. 이기심이다. 그렇다고 육체를 갖기 이전의 본성도 이기심이라는 것은 아니다. 빅뱅의 순간에 결정된 본성은 丁壬癸로 利己와 利他가 회오리치면서 이기에서 이타로, 이타에서 이기로 변화한다. 성선도, 성악도 아니며 선악이 한 몸통으로 회오리친다. 분리될 성질의 것이 아니기에 반드시 兩分해야만 직성이 풀리는 인간의 노력은 문제를 일으킨다. 이것이 老子가 주장하는 有爲다.

인간은 어쩌다가 이기적이 되었을까? 가장 큰 원인은 중력 때문이다. 지구가 생성되고 경계가 정해지면 텅 빈 공간에는 없었던 利己가 생겨난다. 내편과 네편을 가르고 분별하기 시작한다. 인간은 많은 것을 내쪽으로 끌어오려는 본능을 가졌다. 老子는 이런 인간의 행위는 죽음을 재촉한다고 보았다. 중력으로 재물을 축적할수록 인체는 딱딱해진다. 죽음을 재촉하는 재물을 탐하다 죽는다. 老子는 9장에서 이런 행위를 경계하고 있다.

持而盈之 不如其已 揣而銳之 不可長保
지 이 영 지 불 여 기 이 취 이 예 지 불 가 장 보

가득 채우기보다는 만족할 줄 알아야 한다. 날카로움은 오래 유지하기 어렵다. 이런 老子의 주장은 "自然循環圖"(마지막 章에서 다룰 것이다)로 이해하면 이치가 명확해진다. 영원한 시간을 흐르는 과정에 물질계를 상징하는 삼각형 두 개 중에서 하나의 꼭짓점은 위를 향하고, 다른 하나는 아래를 향한다. 위를 향한 꼭짓점은 물질의 극점을 상징한다. 色界의 상징인 권력, 재물, 명예, 화려함 등 욕망의 극점이다. 아래를 향한 꼭지 점은 영혼의 세계요 물

질계의 가장 밑바닥이다. 老子의 辱스러움이자 樸으로 본질이다. 9章에서 주장하는 의미는 위를 향한 꼭지, 인간욕망의 극점에 이르기 전에 내려오라는 것이다. 老子는 왜 이런 주장을 했을까? 움직임과 변화는 만물을 수시로 변하게 만들어버린다. 하늘도 반나절을 넘기지 못하는데 인간의 욕망, 재물과 권력인들 유지되는가? 모두 한순간의 꿈이다.

金玉滿堂 莫之能守 富貴而驕 自遺其咎
금 옥 만 당 막 지 능 수 부 귀 이 교 자 유 기 구

금은보화는 절대로 지켜내지 못하며 부귀하고 교만하면 허물만 남길 뿐이라. 분수에 넘치는 금은보화를 지니면 악살 맞는다. 물질을 가득 채우면 반드시 대가가 따른다. 그중 하나가 육체가 상하는 것이다. 사실 富貴 자체는 교만한 것이 아니다. 남의 것을 시기, 질투하는 사람들이 만들어낸 고질병이 교만이다. 얻기 어려운 재물을 귀하게 여기고 그 것을 소유한 사람들을 시기하고 질투하기에 교만해져 결과적으로 허물을 남긴다. 쉬운 예로 권력을 남용하는 것이다.

功遂身退, 天之道 공수신퇴 천지도

공을 이루면 몸을 뒤로 물리는 것이 하늘의 도리다. 이 章의 핵심이자 無爲의 다른 표현이다. 이 표현도 크게 와 닿지 않는다. 무엇이 功이고 왜 몸을 뒤로 물러야 하며 그런 행위가 왜 하늘의 도리인지 불분명하다. 하지만 時間의 특징을 이해하면 老子의 주장이 명확해진다. 시간(聖人)은 절대로 현재의 상태를 유지하지 못하게 만들어버린다. 우주, 지구 어디에도 이런 이치를 벗어나는 것은 아무것도 없다. 이런 이유로 <u>우주 본성은 움직임과 변화</u>다.

권력의 극점에 이르면 반드시 내려와야 하고 내려오지 않으면 추락하게 만들어버리는 주체가 時間이다. 時間이 동하고 시간이 원하는 것을 無爲로 이루고 극점에 다다르면 늙어가기 시작한다. 따라서 功은 인간이 만들어낸 공이 아니라 시간이 만든 것이다. 공을 이룬 時間은 스스로 물러나 인간의 교만함을 다스린다. 중력에 휘둘린 인간은 功을 집착하고 버리지 못하기에 고통 받지만 시간은 집착하지 않는다. 하늘의 法道가 그러하다. 공을 이루면 몸을 무른다. 소유하려는 집착은 부질없다. 지킬 수 없기 때문이다.

道德經 33章 - 無爲의 時間

> 知人者智 自知者明
> 지인자지 자지자명
> 勝人者有力 自勝者强
> 승인자유력 자승자강
> 知足者富 强行者有志
> 지족자부 강행자유지
> 不失其所者久 死而不亡者壽
> 불실기소자구 사이불망자수

• 의역 •

사람을 아는 자 지혜롭다. 스스로 아는 자는 밝다. 사람(만물)을 이기려는 행위에는 힘이 있다. 스스로 이기는 자는 강하다. 만족할 줄 알면 富요, 강하게 행함은 의지가 있다. 생기를 퍼트리고 만물을 이롭게 하려는 道의 본성을 잃지 않으면 오래 지속되며, 죽어도 죽지 않는 자는 영원하다.

知人者智 지인자지
사람을 아는 자 지혜롭다. 사람과 만물의 이치를 이해하는 자는 지혜롭다. 하지만 물질에 대한 지혜이지 진정한 가치를 가진 道를 향하는 지혜가 아니다.

自知者明 자지자명
스스로 아는 자는 밝다. 道와 無爲 그리고 자연의 순환 원리를 이해하는 자는 밝다.

勝人者有力 自勝者强 승인자유력 자승자강
사람(만물)을 이기려는 행위에는 힘이 있다. 스스로 이기는 자는 강하다. 위의 비유와 다를 것이 없다. 學은 축적하지만 道는 덜어낸다. 본질을 벗어난 변화는 허상에 불과하다.

知足者富 强行者有志 지족자부 강행자유지
만족할 줄 아는 것은 富요, 강하게 행함은 의지를 가졌다.

不失其所者久 死而不亡者壽 불실기소자구 사이불망자수
道의 본성을 잃지 않으면 오래 지속되며, 죽어도 죽지 않는 자는 영원하다. 이런 행위를 할 수 있는 자는 神, 道, 時間 뿐이다. 老子는 서로 다른 표현으로 시간의 영원함을 표현한다. 시간이 사람처럼 행하는 것이다. 時間은 無爲로 행하기에 근본을 잃지 않고 만물을 영원히 순환시키기에 죽어도 죽지 않는다.

本是山中人	나는 산에서 살아가는 촌놈이라네.
愛說山中話	하는 말이라고 모두 산 이야기뿐이라네.
五月賣松風	오월의 솔바람을 팔고자 하지만
人間恐無價	사람들이 그 가치를 모를까 저어하노라.

- 작자미상

道德經 34章 – 無爲의 위대함

> 大道氾兮 其可左右
> 대 도 범 혜   기 가 좌 우
> 萬物恃之而生而不辭
> 만 물 시 지 이 생 이 불 사
> 功成不名有 衣養萬物而不爲主
> 공 성 불 명 유   의 양 만 물 이 불 위 주
> 常無欲 可名於小
> 상 무 욕   가 명 어 소
> 萬物歸焉而不爲主 可名爲大
> 만 물 귀 언 이 불 위 주   가 명 위 대
> 以其終不自爲大 故能成其大
> 이 기 종 불 자 위 대   고 능 성 기 대

•의역•

대도는 넓고 넓어서 좌우 모두에 다다를 수 있다. 만물은 大道에 의지하여 생겨남에도 그 공을 자랑하지 않고, 공을 이루어도 소유하지 않는다. 사랑으로 만물을 기르면서도 주도하지 않고, 항상 無欲으로 대하기에 이름 하여 작다고 부를 수 있다.

만물은 道에 귀속되지만, 주인행세를 하지 않으니 이름 하여 大라고 부를 수 있고 스스로 크다고 하지 않기에 크게 이루는 것이다.

34장도 無爲의 특징을 설명하고 있다. 표현이 다르기에 달라 보이지만 계속 道者萬物之奧 만물 깊은 곳에 내재한 본성을 설명한다.

大道汜(泛)兮 其可左右 대도범혜 기가좌우
대도란 넓고 넓어서 좌우 모두에 다다를 수 있다. 좌우라는 표현은 부족해 보인다. 도는 암흑에너지처럼 우주 전체에 펼쳐진 것이다. 인간의 오감으로 분별하지 못할 뿐 그 존재가 미치지 않는 곳이 없다. 하늘 그물은 아무리 성기어도 미치지 않은 곳이 없으며 인체 내, 외부 어디에도 존재한다. 우리는 大道의 자식들이다.

萬物恃之而生而不辭 功成不名有 만물시지이생이불사 공성불명유
만물은 大道에 의지하여 생겨남에도 공을 자랑하지 않고, 공을 이루어도 이름을 가지려 하지 않는다. 이렇게 행하는 道의 정체를 알아야만 한다. 道를 時間으로 간주하면 이 문장의 뜻은 이렇다. 時間은 자연스럽게 흘러 만물을 이루고 번창하지만, 시간 자체는 존재도 없고 변화도 없기에 자랑하거나 이름을 갖거나 소유하려 하지 않는다. 道를 神이나 암흑에너지로 간주해도 뜻은 동일하다. 문장을 해석하는 것이 문제가 아니라 道의 정체가 무엇인가를 이해하는 것이 중요하다. 우리는 도의 실체를 파악하고자 한발 한발 나아가는 과정에 있다.

衣養萬物而不爲主 常無欲 可名於小
의 양 만 물 이 불 위 주   상 무 욕   가 명 어 소
사랑으로 만물을 기르면서도 주도하지 않고, 항상 無欲으로 대한다. 이름 하여 작다고 부를 수 있다. 우주 주인으로 생기를 퍼트리고 만들면서도 주인

행세를 하지 않으며 항상 무욕으로 대하는 행위를 小라고 부른다. 老子는 갑자기 小를 들고 나온다. 또 아래 문장에서는 大라고 부른다. 동일한 도의 성질을 대와 소로 상반되게 설명하지만, 빅뱅 이전을 설명할 때 살펴보았던 樸雖小의 표현을 기억하면 의미를 이해한다. 무한응축 되었지만, 천지창조의 어미다.

萬物歸焉而不爲主 可名爲大 만물귀언이불위주 가명위대
만물은 道에 귀속되지만, 주인행세를 하지 않으니 이름 하여 大라고 부를 수 있다. 우주의 주인이니 大다. 상상 불가한 우주를 창조했다. 만물을 내고 거두고, 살리고 죽이는 생장쇠멸 순환과정에 모두 관여하지만 스스로 그러할 뿐, 인위적 행위를 하지 않는다. 따라서 大小를 빅뱅 이전과 이후로 이해해도 문제는 없다.

以其終不自爲大 故能成其大 이기종불자위대 고능성기대
종래는 스스로 크다고 하지 않기에 이룸이 큰 것이다. 빅뱅이 발생한 것은 특별한 의도가 있는 것이 아니고 팽창과 수렴과정에 자연스럽게 발생한 우주의 大道 행위에 불과하다. 무슨 특별한 의미가 있을 것인가? 시간은 역사도 없고 변화도 없지만, 만물의 변화과정에 恒常하니 그것이 바로 道다.

道德經 24章 - 머물지 않는다

> 企者不立 跨者不行
> 기 자 불 립 과 자 불 행
> 自見者不明 自是者不彰
> 자 현 자 불 명 자 시 자 불 창
> 自伐者無功 自矜者不長
> 자 벌 자 무 공 자 긍 자 부 장
> 其在道也 曰餘食贅行
> 기 재 도 야 왈 여 식 췌 행
> 物或惡之 故有道者不處
> 물 혹 오 지 고 유 도 자 불 처

• 의역 •

까치발로는 오래 서있지 못하고 가랑이를 벌리고 걸으면 오래 걷지 못한다. 이런 움직임은 불편하여 무위의 본질과는 거리가 멀다. 無爲는 모든 것을 자연스럽게 이루면서도 아무것도 하지 않는 듯 보인다. 무위는 항상 스스로 존재를 드러내지 않고, 옳다고 주장하지도 않고, 자랑도 없고, 교만하지도 않다.

이런 행위들은 道의 본질을 벗어난 군더더기로 혐오스럽다. 따라서 道가 있는 곳에서는 절대로 머무르지 않는다. 머무르면 소유한 것에 집착하여 존재를 드러내고, 주장하고, 자랑하고, 교만해진다. 시간은 모든 일을 극히 자연스럽게 해내면서도 공을 이루면 스스로 물러나 사라진다.

24장도 겉으로는 배워야 할 도리를 설명하는 것처럼 보이지만 無爲를 표현하고 있다. 모든 것은 자연스럽게 이루어지기에 인간이 거스를 성질의 것이 아니다.

企者不立 跨者不行 기자불립 과자불행
까치발로는 오래 서있지 못하고 가랑이를 벌리고 걸으면 오래 걷지 못한다. 발 앞 축으로 서면 불안정하기에 오래 서 있지 못한다. 또 가랑이를 벌리고 걸을 수는 없다. 이렇게 불안정한 상태는 무위가 아니다. 跨는 양쪽 다리를 벌리고 말을 타는 모양으로 불편함을 뜻한다.

自見者不明 자현자불명   스스로 그 존재를 드러내면 밝지 못하고
自是者不彰 자시자불창   스스로 옳다고 주장하면 인정받지 못하고
自伐者無功 자벌자무공   스스로 자랑하면 공을 얻지 못하며
自矜者不長 자긍자불장   스스로 교만한 자 영화로움이 길지 못하다.

억지스러운 행위들은 바르지 않다. 스스로 드러내고, 뽐내고, 교만한 행위는 정당성을 인정받지 못한다.

其在道也 曰餘食贅行 物或惡之 기재도야 왈여식췌행 물혹오지
그것은 도에 있어서 남긴 음식과 같은 행위요, 혐오하는 것이다.

故有道者不處 고유도자불처

고로, 道가 있다면 머무르지 않는다. 道는 자연스럽게 이루어진다. 時間은 순차적으로, 무위로 이루기에 극히 자연스럽다. 절대로 머무르지 않으며 功遂身退로 미련 없이 떠난다. 시간은 自見, 自是, 自伐, 自矜할 이유가 없다.

道德經 73章 - 無爲의 兩面

> 勇於敢則殺 勇於不敢則活
> 용 어 감 즉 살   용 어 불 감 즉 활
>
> 此兩者 或利或害 天之所惡 孰知其故
> 차 양 자   혹 리 혹 해   천 지 소 오   숙 지 기 고
>
> 是以聖人猶難之
> 시 이 성 인 유 난 지
>
> 天之道 不爭而善勝 不言而善應
> 천 지 도   부 쟁 이 선 승   불 언 이 선 응
>
> 不召而自來 繟然而善謀
> 불 소 이 자 래   천 연 이 선 모
>
> 天網恢恢 疏而不失
> 천 망 회 회   소 이 불 실

• 의역 •

無爲는 억지로 함이 없다. 하지만 인간은 용기를 내어 감히 행동하다가 죽고, 감히 행동하지 않아서 오히려 죽지 않는다. 이 두 가지 행동은 좋기도, 나쁘기도 하지만 하늘이 진정으로 싫어하는 것이 무엇이고 그 이유가 무언지 어찌 알겠는가?

마치 용기를 내어 감히 행동하면 좋은 듯해도 죽음에 이를 뿐이니 성인조차도 利害를 구분하는 것을 어렵게 느낀다. 하지만 하늘의 도는 다투지 않고도 선하게 이기며, 말하지 않아도 선하게 호응하며, 찾지 않아도 스스로 찾아오며, 스스로 적절하게 도모할 수 있다. 하늘의 그물은 넓어 끝이 없고, 성기어도 소홀함이 없다.

73章도 우주에 펼쳐진 無爲를 설명한다. 우리가 평시에 인식하지 못하는 내면 깊숙한 곳에 숨겨진 道의 정체. 無所不在로 어디에도 존재하며 움직임과 변화에 개입하여 조화를 이루는 無有入無間의 본성이다. 독특한 점은 무엇이 옳고 무엇이 그른지 불분명하다. 옳고 그름이, 利害가, 善惡이 공존한다. 老子는 도의 움직임은 反이라고 설명하였다. 또 대칭과 순환의 원리, 한 쌍의 선악이 회오리치는 세상을 보는 노자의 생각이 담긴 곳이다. 이 章의 확장된 내용은 뒤에 나오는 23章이다.

勇於敢則殺 勇於不敢則活 此兩者或利或害
용 어 감 즉 살 용 어 불 감 즉 활 차 양 자 혹 리 혹 해

용기를 내어 감히 행동하면 죽고, 용기를 내서 감히 행동하지 않는 것은 오히려 삶이니 이 두 가지는 좋기도 나쁘기도 한 것이다. 이 문장이 어렵다면 勇敢을 딱딱함, 勇不敢을 부드러움으로 이해하면 쉽다. 弱者 道之用이기 때문이다. 이 둘은 이롭기도, 해롭기도 좋기도 나쁘기도 하다. 본질이 양면적이다.

天之所惡孰知其故 천지소오숙지기고

하늘이 싫어하는 이유가 무엇인지 과연 누가 알 것인가? 따라서 하늘이 진정으로 싫어하는 것이 무엇이고 그 이유가 무엇인지 어찌 알겠는가? 우리가 생각할 때는, 용기를 내어 감히 행동하면 좋을 듯해도 이상하게 결과적으로는 죽음에 이를 뿐이다. 좋다고 생각했던 것이 싫고, 싫다고 생각했던 것이 좋으니 도대체 神의 의지를 알 수가 없다

是以聖人猶難之 시이성인유난지
따라서 성인조차도 利害를 구분하는 것을 어렵게 느낀다. 聖人도 이치를 설명하기 어려워한다.

天之道 천지도
하늘의 道는 生氣를 퍼트리려는 목적을 가졌다. 본질은 生氣(Vital spark)를 가진 움직임이다. 죽이려는 것이 아니라 살리는 것이다. 그런데 인간은 본질을 거스르고 죽음을 재촉한다. 그 행위는 본성을 벗어난다. 인간은 왜 죽음을 재촉하는가? 그 이유를 聖人(道)이 설명할 수 있는가? 老子의 질문에 답해보자. 중력을 활용하여 생명체가 생겨났는데 중력에 갇힌 인간은 이기적이다. 또 生存을 위해 道와 상반되는 이중성을 가졌다. 본질은 生氣이면서 생기를 유지하고자 중력으로 똘똘 뭉친 殺氣를 가진 슬픈 존재다.

不爭而善勝 부쟁이선승	다투지 않고도 선하게 이기며
不言而善應 불언이선응	말하지 않아도 선하게 호응하며
不召而自來 불소이자래	찾지 않아도 스스로 찾아오며
繟然而善謀 천연이선모	스스로 적절하게 도모할 수 있으니
天網恢恢 천망회회	하늘의 그물은 넓고 끝이 없고
疏而不失 소이불실	성기어도 소홀함이 없다.

天網恢恢 疏而不失 아름다운 표현이다. 암흑에너지의 그물망을 빠져나갈 존재는 어디에도 없다. 老子는 암흑에너지의 존재를 인지하고 있다. 그럴 수밖에 없는 것은 우주에 골고루 퍼진 어떤 것이 色界를 창조했기에 육체

내부와 외부를 연결하여 호흡하면서 움직이고 변화하게 만든다. 따라서 그 누구도 그 무엇도 그물망에서 벗어날 수 없다. 인간은 스스로 이루는 것으로 인식하다가 어느 날 갑자기 하늘의 그물망에 걸린 자신을 발견한다.

움직임과 변화는 하늘의 법도에 따른다. 넓은 우주를 소홀하게 다룰 것이라 생각하지만 한 치의 오차도 없이 다스리는 道, 無爲, 암흑에너지, 神, 時間의 능력에 감탄하고 만다. 이해하기 어려운 문제는, 道는 만물을 이롭게 하는데 왜 세상은 굶주리고, 살인하는지 모른다. 老子는 하늘은 소홀함이 없고 살피지 않는 곳이 없다고 주장하니 실제와는 너무 다르다. 그래서 天之所惡孰知其故(천지소오숙지기고) 하늘이 싫어하는 이유가 무엇인지 과연 누가 알 것인가? 라고 반문한다. 그리고 그 원인을 聖人도 설명하기 어렵다고 한다. 선악이 한 쌍으로 공존하는 색계의 본질을 인정하기 싫었으리라.

天網恢恢 疏而不失

이 표현이 멋진 이유는 우주는 하나로 연결되어 있기 때문이다. 樸이자 大制不割이며 生氣로 이루어진 세계다. 하지만 슬프게도 인간은 양면성을 가진 세상에서 살아간다. 선악과를 따먹어 벌을 받으면서.

> 우리는 안다. 땅이 사람에 속한 것이 아니라 사람이 땅에 속해있다는 것을.
> 우리 몸을 연결하는 핏줄처럼 세상 모든 것이 서로 연결되어 있다.
> 사람이 인생의 직물을 짜는 것이 아니라 단지 직물의 실 한 가닥뿐이다.
> 사람이 직물에 하는 일은 곧 자신에게 하는 일이다. - 출처 불명.

道德經 64章 - 보조를 맞추다.

```
其安易持 其未兆易謀 其脆易泮 其微易散
기안이지   기미조이모   기취이반   기미이산

爲之於未有 治之於未亂 合抱之木 生於毫末
위지어미유   치지어미란   합포지목   생어호말

九層之臺 起於累土 千里之行 始於足下
구층지대   기어루토   천리지행   시어족하

爲者敗之 執者失之 是以聖人無爲故無敗
위자패지   집자실지   시이성인무위고무패

無執故無失 民之從事 常於幾成而敗之
무집고무실   민지종사   상어기성이패지

愼終如始 則無敗事 是以聖人欲不欲 不貴難得之貨
신종여시   즉무패사   시이성인욕불욕   불귀난득지화

學不學 復衆人之所過 以輔萬物之自然而不敢爲
학불학   복중인지소과   이보만물지자연이불감위
```

• 의역 •

안정된 상태는 유지하기 쉽고, 어떤 현상이 발생하기 전 까지는 조정하기 쉽다. 미약한 상태는 사라지기 쉽고, 역량이 미미하면 흩어지기 쉽다. 문제가 발생하기 전에 미리 적절하게 처리해야하듯, 혼란스럽기 전에 미리 잘 다스려야 한다. 양팔로 껴안을 정도로 큰 나무도 처음엔 싹에서 자라났고, 9층 누각도 한 줌 흙으로 올린 것이요, 천리 길도 한 걸음부터 시작되었다. 억지로 하는 자 패하기 마련이고, 집착하는 자 잃기 마련이라. 따라서 聖人(道)은 無爲로 하기에 실패하지 않고, 집착하지 않기에 잃지 않는다. 일을 처리함에 이루고도 실패하는데, 마지막까지 처음처럼 신중하면 실패하지 않는다. 사람들은 욕심을 내지만 聖人(道)은 욕심내지 않는 것을 욕심내며, 사람들은 얻기 어려운 재물을 귀하게 여기지만 聖人(道)은 얻기 어려운 재물을 귀하게 여기지 않는다. 또 사람들은 學을 배우지만 聖人(道)은 學을 배우지 않는 방법을 연구하며, 사람들의 실수에서 교훈을 얻는다. 聖人은 만물의 자연규율에 보조를 맞출 뿐 감히 하지 않는다. 시간은 단지 흘러갈 뿐이지만 모든 것을 자연스럽게 이룬다.

64章의 핵심은 마지막의 無爲에 있다. 그 문장 하나를 위하여 다양한 비유를 들고 나온다. 자연법도는 표현 그대로 자연스럽다. 이에 따르면 자연스럽게 이루어지지만 억지로 취하려면 이루기 어렵다.

其安易持 其未兆易謀 기안이지 기미조이모
안정적인 상태는 유지하기 쉽고, 어떤 현상이 드러나기 전에는 조정하기 쉽다.

其脆易泮 其微易散 기취이반 기미이산
미약한 상태는 사라지기 쉽고, 역량이 미미하다면 흩어지기 쉽다.

爲之於未有 治之於未亂 위지어미유 치지어미란
문제가 발생하기 전에 잘 처리하듯, 혼란하기 전에 미리 잘 다스려야 한다.

合抱之木生於毫末 합포지목생어호말
양팔로 껴안을 정도로 큰 나무도 처음엔 싹에서 자라났고

九層之臺起於累土 구층지대기어루토
9층 누각도 한 줌 흙으로 쌓아 올린 것이요

千里之行始於足下 천리지행시어족하
천리 길도 한 걸음부터 시작되었으니

爲者敗之 執者失之 위자패지 집자실지
억지로 하는 자 패하기 마련이고, 집착하는 자 잃기 마련이라.

是以聖人無爲故無敗 無執故無失 시이성인무위고무패 무집고무실
따라서 성인은 無爲로 하므로 실패하지 않고, 집착하지 않기에 잃지 않는다.

無爲를 설명하고자 많은 비유를 들었다. 모든 사건은 시간의 순차적인 흐름으로 이루어지기에 첫 단계부터 자연스럽게 이루면 문제가 생기지 않는다. 그 과정에 有爲가 개입되면 반드시 문제가 생긴다. 결과적으로 억지로 하기에 패하고, 손해를 보지 않으려 하기에 잃는다.

民之從事 常於幾成而敗之 愼終如始 則無敗事
민 지 종 사   상 어 기 성 이 패 지   신 종 여 시   즉 무 패 사
사람들이 일을 처리함에 이루고도 실패하는데, 마지막까지 처음처럼 신중하면 실패하지 않는다.

是以聖人欲不欲 不貴難得之貨 시이성인욕불욕 불귀난득지화
따라서 성인은 욕심내지 않음을 욕심내며, 얻기 어려운 재물을 귀하게 여기지 않는다. 聖人은(道) 욕심을 부리지 않는 것을 욕심낸다. 물질을 탐하지 않는다. 얻기 어려워 가치 있다고 생각하는 것들을 탐하지 않는다. 금은보화, 권력과 명예에 흥미가 없다. 天之道는 정반대 것을 추구하기 때문이다.

學不學 復衆人之所過 학불학 복중인지소과
배우지 않는 방법을 배우며, 사람들의 과실에서 교훈을 얻는다. 사람들이 추구하는 물질을 더 얻기 위한 學을 멀리하고 자연 법도를 배운다.

以輔萬物之自然而不敢爲 이 보 만 물 지 자 연 이 불 감 위
따라서 聖人은 만물의 자연규율에 보조를 맞출 뿐이지 감히 하지 않는다. 道德經에는 감히 하지 못한다는 내용들이 많이 나온다. 신기한 점은 감히 못하면서 이루지 못하는 것도 없다. 바로 老子의 無爲다. 현실에서는 이런 방식은 통하지 않는다. 이런 이유로 老子의 생각을 따라잡기 힘들다. 이 문장을 행하는 주체는 聖人이며 道이다. 궁금한 점은 왜 老子는 이런 방식으로 표현할까? 聖人은 만물을 아이처럼 다루는 존재인데 왜 감히 못하고 주저하는 것일까? 이 문장은 아래의 23章과 연결된다. 無爲는 스스로 그러하지만 극히 피동적이라고 주장한다.

同於道者 道亦樂得之 동 어 도 자 도 역 락 득 지
道를 따르면 道가 기꺼이 함께하며

同於德者 德亦樂得之 동 어 덕 자 덕 역 락 득 지
德을 따르면 德이 기꺼이 함께하며

同於失者 失亦樂得之 동 어 실 자 실 역 락 득 지
失을 따르면 失이 기꺼이 함께한다.

또 49章에 있는 아래 문장과도 연결되어 있다.

聖人無常心 以百姓心爲心 성 인 무 상 심 이 백 성 심 위 심
성인은 일정한 마음이 없고 백성의 마음을 자신의 것으로 여긴다. 이 표현도 극히 피동적인 태도를 보인다. 不敢爲다. 우리는 無爲가 왜 이렇게 행동하는지 이해할 때에서야 비로소 老子가 주장하는 道와 無爲를 깨닫는다. 이미 언급한 것처럼, 도와 무위를 時間이라 생각하면 무위의 피동적인 행위를

쉽게 이해한다. 時間은 존재하지 않기에 변화도 없지만 반드시 모든 사건에 개입하고 있는 것처럼 느껴진다. 예로, 교통사고라는 물상은 시간과 별개의 것처럼 느껴지지만 교통사고가 난 시점에는 시간이 개입되어 있다. 이런 문제들을 조금씩 풀어가다 보면 마지막에 道, 無爲에 자유로워지리라.

道德經 77章 - 無爲 균형

```
天之道 其猶張弓與
천 지 도   기 유 장 궁 여
高者抑之 下者擧之
고 자 억 지   하 자 거 지
有餘者損之 不足者補之
유 여 자 손 지   부 족 자 보 지
天之道
천 지 도
損有餘而補不足 人之道 則不然
손 유 여 이 보 부 족   인 지 도   즉 불 연
損不足以奉有餘 孰能有餘以奉天下
손 부 족 이 봉 유 여   숙 능 유 여 이 봉 천 하
唯有道者 是以聖人爲而不恃
유 유 도 자   시 이 성 인 위 이 불 시
功成而不處 其不欲見賢
공 성 이 불 처   기 불 욕 현 현
```

• 의역 •

道는 마치 활시위를 당기는 것과 같구나. 과녁을 기준으로 활을 너무 높이 올렸다면 내려서 맞추고, 너무 낮으면 높여서 맞춰야 한다. 활시위를 너무 당겼으면 힘을 빼고, 약하면 더 당겨야 하는 것처럼 하늘의 道는 넘치면 덜어내어 부족한 곳에 보충하지만 인간의 방식은 천지의 道와는 다르다.

가난한 자들의 것을 덜어 부유한 자들의 배를 더욱 채우니, 과연 누가 남는 것으로 부족함을 채울 것인가? 오로지 道만이 그렇게 할 수 있다. 따라서 성인은 도로써 이루면서도 의지하지 않으며, 공을 이루고서도 머물지 않으며, 공로를 드러내지도 않는다. 시간은 만물의 생장쇠멸에 관여하면서도 현재에 머물지 않고 끝없이 흘러간다.

우리 우주에는 꼭 있어야 하는 비대칭이 있는데, 그것은 시간이다. 시간을 앞으로 또는 뒤로 보내도 아무 차이가 없다면 변화는 어떻게 가능할까? 아무것도 변하지 않으면 아무것도 생겨날 수 없다. 그러나 순수한 無의 상태에서는 아무것도 변할 수 없다. 시간은 무언가 변할 것을 요구한다. 변화가 없으면 시간도 없다. 원자가 진동하고, 시계가 똑딱거리고, 지구가 태양을 돌고, 우주가 팽창하는 등 변화가 시간을 정의한다. 시간은 無속에서 존재할 수 없고, 無는 시간 속에 존재할 수 없다. 時間과 有는 얼마간 연결되어 있다. 모든 것은 시간에 의존한다. 그리고 무는 시간 없이 존재한다. ≪우주의 구멍≫ K.C 콜 지음 | 김희봉 옮김

이 장에서 道의 다른 특징, 均衡(균형)에 대해 설명한다. 움직임과 변화를 본질로 하는 본성에 숨겨진 대칭(對稱)과 균형, 순환 사이에는 오묘한 이치가 있다. 道가 만들어낸 一의 본성에는 균형을 유지하려는 속성도 함께 가졌다. 저울에서 균형을 느낄 수 있다. 비의 움직임에서도 찾을 수 있다. 때로는 폭우를 내리기도 하지만, 만물을 이롭게 하고자 生氣의 균형을 맞추려 노력한다. 丁壬癸도 균형을 맞추려는 노력을 멈추지 않는다. 無爲는 완벽한 균형을 원한다. 중력으로 균형이 깨진 상태를 老子는 人爲로 보기에 道德經 전반에 균형을 맞추려는 노력들이 드러난다. 老子에게 균형은 매우 중요한 개념이다.

天之道 其猶張弓與 천지도 기유장궁여
天地 道는 마치 활시위를 당기는 것과 같구나.

高者抑之 下者擧之 고자억지 하자거지
과녁을 기준으로 활을 높이 올렸다면 내려서 맞추고, 낮으면 높여서 맞춰야 한다.

有餘者損之 不足者補之 유여자손지 부족자보지
활시위를 너무 당겼으면 힘을 빼고, 약하면 더 당겨야 하는 것처럼

天地道 損有餘而補不足 천지도 손유여이보부족
천지의 道는 넘치면 덜어내어 부족한 곳에 보충하지만.

人之道 則不然 인지도 즉불연
인간의 방식은 천지의 도와는 다르니,

損不足而奉有餘 손부족이봉유여
가난한 자들의 것을 덜어 부유한 자들의 배를 더욱 채우니

熟能有餘而奉天下 唯有道者 숙능유여이봉천하 유유도자
과연 누가 남는 것으로 부족함을 채울 것인가? 오로지 道만이 그렇게 할 수 있다.

是以聖人 爲而不恃 시이성인 위이불시
따라서 성인은 도로써 이루면서도 의지하지 않으며,

功成而不處 其不欲見賢 공성이불처 기불욕현현
공을 이루고서도 머물지 않으며, 공로를 드러내려 하지 않는다.

이 章에서는 天地의 道와 인간의 행태가 상이함을 설명한다. 老子가 살던 시대에도 그런 문제를 가졌지만, 현대도 다르지 않다. 인간의 발전은 물질에 국한하기 때문이고 정신발전은 거의 진보가 없다. 모든 종교의 불문율은 남을 괴롭히지 말라는 것이다. 훔치지 말라, 살인하지 말라고 가르치지만 어제도, 오늘도, 내일도 동일한 일들이 발생한다. 인간의 정신 성숙은 불가능한 것이리라. 老子는 많은 비유를 통하여 길을 알려주려고 노력한다. 많이 가진 사람이 적게 가진 사람에게 나눠주어 균형을 맞추면 좋은데 인간의 행위는 정반대라고 한다. 天地 道는 자연히 그러한 것을 인간은 하지 못한다. 중력의 利己 때문이다. 이 章에서도 聖人은 인간의 한계를 뛰어넘은 뛰어난 인물이 아니다. 道를 상징한다. 시간으로 바꿔서 이해해도 전혀 문제가 없다.

爲而不恃 功成而不處 其不欲見賢

道德經 전반에 걸친 표현방식이다. 누군가가 행하는 것처럼 설명한다. 움직임은 無爲로 이루어지는데 "그냥 그런 것"이라고 설명하면 이해가 어렵다. 실행 주체를 聖人으로 설정하고 의인화된 행위를 묘사한다. 色界에서 無爲의 道를 구현할 인간은 존재하지 않는다. 聖人의 정체는 무엇일까? 우리는 계속 이 궁금증을 해소하고자 나아가고 있다. 聖人을 시간으로 바꾸면, 시간은 만물의 생장쇠멸에 관여하면서도 현재에 머물지 않고 끝없이 흘러간다. 움직임과 변화의 중심에서 항상 균형을 맞추며 그것이 道의 본성이다.

道德經 29章 - 신비로운 기물

```
將欲取天下而爲之
장 욕 취 천 하 이 위 지
吾見其不得已
오 견 기 부 득 이
天下神器 不可爲也
천 하 신 기  불 가 위 야
爲者敗之 執者失之
위 자 패 지  집 자 실 지
故物 或行或隨 或歔或吹
고 물  혹 행 혹 수  혹 허 혹 취
或强或羸 或挫或隳
혹 강 혹 리  혹 좌 혹 휴
是以聖人去甚去奢去泰
시 이 성 인 거 심 거 사 거 태
```

· 의역 ·

자연의 법도를 따르는 과정에 억지로 행하면 절대로 얻지 못할 것이라. 천하(無爲)는 신비로운 기물과 같아서 억지로 할 수는 없는 것이다. 억지로 행하면 패하며, 잡으려 하면 잃는다. 따라서 세상의 이치는(物), 앞서거니 뒤서거니 하고, 들여 마셨다가 내쉬며, 강해졌다가 약해지며, 안정되었다가 불안해진다. 따라서 聖人은(道) 치우침을 버리고 사치스러움도 버리고 지나침도 버린다. 道는 대칭과 순환을 원칙으로 항상 균형을 유지한다.

29章도 無爲를 다룬다. 세상사 인간 의지대로 이루어지는 것이 아니다. 無爲로 이루어지기에 시공간에 순응하고 따르면 극히 자연스러울 것이라.

將欲取天下而爲之 장욕취천하이위지
천하를 취하기 위해서 억지로 행하면. 이 문장에서 조심할 점은 행위의 주체를 사람으로 이해하면 문맥이 이어지지 않는다. 이 문장의 취지는, 그 무엇도 시간을 거스르지 못한다는 것이다. 無爲로 이루어지는 모든 현상들을 거스를 수는 없다. 천하를 취하려고 억지로 행한다는 뜻은 帝王이 천하를 다스리고자 통치하는 행위가 아니다. 따라서 "천하를 손에 넣고자 애를 쓰는 자"라고 하면 사람의 행위에 묶이고 만다. "天下"는 자연 법도를 뜻하며 그것을 따르는 과정에 有爲를 행하면 이루지 못한다는 점을 강조한다.

吾見其不得已 오견기부득이
내가 보기에 절대로 얻지 못하는 것이라. 吾는 我처럼 老子를 지칭하는 듯 보이지만 道로 바꾸면, 도가 보기에 그것은 불가능하다.

天下神器 不可爲也 천하신기 불가위야
천하는 신비로운 기물과 같으니, 억지로 할 수 있는 것이 아니다. 우주 법도는 신비로운 기물이기에 억지로 취할 수 없다. 흐르는 시간 앞에서 변하지 않는 것은 없다.

爲者敗之 執者失之 위자패지 집자실지
억지로 행하면 패하며, 잡으려 하면 잃는다. 시공간에 역행하려는 시도들은 부질없다. 억지로 天下(우주 본성, 時間)를 취할 수는 없기 때문이다.

故物 고물
따라서 세상의 이치(物)는, 천하의 신비한 기물은 아래와 같은 특징을 지녔다. 천하는 대칭이 공존하고 변화하며 균형을 맞추려 한다. 일방적으로 한쪽을 취하려는 것은 불가능하다. 有爲로 취하면 반드시 실패하고 잃는다.

或行或隨 혹행혹수
앞서거니 뒤서거니 하고,

或歔或吹 혹허혹취
들여 마셨다가 내쉬며

或强或羸 혹강혹리
강해졌다가 약해지며

或挫或隳 혹좌혹휴
안정되었다가 불안정해지고.

是以聖人 시이성인
따라서 聖人은

去甚 거심
치우침을 버리고. 시공간은 수시로 변하기에 치우침은 존재할 수 없고

去奢 거사

사치스러움도 버리고. 시공간은 수시로 榮에서 辱으로, 辱에서 榮으로 변한다.

去泰 거태

지나침도 버린다. 시공간은 극점에 이르면 자연스럽게 하락한다. 모두 易의 변화를 설명하고 있다.

道德經 47章 - 내면에 존재하는 주인.

```
不出戶 知天下 不闚牖 見天道
불출호   지천하  불규유  견천도
其出彌遠 其知彌少
기출미원 기지미소
是以聖人不行而知
시이성인불행이지
不見而明 不爲而成
불견이명  불위이성
```

• 의역 •

움직임과 변화를 無爲로 이루어내는 것이 하늘의 道다. 이런 이치는 극히 자연스럽기에 문밖을 나서지 않아도 天下를 알고, 창밖을 보지 않아도 하늘의 도리를 안다. 멀리 갈수록(學으로 물질, 권력을 추구하면) 아는 것은 오히려 줄어들고 만다.(道에서 멀어질 뿐이다) 따라서 聖人은 행하지 않고도 알고, 보지 않아도 밝으며, 억지로 하지 않아도 이룰 수 있다.

47章의 표현들은 無爲와 달라 보이지만 道者萬物之奧의 이치를 설명하고 있다. 만물의 내면에 깃들여진 道의 이치를 깨달아야 한다. 學처럼 축적하는 것이 아니라 덜어내는 것이다.

不出戶 知天下 불출호 지천하
문밖을 나서지 않아도 천하를 알고. 문밖은 色界를 상징한다. 색계에 나가지 않아도 천하가 순환하는 이치를 안다. 不離輜重하면서도 자신이 만들어낸 자식들이 어떻게 움직이는 모를 리 없다.

不闚牖 見天道 불규유 견천도
창밖을 보지 않고도 하늘의 도리를 안다.

其出彌遠 其知彌少 기출미원 기지미소
멀리 갈수록 아는 것은 오히려 줄어든다. 樸(빅뱅 이전)에서 나와 色界로 멀리 가는 것이다. 學을 통하여 知識을 채우고 물질을 추구할수록 본질에서 멀어진다. 지식을 배웠으나 그에 얽매이고 의심만 늘어난다. 學->知->智->賢의 과정에 탐욕만 늘어나는 것이다.

是以聖人不行而知 不見而明 不爲而成
시 이 성 인 불 행 이 지 불 견 이 명 불 위 이 성
따라서 성인은 행하지 않고도 알고, 보지 않아도 밝으며, 억지로 하지 않아도 이룰 수 있다. 道의 작용으로 중력을 활용하여 物質界를 얻으니 도의 변형된 모습이 색계다. 따라서 육체의 주인은 정신이면서도 色界에 휘둘리는 이유를 모르겠다고 한탄한다. 시간은 자연스럽게 흘러 만물의 생장쇠멸을

이루지만 목적도, 의도도 없다. 계곡은 끝없이 흘러 바다로 향하는 과정에 접촉하는 만물에 생기를 부여하지만, 목적이나 의도가 없다. 높은 곳에 있었기에 낮은 곳으로 흐를 뿐이다.

人人僻署走如狂	사람들은 모두 더위를 피하여 이리저리 뛰어다니지만,
獨有禪師不出房	오로지 선사만이 방에서 머무네.
不是禪房無熱到	선방이 덥지 않은 것이 아니지만,
但能心靜卽身凉	마음이 고요하니 몸이 어찌 더우리.

- 白居易

道德經 68章

善爲道者不武 善戰者不怒
선 위 도 자 불 무　선 전 자 불 노

善勝敵者不與 善用人者爲之下
선 승 적 자 불 여　선 용 인 자 위 지 하

是謂不爭之德 是謂用人之力
시 위 부 쟁 지 덕　시 위 용 인 지 력

是謂配天 古之極
시 위 배 천　고 지 극

•의역•

道는 만물에 생기를 부여하고 이롭게 한다. 이런 道의 이치를 따라 행하면 절대로 무력적일 수 없다. 또 전쟁의 무서움을 안다면 함부로 노여움을 드러내고 전쟁하지 않는다. 전쟁에서 진정으로 승리하는 길은 적을 마주치지 않고 싸우지 않는 것이다. 사람들과 더불어 하려면 낮은 위치에 있어야 하며 이것을 다투지 않는 德이요 사람을 활용하는 힘이라 부른다. 이것이 하늘의 뜻에 따르는 것으로 고대에 이어져온 지극한 이치다.

68章과 65章을 살펴보자. 68章은 마치 武力을 현명하게 사용하는 방법을 설명하는 듯 보인다. 하지만 老子의 心中을 따라가면 道와 無爲를 설명하고 있다. 兵法과 전혀 관계가 없는 표현들이다. 道德經 전반의 내용이 이런 식으로 쓰였다. 사용된 단어들의 겉모양만 봐서는 老子를 따라잡지 못한다. 道德에 관한 설명임을 기억하면 길을 잃지 않을 것인데 표현에 속아 다른 곳을 본다.

善爲道者不武 선위도자불무
道에 따라 행하면 무력적이지 않다. 46章의 天下有道와 동일한 표현이다. 老子는 천하에 道가 있다면 절대로 무력적일 수 없다고 생각한다.

善戰者不怒 선전자불노
전쟁을 잘하면 함부로 노여워하지 않는다. 함부로 군대를 일으키는 것은 道가 없기 때문이다. 전쟁의 무서움을 알면 노하지 않는다. 생기를 퍼트리고 만물을 이롭게 하려는 것이 道의 의지임을 아는 자는 절대로 싸우지 않는다. 善戰은 전쟁을 잘 아는 자가 아니라 전쟁의 무서움을 아는 것이다.

善勝敵者不與 선승적자불여
잘 승리하는 것은 적을 마주치지 않는다. 싸우지 않고 이긴다. 백성들을 죽여서 이루어낸 승리는 가치가 없다. 不與는 함께 하지 않는다. 즉, 적군과 싸우지 않는다. 적을 만들지 않는다. 老子에게 전쟁은 나쁜 것이기에 전쟁하지 않는 것을 최상으로 여긴다. 不爭이다. 다툴 이유가 없다. 시간은 다툼을 허용하지 않기 때문이다.

善用人者爲之下 선용인자위지하
사람을 잘 쓰려면 낮은 위치에 거한다. 大海처럼 모든 것을 포용한다.

是謂不爭之德 시위부쟁지덕
이것을 다투지 않는 덕이라 부른다. 억지로 얻는 것은 道의 본질이 아니다. 왜 인간들은 다툼으로 생기를 상하게 하는가?

是謂用人之力 시위용인지력
이것을 사람을 부리는 힘이라 부른다. 자신을 낮추고 겸손하면 자연스럽게 따른다.

是謂配天 古之極 시위배천 고지극
이것이 하늘의 뜻에 따르는 고대에 이어져온 지극한 도리다. 상기처럼 행동하는 것이 天道에 부합하는 행위들이다. 전쟁을 일으켜 백성을 죽음으로 모는 것은 하늘의 도리가 아니다. 누가 감히 백성의 목을 베는가? 오로지 天道뿐이다. 天道는 生氣를 퍼트리려 함이지 죽이려 함이 아니다. 전쟁을 논하는 것처럼 보이지만 숨겨진 뜻은 "죽이지 말라"는 것이다. 老子에게 生氣는 신의 의지이기에 절대로 상하면 안 되는 것이다.

道德經 65章 - 지혜롭지 않은 백성

```
古之善爲道者 非以明民 將以愚之
고 지 선 위 도 자  비 이 명 민  장 이 우 지
民之難治 以其智多 故以智治國 國之賊
민 지 난 치  이 기 지 다  고 이 지 치 국  국 지 적
不以智治國 國之福 知此兩者 亦稽式
불 이 지 치 국  국 지 복  지 차 양 자  역 계 식
常知稽式 是謂玄德 玄德深矣 遠矣
상 지 계 식  시 위 현 덕  현 덕 심 의  원 의
與物反矣 然後乃至大順
여 물 반 의  연 후 내 지 대 순
```

• 의역 •

고대에서 현대에 이르기까지, 최선으로 道를 행하면 백성들을 지혜롭고 총명하게 하지 않고 우둔하게 다스린다. 국가가 백성들을 다스리기 어려운 이유는 물질과 권력을 더 취하려는 지혜가 많기 때문이다. 따라서 智로 나라를 다스리는 것은 敵과 같다.

智는 學을 오용하는 탐욕이다. 이런 이치로 나라를 智로 다스리지 않는 것이 오히려 福이다. 이 둘의 차이점을 명확하게 아는 것 또한 헤아리는 셈법이요 이 법칙을 아는 것을 현덕이라 부른다. 현덕은 참으로 심오하고 원대하구나. 만물과 함께 돌아가는 것이로다. 그런 후에서야 비로소 자연스럽게 순환하는 것이다.

이 章도 국가통치를 설명하는 것처럼 보이지만, 도와 무위를 정치에 비유하여 설명하는 것뿐이다. 따라서 손가락은 정치를 가리키지만 無爲로 백성을 대하라는 것이다.

古之善爲道者 고지선위도자
고래로 최선으로 행하는 道는, 이 문장을 "최선으로 道를 깨달은 자들은 혹은 실천하는 자들은"으로 해석하면 老子의 생각에서 벗어난다. 者는 도를 지칭한다. "고래로 최상의 道는"으로 해석하는 것이 적절하다.

非以明民 將以愚之 비이명민 장이우지
백성들을 이치에 밝게 만들지 않고 우둔하게 다스린다. 48章의 爲學日益, 爲道日損과 유사한 의미다. 동일한 의미들을 전혀 다른 용어들로 표현하는 老子의 현란한 솜씨에 놀란다. 明民은 물질만을 위한 學을 축적하도록 교육시키는 것이다. 愚는 學을 버리고 道를 택하는 것이다. 愚라고 표현했지만, 도에 가까워진다는 뜻이다. 明은 나쁜 의미로 쓰여서 시비를 분별하는 것을 암시하고, 愚는 분별하지 않는 상태를 표현하였다.

民之難治 以其智多 민지난치 이기지다
백성들을 다스리기 어려운 것은 지혜가 많기 때문이다. 智多는 현명하다는 뜻이 아니라 學益으로 시비를 다투는 것이다. 물질을 많이 취하고자 법망을 피해 행해지는 문제들이다. 권력 남용, 탈세, 불법, 비리, 강도, 살인 등이다. 사회문제가 많아지는 이유를 老子는 물질을 축적하기 위해 공부하는 學으로 본다. 學에서 知로, 知에서 智로, 그리고 賢에 이르러 문제가 계속 복잡해진다.

故以智治國 國之賊 고이지치국 국지적
따라서 智로 나라를 다스리는 것은 나라의 적과 같다. 智는 學을 오용하는 탐욕이다.

不以智治國 國之福 불이지치국 국지복
나라를 智로 다스리지 않는 것이 나라의 복이다. 두뇌를 교활하게 활용할 필요가 없는 나라일 때에서야 비로소 바른 국가를 만드는 것이다.

知此兩者 亦稽式 지차양자 역계식
이 둘의 차이를 아는 것도 또한 헤아리는 셈법이다. 두 종류의 차이를 이해하는 것은 중요하다. 분명히 智로 다스려야 좋을 것 같은데 정반대라고 주장한다. 옳다고 느끼는 것들이 실제로는 틀렸다니 참으로 희한한 세상이다.

常知稽式, 是謂玄德 상지계식 시위현덕
항상 이 법칙을 알면 현덕이라 부를 수 있다. 無名과 有名은 同爲之玄이다. 둘 모두 오묘하다. 유명은 좋고, 무명은 나쁘다는 판단은 옳지 않다. 學은 물질과 명예를 더욱 축적하기에 좋다고만 생각하지만 죽음을 재촉하기에 결론적으로는 나쁜 것이다. 이런 이치를 깨달을 수만 있다면 玄德이라 부를 만하다.

玄德 深矣 遠矣 현덕 심의 원의
현덕의 심오함, 원대함이여! 정반대로 보이는 오묘한 도리여.

與物反矣 여 물 반 의
만물과 함께 돌아가는 것이라. 40章에서 표현한 反者, 道之動이다. 순환은 도의 움직임이다. 색계에서 공계로, 공계에서 색계로 순환한다.

然後乃至大順 연 후 내 지 대 순
그런 후에야 대순에 이르는 것이다. 無爲로 이루어지는 경계에 이른다. 樸으로 돌아간다. 谷神으로 돌아간다.

壬(谷神) 정반대편에 丙(榮)이 세상을 비추고 만물이 명료해진다. 물질의 가치(丙)는 높아지고 壬(정신)의 가치는 증발된다. 환하게 보이기에 智해진 사람들은 시비를 따지고 다툼이 많아져 갈등만 고조되는 사회로 바뀐다. 현명한 것처럼 보이지만 정반대 결과다.

05 수시로 변한다.

道德經 23章 – 생각대로 이루어진다

> 希言自然 故飄風不終朝 驟雨不終日
> 희언자연 고표풍부종조 취우부종일
> 孰爲此者 天地 天地尙不能久 而況於人乎
> 숙위차자 천지 천지상불능구 이황어인호
> 故從事於道者 道者同於道
> 고종사어도자 도자동어도
> 德者同於德 失者同於失
> 덕자동어덕 실자동어실
> 同於道者 道亦樂得之
> 동어도자 도역락득지
> 同於德者 德亦樂得之
> 동어덕자 덕역락득지
> 同於失者 失亦樂得之
> 동어실자 실역락득지
> 信不足焉 有不信焉
> 신부족언 유불신언

• 의역 •

극히 드문 말이 자연의 이치다. 수시로 움직여 변화하는 것이 道의 본질이니 영원한 것은 없기에 집착해도 부질없다. 회오리바람도 아침 한때를 넘기지 못하고, 폭우도 종일 내리지 못한다. 누가 이런 이치에 따르는가? 하늘과 땅이다. 天地도 꾸준함을 유지할 수 없는데 하물며 사람임에랴! 따라서 道를 따르면 道와 하나 되며, 德을 따르면 덕과 하나 되며 失(道를 잃음)을 따르면 실과 하나 되는 것이다. 道를 따르기에 道도 역시 즐거이 함께 하며, 德을 따르기에 德도 역시 즐거이 함께하며, 잃음을 따르기에 잃음도 역시 즐거이 함께 한다. 믿음이 충분하지 않으면 믿지 않는다.

특별한 내용이 없어 보이지만 많은 생각을 필요로 한다. 색다른 표현을 하고 있다. 道는 恒常의 진리와 같다는 주장이 대부분인데 道의 성질이 가변적인 것처럼 표현한다. 道는 고정불변이 아니라 시공간에 따라서 변할 수 있다는 주장이다. 생각대로 삶이 결정된다. 양자물리학에서 주장하는 불확정성 원리와 유사하다.

인간의 뇌를 지배하는 癸의 특징은 절대불변이 아니라 우리가 무슨 생각을 하느냐에 따라 달라진다. 丁의 色界를 탐하면 빠르게 색계에 물들고, 癸의 空界를 탐하면 빠르게 공계에 물든다. 그렇다고 丁은 반드시 惡이며, 癸는 반드시 善이라고 생각할 필요는 없다. 有物混成으로 머리와 꼬리가 얼마나 빠르게 회전하는지 선이 악으로 악이 선으로 빠르게 바뀌기 때문이다. 분별하지만 않으면 선도 악도 없다. 좋은 일이라 생각했으나 나쁘고, 나쁜 일이라 생각했으나 좋다. 100억을 벌었으나 건강을 해치고 사망했다면 좋은 것인지 나쁜 것인지 누가 답할 것인가?

希言自然 희언자연

극히 드문 말이 자연이라. 이 표현은 참 묘하다. 만약 自然希言이면 "자연은 극히 드물게 자신을 표현 한다"라고 해석하면 되는데 希言自然이다. 극히 드물게 말하는 것은 자연스러운 것이다. 생각이나 의지를 밖으로 거의 표출하지 않는다. 옳다 그르다 말이 없다. "의도를 명확하게 드러내지 않는 것이 道의 본질이다." 명암이 분명하지 않다.

故飄風不終朝 驟雨不終日 고표풍부종조 취우부종일
따라서 회오리바람도 아침 한때를 지나지 못하고, 폭우도 종일 내리지 않는다. 모든 현상은 절대로 지속하지 않는다. 자연의 이치는 수시로 변한다. 움직이고 변함이 본질이다. 老子의 황당한 주장이 느껴지는가? 불변의 진리는 없다. 그것은 진리가 아니다. 움직이고 변하는 것이 진리다.

孰爲此者 天地 숙위차자 천지
누가 이런 이치에 따르는가? 하늘과 땅이다. 道는 움직임과 변화를 본질로 천지를 만들었으니 천지도 또한 따라야 한다.

天地尚不能久 而況於人乎 천지상불능구 이황어인호
천지도 이처럼 꾸준함을 오래 유지할 수 없는데 하물며 사람임에랴! 하늘과 땅도 수시로 변하는 것이 자연스러운 이치이니 인간이야 그 변덕이 오죽하겠는가? 수시로 바뀌고, 갈대처럼 흔들리는 행태가 자연스러운 것이라. 왜 老子는 이런 식으로 문장을 몰고 가는가? 변화는 당연한 것이라고 주장하고 있다.

故從事於道者 고종사어도자
따라서 道를 따르면

道者同於道 도자동어도
道와 하나 되며

德者同於德 덕자동어덕
德을 따르면 덕과 하나 되며

失者同於失 실자동어실
失을 따르면 실과 하나 되는 것이다.

무슨 생각을 하느냐에 따라 우리의 뇌를 지배한다. 道로 만들어진 一의 성질은 고정불변이 아니다. 항상 균형을 유지하고, 스스로 결정할 수 있음에도 만물의 체성에 동화된다. 爲而不恃 功成而不處 其不欲見賢처럼 정체를 드러내는 것을 꺼리고 변하는 현상에 깃들어 따를 뿐이다. 모든 움직임과 변화의 주체가 아니라 수동적인 존재다. 이런 표현은 오해하기 쉽다. 도는 불변의 진리라는 고정관념을 깨고 수시로 변하기 때문이다. 다음 문장에서 그 뜻이 더욱 명확해진다.

同於道者 道亦樂得之 동어도자 도역락득지
道를 따르면 도 또한 즐거이 함께하며

同於德者 德亦樂得之 동어덕자 덕역락득지
德을 따르면 덕 또한 즐거이 함께하며

同於失者 失亦樂得之 동어실자 실역락득지
잃음을 따르면 잃음도 또한 즐거이 함께한다.

"생각대로 이루어진다." 무슨 생각을 하느냐에 따라 一은 잽싸게 우리 뇌를 지배한다. 돈을 생각하면 돈의 노예가 되며, 권력을 생각하면 권력의 노예가 된다. 道를 따르면 道는 기꺼이 나와 함께 하며, 德을 따르면 德은 기꺼이 나와 함께 하며, 失을 따르면 기꺼이 나와 함께한다. 失은 道의 본질을 벗어난 행동이나 생각이다.

信不足焉 有不信焉 신부족언 유불신언
믿음이 충분하지 않으면 믿지 않는다.

이 章에 어울리는 문장을 여기에 실어본다.

> 새는 알을 깨고 나온다. 알은 곧 세계이다. 태어나려고 하는 자는 하나의 세계를 파괴하지 않으면 안 된다. 그 새는 神을 향해 날아간다. 그 神의 이름은 아프락사스라고 한다.

> 친애하는 싱클레어, 우리 신의 이름은 "아프락사스"야. 그 神은 신이며 동시에 악마지. 자기 안에 밝은 세계와 어두운 세계를 동시에 지니고 있어. 아프락사스는 자네의 생각 그 어느 것도, 자네의 꿈 그 어느 것도 반대하지 않아.(1) 이 사실을 절대로 잊지 말게. 하지만 자네가

언젠가 흠 없이 정상적인 사람이 되면(2) 이 神은 자네 곁을 떠날 거야.(3) 자네 곁을 떠나서 자신의 생각을 담아 요리할 새로운 그릇을 찾아보겠지.(4) - 소설 데미안

(1)은 道德經 23章과 동일한 의미다. 무슨 생각을 하느냐에 따라서 운명이 결정된다. (2)는 분별이 없는 상태다. (3)은 더 이상 신으로서의 가치가 없다. 왜냐면 분별이 없기 때문이다. (4)는 양면성을 가진 사람을 찾아 나선다는 뜻이다. 불안정한 심리를 가진 인간을 찾아 떠나는 것이다.

또 다른 전설도 있다.

공명조는 실크로드의 전설의 새 이름이다. 머리가 두 개 몸이 하나이다. 한편은 낮에, 한편은 밤에 일어나 언제나 서로 시기하고 으르렁대는 동물이다. 전설에 따르면 한편이 독을 먹여 같이 죽고 만다. 선과 악을 함께 가지고 있는 인간의 모순과 갈등을 설명하고 있다.

道德經 49章 – 양면

> 聖人無常心 以百姓心爲心
> 성인무상심 이백성심위심
> 善者吾善之 不善者吾亦善之 德善
> 선자오선지 불선자오역선지 덕선
> 信者吾信之 不信者吾亦信之 德信
> 신자오신지 불신자오역신지 덕신
> 聖人在天下歙歙焉 爲天下渾其心
> 성인재천하흡흡언 위천하혼기심
> 百姓皆注其耳目焉 聖人皆孩之
> 백성개주기이목언 성인개해지

• 의역 •

생기를 퍼트리고 만물을 이롭게 하려는 道의 의지는 만물의 내면에 깃들어 있다. 聖人(道의 실행자)은 일정한 마음이 없고 백성의 마음을 자신의 것으로 여긴다. 선한 자는 선하게 대하고, 선하지 않은 자 역시 선하게 대한다. 이것을 덕선이라 부른다. 신실한 자 믿음으로 대하고, 불신한 자 역시 믿음으로 대하는 것을 덕신이라 한다.

성인은 천하와 함께하면서 천하를 위해 그 마음을 섞는다. 백성은 모두 성인의 뜻을 따르기에 백성을 아이처럼 대한다.

49章은 23章과 유사해 보이지만 다르다. 23章에서 극히 가변적인 一(1)의 특징을 설명했고 이 章도 유사하다. 다른 점은, 23章은 도를 따르면 도가 함께 하며, 실을 따르면 실이 함께 하기에 一(1)의 체성이 극히 가변적이다. 하지만 49章에서 드러난 一(1)은 항상 만물을 이롭게 한다. 따라서 두 章은 동일한 듯 다르다. 이 章도 주의할 점은 聖人은 사람이 아니라는 점이다.

聖人無常心 以百姓心爲心 성인무상심 이백성심위심
성인은 일정한 마음이 없고 백성의 마음을 자신의 것으로 여긴다.

善者吾善之 不善者吾亦善之 선자오선지 불선자오역선지
선한 자는 선하게 대하고, 선하지 않은 자 역시 선하게 대한다.

德善 덕선
이것을 덕선이라 부른다.

信者吾信之 不信者吾亦信之 신자오신지 불신자오역신지
신실한 자 믿음으로 대하고, 불신자 역시 믿음으로 대하는 것을

德信 덕신
덕신이라 한다.

聖人在天下歙歙焉 爲天下渾其心 성인재천하흡흡언 위천하혼기심
성인은 천하와 함께하면서 천하를 위해 그 마음을 섞는다.

百姓皆注其耳目焉 백성개주기이목언
백성은 모두 성인을 따르기에

聖人皆孩之 성인개해지
성인은 백성을 마치 아이처럼 여긴다.

"神은 인간의 삶에 개입하지 않는다." 聖人無常心은 무심하다는 의미가 아니라 백성의 마음을 자신의 것으로 여기고 백성의 의지에 따르는 것이다. 다만, 어떤 생각을 하더라도 善에 머물고 있다. 聖人은 나쁜 의도를 가진 것이 아니며 生氣를 퍼트리려고 한다. 따라서 聖人과 백성의 마음은 동일한 것이다.

妄道始終分兩斗	시비로 나누는 어리석음은 버리라.
冬經春到似年流	겨울지나 봄이 오니 마치 세월 흐른다 느끼나
試看長天何二相	저 하늘은 항시 변함이 없는 것.
浮生自作夢中遊	몽매한 인생 깨닫지 못하네(꿈속을 헤매네)

- 夢中遊(학명선사)

06 萬物을 이롭게 하는 生氣

道德經 8章 – 上善若水

> 上善若水 水善利萬物而不爭
> 상 선 약 수   수 선 리 만 물 이 부 쟁
> 處衆人之所惡 故幾於道
> 처 중 인 지 소 오   고 기 어 도
> 居善地 心善淵 與善仁
> 거 선 지   심 선 연   여 선 인
> 言善信 正善治 事善能 動善時
> 언 선 신   정 선 치   사 선 능   동 선 시
> 夫唯不爭 故無尤
> 부 유 부 쟁   고 무 우

•의역•

최상의 善함은 마치 물과 같다. 물은 만물을 이롭게 하면서도 다투지 않는다. 사람들이 싫어하는 곳에 거하기에 道에 가장 가까운 것이라. 물은 가장 적절한 공간에 머물고 깊고 깊은 마음을 유지한다. 어진 마음으로 함께 하며 가장 신뢰하는 말을 한다. 물은 최상의 방식으로 만물을 다스리고 최상의 방법으로 일을 처리한다. 가장 적절한 시간에 움직이며 다툴 일이 없으니 탓할 일도 없다.

6장에서 谷神不死라는 표현이 나왔다. 절대로 죽지 않는 이유는 谷神은 절대적인 기준이기 때문이다. 본질이 바뀔 수는 없다. 모든 것이 나오는 문이며 그 작용은 끝이 없다. 無爲로 행하기에 의도가 없다. 8장에서 谷神과 가장 닮은 것이 물이라고 한다.

上善若水 상선약수
최상의 선함은 마치 물과 같다. 물은 만물에 생기를 부여하고 이롭게 한다. 老子는 이런 행위가 道에 가장 가깝다고 본다. 인간이 이해하기 힘든 존재들은 모두 이타적이다. 물, 공기, 대기 등이다. 일곱 번의 전생과 그 중간과정을 기억해낸 한 사회복지사는 자신의 경험을 이렇게 표현한다.

> 전생의 죽음 이후 나는 엄청난 신체적, 정신적 변화를 느꼈다.
> 한 번도 느껴본 적 없는 극도의 희열이 흘러넘쳤다.
> 또한 내가 누구인지, 내가 존재하는 목적이 뭔지,
> 또 내 자리는 어디인지를 완전히 이해하고 자각하게 되었다.
> 모든 것이 명쾌했고, 모든 것이 완벽했다.
> 경이롭게도 사랑이 바로 만물의 본질이었다. - 윤회의 본질

水善利萬物而不爭 수선리만물이부쟁
물은 만물을 이롭게 하면서도 다투지 않는다. 물은 낮은 곳으로 향하면서 생기를 불어넣는다.

處衆人之所惡 故幾於道 처중인지소오 고기어도
사람들이 싫어하는 곳에 거하기에 도에 가장 가까운 것이라. 幾於道는 도에 가까운 것이다.

居 善地 거 선지
물은 가장 적절한 공간에 머문다.

心 善淵 심 선연
물은 깊고 깊은 마음을 유지한다.

與 善仁 여 선인
물은 어진 마음으로 함께 한다.

言 善信 언 선신
물은 가장 신뢰하는 말을 한다.

正 善治 정 선치
물은 최상의 방식으로 만물을 다스린다.

事 善能 사 선능
물은 최상의 방법으로 일을 처리한다.

動 善時 동 선시
물은 가장 적절한 시간에 움직인다.

夫唯不爭 故無尤 부유부쟁 고무우
다툴 일이 없으니 탓할 일도 없는 것이라.

이 세상 모든 것 속에 깃들어 있으나,

이 세상 모든 것과는 다르고,

이 세상 모든 것이 알아보지 못하나,

그의 몸은 이 세상 만물, 그 속에서 모든 것을 다스리는 그는

네 영혼 안에 있는 불멸의 통치자.

≪현대물리학과 동양사상≫ 프리초프 카프라 지음 | 이성범 옮김

道德經 51章

```
道生之 德畜之 物形之 勢成之
도생지 덕축지 물형지 세성지
是以萬物 莫不尊道而貴德
시이만물 막불존도이귀덕
道之尊 德之貴 夫莫之命 而常自然
도지존 덕지귀 부막지명 이상자연
故道生之 德畜之 長之 育之 亭之 毒之 養之 覆之
고도생지 덕축지 장지 육지 정지 독지 양지 복지
生而不有 爲而不恃 長而不宰 是謂玄德
생이불유 위이불시 장이부재 시위현덕
```

•의역•

道는 만물에 생기를 부여하고 德으로 기른다. 物은 形을 이루고 勢로 완성한다. 따라서 道와 귀한 德을 품지 않은 만물은 없다. 道는 존엄하고, 德은 귀하며 이런 본성은 만물에 내재되어 별도의 命이 없어도 항상 自然스럽다.

따라서 道는 생기를 부여하고 德은 기른다. 기르고, 가르치고, 이루고 성숙하면 보살피고 보호한다. 생하지만 소유하지 않으며, 이루지만 누리지 않는다. 길렀으나 통치하지 않는다. 이것을 현덕이라 부른다.

51章은 빅뱅 이전과 이후의 차이를 설명한다. 천지가 열리기 전에는 有物混成으로 움직임이 있지만 행위의 의미는 없었다. 천지가 열리고 만물에 생기를 부여하고 이롭게 하는 존재가 생겨났다. 동일한 움직임이 전혀 다른 결과를 만들어냈다. 前에는 만물을 이롭게 하지 않았고, 後에는 이롭게 하였다. 老子가 주장하는 道의 정체다. 道는 만물을 이롭게 하는 존재라는 것을 이 章에서 배울 것이다.

道生之 도생지
道는 낳는다. 만물에 생기를 부여한다. 움직이고 활력을 갖는다. 생장쇠멸을 순환하는 움직임이다. 道生之, 德畜之 두 마디에 老子의 사상이 압축되었다.

德畜之 덕축지
德으로 기른다. 德은 道를 행하는 주체로 畜을 기본으로 한다. 만물을 기르는 것이다.

物形之 勢成之 물형지 세성지
物은 形을 이루고 勢로 완성한다. 하늘과 땅, 天干과 地支, 氣와 質. 시간과 공간이 반응하여 무에서 유를 창조하기를 반복한다. 勢가 成하다는 뜻은 물형이 각각의 모양으로 이루어지는 것이다. 만약 形이 동일하면 勢도 동일하지만 形이 상이하기에 결과물도 다르다.

是以萬物 莫不尊道而貴德 시이만물 막불존도이귀덕
따라서 道와 귀한 德을 품지 않은 만물은 없다.

道之尊 德之貴 夫莫之命而常自然 도지존 덕지귀 부막지명이상자연
道는 존엄하고, 德은 귀하다. 命이 없어도 항상 自然스럽다. 그냥 만들어진 것이다. 命은 강제적으로 하는 것이다. 老子의 우주관을 살필 수 있다. 목적, 의도로 만들어진 것이 아니라 그냥 자연스러운 것이다. 명령, 통제로 만들어진 것이 아니라 세상이 열리고 만물이 생겨나며 모든 행위들은 자연스럽다.

故道生之 德畜之 長之育之 亭之毒之(成之熟之) 養之覆之
고 도 생 지 덕 축 지 장 지 육 지 정 지 독 지   양 지 복 지
따라서 道는 생하고, 德은 기른다. 기르고, 가르치고, 이루고 성숙하면 보살피고 보호한다. 생장쇠멸 모든 과정에 개입하는 것이 바로 道德이다. 毒은 毒藥의 毒이 아니라 통치를 의미한다.

生而不有 생이불유   생하지만 소유하지 않으며,
爲而不恃 위이불시   이루지만 누리지 않는다.
長而不宰 장이부재   길렀으나 통치하지 않는다.
是謂玄德 시위현덕   이것을 현덕이라 부른다.

無爲를 설명한다. 행하는 주체를 時間으로 바꿔서 살피면 이해가 빠르다. 목적 없이 스스로 그러한 것이 시간이다. 지구에서 이루어지는 시간의 움직임과 변화를 설명해주는 것은 四季圖다.(마지막 장에서 다룰 것이다)

四季圖

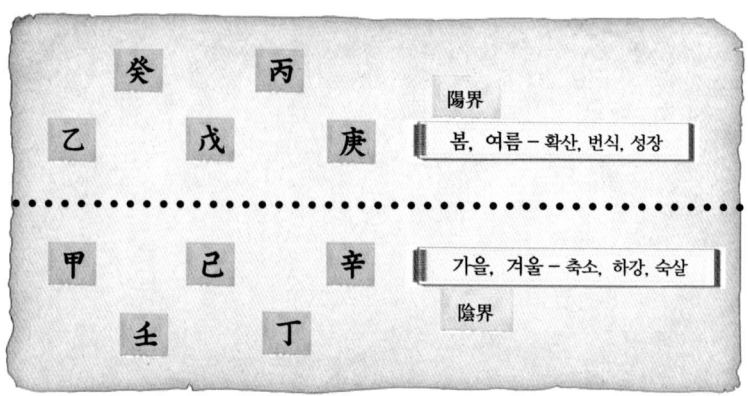

道德經 76章 - 生氣

> 人之生也柔弱 其死也堅强
> 인 지 생 야 유 약　 기 사 야 견 강
> 萬物草木之生也柔脆 其死也枯槁
> 만 물 초 목 지 생 야 유 취　 기 사 야 고 고
> 故堅强者死之徒 柔弱者生之徒
> 고 견 강 자 사 지 도　 유 약 자 생 지 도
> 是以兵强則不勝 木强則折 强大處下 柔弱處上
> 시 이 병 강 즉 불 승　 목 강 즉 절　 강 대 처 하　 유 약 처 상

•의역•

生氣를 품은 만물과 생명체는 부드럽지만 죽으면 딱딱하게 굳어 버린다. 초목도 생기가 있을 때는 부드럽고 연약하지만 죽으면 말라버린다. 이런 이치로, 딱딱하고 강한 것은 죽음을 재촉하는 것이요, 부드러운 것은 삶의 길이다. 군대가 강함은 멸망에 이르는 길이요, 목이 강하면 부러질 뿐이니, 강대함은 흉하기에 아래에 처하고, 유약함은 생기를 퍼트리기에 위에 처한다.

76章에서는 모두 알면서도 모르는 원리를 설명하고 있다. 살아있는 것은 부드럽고, 죽으면 딱딱해진다. 이 간단한 진리를 알면서도 모른 척한다. 물질 탐욕으로 죽음을 향하는 줄도 모르면서 죽음의 문을 향하여 돌진한다. 에너지의 움직임으로 살펴보자.

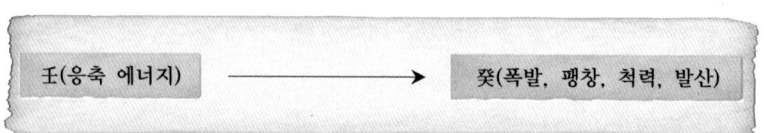

빅뱅 이전과 이후의 변화를 표현하였다. 癸의 본성을 퍼트려 생명체를 만들어낸다.

色界를 갖추는 과정이다. 癸는 흑색이다, 에너지만 존재하는 영혼의 세계다. 육체를 가지면 丙 色彩를 느낀다. 丙은 눈으로 유일하게 색채를 느끼는 장기다. 뇌 속의 癸는 눈을 통하여 色彩를 구별한다. 다만 丙은 色界를 주관하면서도 壬癸를 증발시킨다. 生氣를 만들어내는 水氣를 증발시키면 생기를 잃고 딱딱해져 죽음에 이른다. 사막을 상상하면 이해가 쉽다. 生水가 없는 곳에는 살 수 없다.

木 生氣가 金 殺氣로 바뀌는 과정에 丙丁이 개입한다. 丙丁은 水氣를 말려 만물을 딱딱하게 만든다. 의미를 확장해보자. 돈을 축적할수록 생

기를 잃고 죽음을 향한다. 이 간단한 진리를 잊고 산다. 120억 주식대박 뉴스도 마찬가지다. 축적할 능력이 없는 120억 재산이 들어오는 순간 生氣는 사라지고 감방으로 간다. 돈을 취할 그릇이 아니었음을 모른다. 76章에서 이런 이치를 설명하고 있다. 色界에서 탐욕은 죽음을 재촉하는 짓이다!

人之生也柔弱 其死也堅强 인지생야유약 기사야견강
생명체는 부드럽지만 죽으면 딱딱하게 굳어버린다.

萬物草木之生也柔脆 其死也枯槁 만물초목지생야유취 기사야고고
초목도 생기가 있을 때는 부드럽고 연약하지만 죽으면 말라버린다.

故堅强者死之徒 柔弱者生之徒 고견강자사지도 유약자생지도
따라서 딱딱하고 강한 것은 죽음을 재촉하는 길이요, 부드러운 것은 삶의 길이니,

是以兵强則不勝 木强則折 시이병강즉불승 목강즉절
따라서 군대가 강함은 멸망에 이르는 길이요, 목이 강하면 부러질 뿐이니

强大處下 柔弱處上 강대처하 유약처상
강대함은 아래에 처하고, 유약함은 위에 처한다.

마지막 문구는 강함은 죽음을 재촉하기에 나쁜 것이고, 부드러움은 삶의 길이기에 좋은 것이다. 下는 樸을 상징하는 것이 아니라 죽음을 재촉하는 흉한 것이다.

道德經 78章 - 上善若水

> 天下莫柔弱於水 而攻堅强者 莫之能勝
> 천 하 막 유 약 어 수 이 공 견 강 자 막 지 능 승
> 以其無以易之 弱之勝强 柔之勝剛
> 이 기 무 이 역 지 약 지 승 강 유 지 승 강
> 天下莫不知 莫能行
> 천 하 막 부 지 막 능 행
> 是以聖人云 受國之垢 是謂社稷主
> 시 이 성 인 운 수 국 지 구 시 위 사 직 주
> 受國不祥 是謂天下王 正言若反
> 수 국 불 상 시 위 천 하 왕 정 언 약 반

• 의역 •

천하의 만물 중에서 물처럼 부드러운 것은 없다. 그 어떤 강한 것도 절대로 이길 수 없고, 어느 것도 그 역할을 대체하지 못한다. 따라서 부드러움이 단단함을 이기고, 약함이 강함을 이긴다. 천하는 이러한 이치를 알면서도 따르고 행하지 못한다.

따라서 聖人이 말하기를 나라의 힘든 일들을 맡을 자만이 사직의 주인이라 부르고, 나라의 좋지 못한 일들을 잘 처리해야 천하의 왕이라 부를 수 있다. 帝王은 물처럼 백성들의 生氣를 북돋고 이롭게 하는 행위를 하는 것이지 자신의 권력, 명예, 재물을 축적하기 위한 존재가 아니다. 바른 말은 반대로 들리는 법이다.

8장에 아래와 같은 문구가 나온다.

上善若水 水善利萬物而不爭 상선약수 수선리만물이부쟁
최상의 善은 물과 같다. 물은 만물을 이롭게 할 뿐 다투지 않는다. 老子의 생각이 명확하게 드러난다. 道와 一(1), 無爲는 生氣를 퍼트릴 뿐 해치려는 의도가 전혀 없노라. 生氣를 함부로 다루는 것은 神의 의지를 거스르는 행위다. 생명체를 죽음으로 내모는 행위는 악하다. 老子는 조물주의 뜻에 가장 적합한 물질이 물이라고 한다. 8장에서 물로 도의 근본을 설명했다면 78장에서 물의 특징을 설명한다.

天下莫柔弱於水 천하막유약어수
천하에 존재하는 만물 중에서 물처럼 부드러운 것은 없다. 물의 특징은 유하고 부드러워서 낭창낭창 굽이쳐 낮은 곳을 향하여 흐르며 접촉하는 곳마다 생명체를 만들어낸다.

而攻堅强者 莫之能勝 以其無以易之 이공견강자 막지능승 이기무이역지
그 어떤 강한 것도 물을 이길 수 없고, 어느 것도 그 역할을 대체하지 못한다. 물은 부드럽지만 아무리 강해도 이기지 못한다. 강하고 딱딱한 것은 죽음을 재촉할 뿐이요 부드러운 것만이 생기를 유지한다. 이런 작용은 오로지 물만이 할 수 있고 대체하지 못한다. 세상 어느 것도 물의 가치와 동일한 것은 없다.

弱之勝强 柔之勝剛 약지승강 유지승강
따라서 부드러움이 단단함을 이기고, 약함이 강함을 이긴다. 딱딱함은 죽음을 재촉할 뿐이다.

天下莫不知 莫能行 천하막부지 막능행
천하는 이러한 이치를 모두 알면서도 행하지 못한다. 실행하지 못하는 이유는 딱딱한 것을 좋아하기 때문이다. 왜 좋아하는가?

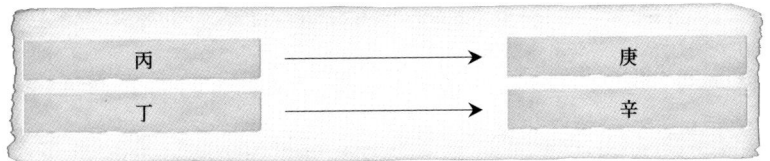

빛과 중력은 물질을 만들지만 딱딱해지고 죽음에 이른다. 봄에는 생기를 얻고 물질을 내놓고, 가을에는 물질을 얻고 생기를 버린다. 물질과 생기는 함께하기 어렵다. 물질엔 생기가 없다. 우리는 물질을 좋아하지만 지나치면 육체가 굳는다. 물처럼, 아이처럼 부드럽게 사는 것이 맞는다고 느끼면서도 이상하게 실천하지 못한다.

是以聖人云 시이성인운
따라서 성인이 말하기를.

受國之垢 是謂社稷主 수국지구 시위사직주
나라의 힘든 일들을 맡을 자만이 사직의 주인이라 부르고. 垢는 때, 먼지, 수치를 뜻하고 社稷은 씨종자를 보존하는 것이다.

受國不祥 是謂天下王 수국불상 시위천하왕
나라의 좋지 못한 일들을 잘 처리해야 천하의 왕이라 부를 수 있다. 이 내용은 앞뒤가 맞지 않다. 물처럼 가치 있는 것은 없다고 하다가 갑자기 통치에 대한 설명이 나온다. 是以聖人云에서 天下王까지를 잘라내면 전체흐름이 자연스러워진다. 이 문장을 老子가 넣었다면 이런 말을 하고 싶었을 것이다.

물은 만물을 이롭게 하는데 王은 어찌하여 권력을 남용하여 백성을 착취하여 금은보화를 가득 채우며 백성을 죽음에 내모는가? 이런 사람은 왕이 될 자격이 없노라! 오로지 국가의 모든 어려운 문제들을 책임질 수 있어야 나라를 통치할 자격이 있다. 즉, 왕은 가장 힘들고 어려운 일을 처리할 능력이 있는 자만이 제왕이며 권력에 취하여 백성 괴롭히려고 왕에 오르는 것이 아니다.

正言若反 정언약반
바른 말은 반대로 들리는 법이다. 老子는 이런 식의 표현을 좋아하지만, 여기에 왜 갑자기 이런 말을 적었는지는 의문이다. 大成若缺(대성약결), 大盈若冲(대영약충), 大直若屈(대직약굴) 이런 표현들은 겉모양과 진리는 정반대로 보인다는 것이다.

道德經 55章 - 生氣의 본질

```
含德之厚 比於赤子 蜂蠆虺蛇不螫
함 덕 지 후  비 어 적 자  봉 채 훼 사 불 석
猛獸不據 攫鳥不搏 骨弱筋柔而握固
맹 수 불 거  확 조 불 박  골 약 근 유 이 악 고
未知牝牡之合而全作 精之至也
미 지 빈 모 지 합 이 전 작  정 지 지 야
終日號而不嗄 和之至也
종 일 호 이 불 사  화 지 지 야
知和曰常 知常曰明 益生曰祥 心使氣曰强
지 화 왈 상  지 상 왈 명  익 생 왈 상  심 사 기 왈 강
物壯則老 謂之不道 不道早已
물 장 즉 로  위 지 부 도  부 도 조 이
```

•의역•

道의 의지에 따라 우주는 생기 가득하고 만물은 德을 품었기에 그 작용은 어린 아이에 비교할 수 있다. 생기가 충만하였기에 벌, 전갈, 독사도 물지 않고, 맹수도 덤비지 않으며, 독수리도 채가지 않는다. 근골은 무르고 약하지만 단단하게 쥘 수 있고, 음양 합을 모르지만 道와 德을 모두 품었기에 精(生氣)의 충만함은 극에 이른다.

종일 울어도 목이 쉬지 않는 것은 조화의 지극함 때문이다. 生氣가 충만하면 절대로 지치지 않기 때문이다. 조화로움을 아는 것을 常이라 하고, 常의 이치를 깨달음을 밝음이라 한다. 살고자 하는 것은 상서롭지 못하고, 기를 써서 사용하는 마음은 강하여 억지스럽다. 物이 극에 이르면 늙어갈 뿐이다. 이는 道가 아니요, 죽음을 재촉하는 것이다.

55章은 德의 속성을 갓난아기에 비유한다. 德은 아기와 같은 성질이다. 아이란 어떤 의미일까? 참고로 道德經에서 설명하는 道와 德의 차이를 비교해보자.

道 - 우주 근원, 氣와 質 모두를 포함한 에너지 - 壬
德 - 지구자연을 운행하는 도리 - 癸

道나 德과 같은 용어들은 이해하기 어렵기에 癸의 특징을 기억하는 것이 좋다. 癸(계)는 빅뱅당시의 폭발력으로 척력이며 팽창하며 균형을 유지하며 만물에 생기를 부여하는 에너지다.

含德之厚 比於赤子 함덕지후 비어적자
德을 품은 두터움은(德의 작용력은) 어린아이에 비교할 수 있다. 이 문장을 德을 품은 사람으로 해석하는 것은 맞지 않다. 사람을 지칭하는 것이 아니다. 막 태어난 새끼들은 어떤 짐승도 건들지 않으며 본능적으로 보호하려는 태도를 보인다. 신기한 작용이다. 그것이 神의 의지라. 갓난아이를 등장시킨 老子의 의도는 순진무구함을 강조하기 위한 것처럼 보이지만 갓난아이에게는 생기의 충만함이 넘친다. 특별한 경우를 제외하고는 주위로부터 많은 사랑을 받는다. 갓 태어난 짐승을 보호하려는 태도는 생명에 내재한 道 때문이다.

蜂蠆虺蛇不螫 猛獸不據 攫鳥不搏 봉채훼사불석 맹수불거 확조불박
벌, 전갈, 독사도 물지 않고, 맹수도 덤비지 않으며, 독수리도 채가지 않는다. 갑자기 동물농장이 등장하지만, 老子가 강조하는 것은 따로 있다. 바로 弱者, 道之用이다. 부드러움이 道의 본성이다. 조물주는 부드러운 생명체들을 쏟아내려는 것이다. 老子는 이런 이치를 동물의 위협에 비유하였다. 막 태어난 생명체는 어떠한 위협에도 문제가 생기지 않는다. 짐승들의 위협도 두렵지 않다. 생기를 가졌기에 죽음을 두려워할 필요가 없다.

骨弱筋柔而握固 未知牝牡之合而全作 精之至也
골 약 근 유 이 악 고   미 지 빈 모 지 합 이 전 작   정 지 지 야
근골은 무르고 약하지만 단단하게 쥘 수 있고, 음양 합을 모르지만 도와 덕을 모두 품었기에 精의 충만함은 극에 이른다. 갓난아이의 근골은 무르고 약하기에 힘이 부족하지만 필요할 때는 강한 힘으로 쥘 수 있고, 아직 세상의 이치를 모르지만 도와 덕 모두를 내면에 갖추었기에 精(生氣)이 지극히 충만하였다. 精은 生氣의 충만함이다. 생기가 넘쳐 최대로 부드러운 상태가 갓난아이다. 생기가 충만한데 어떤 위험이 있을 것인가.

終日號而不嗄 和之至也 종일호이불사 화지지야
종일 울어대도 목이 쉬지 않는 것은 조화의 지극함 때문이다. 종일 우는데도 목이 쉬는 일이 드물다. 하루 종일 울어도 목이 쉬지 않을 정도로 목청이 좋다는 의미가 아니다. 생기로 충만하면 절대로 지치지 않는다. 和는 冲氣以爲和의 和다. 생기로 가득차 만물과 조화를 이루는 것이다. 아이가 태어나면 사방팔방에서 아이를 보살피려고 하는 이치다. 누가 감히 아이를 싫어하는가?

知和曰常 知常曰明 _{지화왈상 지상왈명}
조화로움을 아는 것을 常이라 하고, 常의 이치를 깨달음을 밝음이라 한다.

益生曰祥 心使氣曰强 _{익생왈상 심사기왈강}
살고자 하는 것은 상서롭지 못하고, 기를 써서 사용하는 마음은 강하다. 인위적으로 추구함을 祥이라 부르며 자연스럽지 못한 기운을 사용하는 것을 强이라 부른다. 이런 행위는 모두 덕을 벗어난 것이다. 常, 明의 이치를 따르고 祥, 强의 억지스러움은 버려야 한다.

物壯則老 謂之不道 不道早已 _{물장즉로 위지부도 부도조이}
物이 극에 이르면 늙어갈 뿐이다. 이는 도가 아니요, 죽음을 재촉할 뿐이다. 모든 물형은 生旺墓 과정을 벗어나지 않는다. 陽氣가 극에 이르면 陰氣로 바뀌어 物形을 갖추고 쓰임을 얻지만, 딱딱해져 생기를 잃고 죽음에 이른다. 억지로 益生하고 心使氣하려는 행위는 명을 재촉할 뿐이다. 삼각형으로 표현하면, 物壯은 꼭지점으로 상승과 하강이 동시에 이루어진다. 위로 오르던 사람은 꼭지에 도달하고 추락할 일만 남았다. 이런 상태가 죽음을 재촉하는 것이다.

道德經 46章 - 道는 生氣를 퍼트린다

> 天下有道 卻走馬以糞
> 천 하 유 도　각 주 마 이 분
>
> 天下無道 戎馬生於郊
> 천 하 무 도　융 마 생 어 교
>
> 禍莫大於不知足 咎莫大於欲得
> 화 막 대 어 부 지 족　구 막 대 어 욕 득
>
> 故知足之足 常足矣
> 고 지 족 지 족　상 족 의

• 의역 •

天下에 道가 있으면 전쟁에 쓰이는 말도 똥 치우는 데 쓰이고, 道가 없으면 군대에 쓰이는 말이 교외에서 태어난다. 만족할 줄 모르는 것보다 더 큰 재앙은 없고, 욕심 부리는 것보다 더 큰 과실은 없다. 만족할 줄 알아야 항상 족한 것이다.

이 章에서 겉으로 드러난 표현은 전쟁의 처참함, 지도자의 과실, 지나친 욕심을 논하는 것처럼 보인다. 하지만 핵심은 生氣를 퍼트리는 道의 의지를 거스르지 말라는 뜻이다. 생기가 퍼지는 것은 자연스럽지만, 상하면 고통이 따르기 때문이다.

天下有道 卻走馬以糞 천하유도 각주마이분
天下에 道가 있으면 전쟁에 쓰이는 말도 똥을 치우는 데 쓰이고. 도로 가득한 세상이면 전쟁할 때 쓰던 말들도 농사에 활용하는 태평한 세상이다.

天下無道 戎馬生於郊 천하무도 융마생어교
天下에 道가 없으면, 군대에 쓰이는 말이 교외에서 태어난다. 戎馬(융마)는 전쟁에서 쓰이는 말이다. 전쟁에 쓰이는 말이 전쟁터에서 태어난다. 말들이 전쟁이 치러지는 곳에서 새끼를 낳는다. 이런 상황은 모두 생기를 퍼트리려는 신의 의지를 거스른다.

禍莫大於不知足 咎莫大於欲得 화막대어부지족 구막대어욕득
만족할 줄 모르는 것보다 더 큰 재앙은 없고, 욕심을 부리는 것보다 더 큰 과실은 없다. 無道의 세상을 만드는 이유는 만족할 줄 모르는 욕망 때문이다.

故知足之足常足矣 고지족지족 상족의
고로 만족할 줄 알아야 항상 족한 것이라. 과욕에 초점을 맞추지만, 生氣를 상하게 하지 말라는 뜻이 더욱 강하다. 도는 생기를 퍼트리는 것을 목적으로 하기 때문이다.

道德經 50章 – 충만한 생기

```
出生入死 生之徒十有三 死之徒十有三
출생입사  생지도십유삼  사지도십유삼
人之生 動之死地 亦十有三 夫何故 以其生生之厚
인지생 동지사지 역십유삼 부하고 이기생생지후
蓋聞善攝生者 陸行不遇兕虎
개문선섭생자  육행불우시호
入軍不被甲兵 兕無所投其角
입군불피갑병  시무소투기각
虎無所措其爪 兵無所用其刃
호무소조기조  병무소용기인
夫何故 以其無死地
부하고 이기무사지
```

•의역•

道와 德의 生氣를 품고 태어나 죽음에 든다. 그 과정에 生의 길을 가는 자 열에 셋이요, 죽음의 길을 가는 자 또한 열에 셋이다. 生의 길을 갈 수 있음에도 죽음의 길로 가는 자들 또한 열에 셋이다. 어인 연고인가? 너무도 살려고 하기 때문이다.

어린 아이처럼 생기 가득한 생명체는 육지를 가도 뿔소나 호랑이를 만나지 않고, 전쟁터에서도 무기에 상하지 않는다. 뿔소는 뿔로 찌를 수 없고, 호랑이는 발톱으로 할퀼 수 없고, 병사는 칼로 찌를 수 없다. 왜 그런 것인가? 生氣 가득하여 절대로 죽음에 이르지 않기 때문이다. 아이처럼 충만한 生氣를 이길 殺氣는 세상에 없다.

50章에서는 묘한 표현이 등장한다. 生에는 세 길이 있는데 가장 바른 삶은 도리에 순응하며 물처럼 사는 것이라 주장한다. 이 또한 生氣를 퍼트리는 작용에 대한 것이다.

出生入死 출생입사
태어나고 죽음에 든다.

生之徒 十有三 死之徒 十有三 생지도 십유삼 사지도 십유삼
생의 길을 가는 자 열에 셋이요, 죽음의 길을 가는 자 또한 열에 셋이다.

人之生 動之死地 亦十有三 인지생 동지사지 역십유삼
생의 길을 갈 수 있음에도 죽음의 길로 가는 자들 또한 열에 셋이다.

夫何故 以其生生之厚 부하고 이기생생지후
어인 연고인가? 너무도 살려고 하기 때문이다. 살려고 하는 것은 有爲다. 함부로 전쟁하여 백성들을 죽음으로 내몰거나 탐욕으로 배를 채우고자 백성을 핍박하는 경우다. 오감의 문을 열어 色界로 나가 물질에 취하여 적을 만들고 생기를 상하는 것이다.

蓋聞善攝生者 개문선섭생자
듣기에 生을 잘 다스리는 자는. 이 문장을 養生으로 오해할 수 있다. 양생을 잘하고 몸을 관리하고자 요가, 참선, 생식, 섭생이 아니다. 生은 생기 충만을 뜻한다. 道는 生氣를 퍼트리려는 것이다. 생기 충만하면 절대 위태롭지 않다.

陸行不遇兕虎 육행불우시호
육지를 가도 뿔 소나 호랑이를 만나지 않고.

入軍不被甲兵 입군불피갑병
전쟁터에서 무기에 상하지 않는다.

兕無所投其角 虎無所措其爪 兵無所容其刃
시 무 소 투 기 각   호 무 소 조 기 조   병 무 소 용 기 인
뿔 소는 뿔로 찌를 수 없고, 호랑이는 발톱으로 할퀼 수 없고, 병사는 칼로 찌를 수 없다.

夫何故 以其無死地 부하고 이기무사지
왜 그런 것인가? 死地에 이르지 않기 때문이다.

아이처럼 충만한 生氣를 이길 수 있는 殺氣는 없다. 살기는 딱딱해질 때에서야 가능해진다. 막 태어난 아이는 생기로 충만하였는데 어떻게 殺氣가 죽이겠는가? 나이가 들어 탐욕이 강해지면 생기는 사라지고 살기만 남는다. 老子는 이런 이치를 뿔 소, 호랑이, 전쟁터에 비유하고 있다. 아이는 精之至也다.

道德經 81章 - 生氣를 퍼트리다

> 信言不美 美言不信 善者不辯 辯者不善
> 신 언 불 미　미 언 불 신　선 자 불 변　변 자 불 선
> 知者不博 博者不知 聖人不積
> 지 자 불 박　박 자 부 지　성 인 부 적
> 旣以爲人己愈有 旣以與人己愈多
> 기 이 위 인 기 유 유　기 이 여 인 기 유 다
> 天之道 利而不害 聖人之道 爲而不爭
> 천 지 도　리 이 불 해　성 인 지 도　위 이 부 쟁

• 의역 •

道는 분별이 없기에 是非를 따지지 않고 만물에 生氣를 부여하고 이롭게 한다. 따라서 진실한 말은 듣기 좋은 것만은 아니요, 듣기 좋은 말은 진실 되지 않다. 善은 말 잘하는 것이 아니고, 시비를 따지는 것은 선하지 않다. 진정한 앎이란 시비를 따지지 않고, 많이 안다고 진실로 道의 본성을 아는 것이 아니다. 聖人은 쌓으려 하지 않는다. 인간은 學으로 智를 얻어 권력과 물질을 쌓으려 노력하지만 道는 그럴 의도가 전혀 없다. 베풀기에 오히려 늘어나고, 더불어 하므로 더욱 여유롭다. 天道는 만물을 이롭게 하려 함이요 해하지 않으며 聖人의 道는 만물을 위하지만 다투지 않는다.

老子는 마지막 章을 어떤 방식으로 마감하고 싶었을까? 쉬운 일은 아니었을 것이다. 마지막 81章을 어떻게 마감했는지 살펴보자.

信言不美 美言不信 신언불미 미언불신
진실된 말은 듣기 좋은 것만은 아니요, 듣기 좋은 말은 진실 되지 않다. 老子는 불초의 망령에서 떠나지 못하고 있다. 왜 그렇게 말귀를 못 알아먹느냐는 호통이 들리는듯하다. 강박관념이 이곳저곳에 드러난다. 우주와 지구만큼의 차이점을 몰라주는 사람들이 야속했으리라. 이 문장에 숨겨진 뜻은 道는 굉장히 투박하여 그 존재를 아름답게 느끼기 어렵다. 道之出口는 淡, 無味이기 때문이다.

善者不辯 辯者不善 선자불변 변자불선
善은 말 잘하는 것이 아니고, 시비를 따지는 것은 선하지 않다. 辯은 말을 잘하는 것, 옳고 그름을 명확하게 구별하고 따지는 행위다. 善은 선량하다, 착하다의 협의가 아니라 道의 본질은 옳고 그름을 따지지 않는다, 다투지 않는다는 뜻이다. 옳고 그름을 반드시 분별하려는 행위는 선하지 않다.

知者不博 博者不知 지자불박 박자부지
진정한 앎이란 많이 아는 것이 아니요, 많이 안다고 진실로 아는 것이 아니다. 시비를 따지기 위해 아는 것은 진정한 앎이 아니다. 많이 안다고 도의 본질을 아는 것은 아니다. 그것은 모두 인간의 편협한 知에 불과하다. 學으로 물질을 추구하기 때문이다.

聖人不積 성인부적
성인은 쌓으려 하지 않는다. 인간은 學으로 智를 얻어 권력과 물질을 쌓으려 노력하지만 도의 본성은 그럴 의도가 전혀 없다.

旣以爲人己愈有 旣以與人己愈多 기이위인기유유 기이여인기유다
사람들에게 베풀기에 오히려 늘어나며, 사람들과 더불어 하므로 더욱 여유롭다. 道는 사사로운 목적으로 운행하지 않으며 만물에 생기를 퍼트리는 것이다.

天之道 利而不害 천지도 리이불해
天道는 만물을 이롭게 함이지 해하려 함이 아니오.

聖人之道 爲而不爭 성인지도 위이부쟁
聖人의 道는 만물을 위하지만 다투지 않는다.

天道, 聖人의 의미에 차별을 둘 필요는 없다. 천도는 만물, 성인은 백성과 연결하지만, 기본 개념은 道와 道가 만들어낸 一(1)을 설명하고 있다. 이런 표현들은 누가 저런 행위를 하는가를 이해해야한다. 天道와 聖人, 道, 無爲를 실감하지 않는 한 우리는 道德經을 넘어서지 못한다.

老子가 사용한 용어들의 정체는 時間, 조물주, 本性, 암흑에너지를 상징한다. 또 행위 목적은 "生氣를 베풀어 만물을 이롭게 하는 것이다." 인간처럼 많이 가지려고 싸움하고, 살인하고, 차별하는 것이 아니다. 善者不辯에서 者를 사람으로 해석하면 착한 사람은 달변이 아니기에 착하려면 말을 못해야 한다는 엉뚱한 해석이 돼버린다. 선이란 시비를 따지는 것이 아니라는 뜻이다.

07 비어있음의 가치

道德經 11章 – 비어있음의 가치

三十輻共一轂
삼 십 폭 공 일 곡
當其無 有車之用
당 기 무 유 거 지 용
埏埴以爲器 當其無 有器之用
연 식 이 위 기 당 기 무 유 기 지 용
鑿戶牖以爲室
착 호 유 이 위 실
當其無 有室之用
당 기 무 유 실 지 용
故有之以爲利
고 유 지 이 위 리
無之以爲用
무 지 이 위 용

• 의역 •

삼십 개의 바큇살이 모여서 하나의 바퀴가 되지만 빈 공간이 있기에 그 바퀴도 쓰임을 얻는다. 진흙을 이겨서 기물을 만들 때 빈 공간이 있어야 기물의 가치가 생긴다. 문과 창을 뚫어야 집으로서의 효용이 있다. 따라서 있음은 이롭게 하지만, 비어있음은 쓰임을 얻게 해준다.

> 빈 공간이 없으면 사물들이 움직일 수 없다. 빈 곳이 없으면 채울 것도 없다. 無 없이 만들 수 있는 것은 아무것도 없다.
>
> ≪자연의 본성에 관하여≫ 루크레티우스 詩

우리는 쉽게 착각한다. 내가 있기에 세상이 있다고 믿는다. 내 몸이 있기에 지구가 있다고 생각한다. 하지만 5분만 숨 쉬지 못해도 사망에 이른다. 이런 경험은 보이지 않는 존재를 느끼게 한다. 육체가 있기에 모든 것은 나를 중심으로 돌아간다고 생각했는데 부질없음을 깨닫는다. 나는 주인이 아니었다.

11章에서 나를 지배하는 보이지 않는 존재를 논하고 있다. 우리는 없음을 無라고 표현한다. 인간에게 無는 확인 불가능한 존재다. 하지만 無는 어디에도 없다. 움직임을 본성으로 하는 우주공간 어디에도 파동이 멈추지 않기 때문이다. 우리는 보이지 않기에 없다고 믿는 경향이 있는데, 老子는 틀렸다고 주장한다. 얼굴에는 구멍이 많다. 무언가를 밖에서 안으로 받아들여야 생기를 유지하기 때문이다. 구멍이 없고 외부와 소통하지 않으면 생명을 유지할 수 없다. 존재하지 않는다고 생각하는 것들 때문에 육체를 유지한다. 어망이 뚫려야 고기를 잡고, 비행기 중간이 비어야 손님과 짐을 싣고, 鐘은 비어야 소리를 낸다. 인간도 구멍을 활용하여 우주 어미와 교류한다. 이것이 老子의 無爲다. 존재하지 않음에도 모든 것을 존재하게 하는 우주 어미.

三十輻共一轂 當其無 有車之用 삽십폭공일곡 당기무 유거지용
삼십 개의 바큇살이 모여서 하나의 바퀴가 되지만 빈 공간이 있기에 쓰임을 얻는다.

埏埴以爲器 當其無 有器之用 연식이위기 당기무 유기지용
진흙을 이겨서 기물을 만들 때 빈 공간이 있어야 가치가 생긴다.

鑿戶牖以爲室 當其無 有室之用 착호유이위실 당기무 유실지용
문과 창을 뚫어야 집의 가치가 생긴다.

故有之以爲利 無之以爲用 고유지이위리 무지이위용
따라서 있음은 이롭게 하지만, 없음(비어있음)은 쓰임을 얻게 해준다. 무의 가치를 철저히 깨닫기 전까지는 利가 用보다 중요하고, 有가 無보다 가치 있다 생각한다.

08 빅뱅 이후 내용 요약

모든 과학자들이 동의하는 점이 있다면, 시간에 대해서 누구도 모른다는 것이다. 시간이 우리의 삶 구석구석에 스며들어 우리의 삶에 필수 불가결하다는 점을 감안하면, 시간에 대한 그런 무지는 정말 놀라울 수밖에 없다. 지난 2천 년 동안 지상에서 가장 뛰어난 정신을 가진 이들은 시간의 참된 본질에 관해 꾸준히 생각해왔다. 시간은 유한한가? 무한한가? 시간은 연속적인가 불연속적인가? 시간은 강처럼 흐르는가? 아니면 모래시계에서 흘러내리는 모래처럼 작은 조각들로 이루어진 알갱이 같은 것들의 흐름인가? 무엇보다도 현재란 무엇인가? 지금이란 과거와 미래 사이에 놓은 한 줄기 순수한 증기처럼 따로 분리될 수 없는 순간인가 아니면 측정될 수 있는 순간인가?

《시간은 왜 흘러가는가》 앨런 버딕 지음 | 이영기 옮김

자연법칙은 절대로 변하지 않는 몇 가지 성질들 또는 패턴들로 구성된다. 이러한 보존 량들은 우주가 끊임없이 변해도 항상 그대로이고, 어떤 일이 있어도 절대로 사라지지 않는다. 물리학자들은 결코 변하지 않는 것을 발견할 때마다 거기에 해당하는 새로운 보존 법칙을 만든다. 물리학의 주요 목표는 우주가 어떻게 변하든 결코 변치 않는 패턴을 찾는 것이라고 할 수 있다. 샌프란시스코 대학의 험프리는 이렇게 말했다. "물리학자는 그 무엇에도 결코 아랑곳하지 않는 것을 찾는다"

모든 원소들이 공간의 본성에 영향을 줄 수 있어서 그 속에 다른 것이 들어갈 때마다 성질이 바뀌고 또 바뀐다. ≪티마이오스≫ 플라톤

이 모든 것을 알고 나면, 우주 만물이 무에서 나왔다는 물리학자들의 생각이 그리 놀랍지 않을 것이다. 無라고 생각되는 것이 실제로는 반대되는 것들의 합인 경우가 거의 대부분이다. 진공이 가장 명백한 증거다. 아무것도 없는 고요한 바다처럼 보이는 진공이 실제로는 무한한 수의 음과 양으로 들끓고 있고, 불확실성의 끝없는 요동으로 합쳐졌다 나눠졌다 한다. 빈공간은 단지 평균했을 때만 無이다.
상쇄되지 않는 것이 있으면, 우리는 그것에 대해서 알 수 있다. 중력은 온 우주에 거대한 영향을 준다. 항상 더해지기만 하기 때문이다. 그러나 중력은 일방통행으로 당기기만 한다. 그러므로 미약한 중력은 상쇄되지 못한 채 쌓이고 쌓여 우주의 모든 힘을 압도하고 심지어 어떤 별은 중력에 짓눌려서 잊혀 진 블랙홀이 되기도 한다.

≪우주의 구멍≫ K.C 콜 지음 | 김희봉 옮김

상기 내용들은 몇 개의 책에 있는 유의미한 문장들을 정리한 것이다. 빅뱅 이후의 상황을 물리 관점에서 표현한 것으로 老子의 생각과 통한다. 모든 이치는 동일한데 달라 보일 뿐이다. 老子가 빅뱅 이후를 표현하는 핵심 내용과 용어들을 정리하자.

1. 천하의 시작

2. 어디에도 존재하는 것

3. 팽창

4. 無爲

5. 변화 - 양자물리학

6. 만물을 이롭게 하는 생기

7. 비어있음의 가치

빅뱅 이후의 설명들을 스토리로 꾸미면 이런 식이다.

1. 天下有始 以爲天下母
   천하어미의 도움으로 우주가 시작되었다.

2. 無名 天地之始 有名 萬物之母
   천지의 시작과 만물의 어미

3. 道生一
   道가 만들어낸 자식이 一이다.

4. 冲氣以爲和
   天下는 冲氣로 조화를 이룬다.

5. 昔之得一者
   빅뱅당시에 一이 생겨났다.

6. 聖人抱一爲天下式
   우주 어미는 一의 방식으로 천하를 다스린다.

7. 不爭 故天下莫能與之爭
   만물을 이롭게 할 뿐, 다투지 않는다.

8. 生之 畜之
   생하고, 기른다.

9. 聖人不仁 以百姓爲芻狗
   생명체들의 길흉에 관여하지 않는다.

10. 猶橐籥乎 虛而不屈 動而愈出
    마치 풀무처럼 계속 팽창하는 본능이다.

11. 天下之至柔
    천하에서 가장 부드러운 것이다.

12. 無有入無間 無爲之有益
    끊임없이 움직이며 無爲로 이루어낸다.

13. 反者 道之動
    道의 움직임은 순환이다.

14. 弱者 道之用
    道가 사용하는 것은 부드러움, 生氣다.

15. 道者萬物之奧
    奧 만물에 깃들어있는 정신과 같다.

16. 道常無爲而無不爲
    항상 無爲로 이루지 못하는 것이 없다.

17. 天地道 損有餘而補不足
    균형을 유지한다.

18. 天地尚不能久 而況於人乎
    수시로 변화한다.

19. 聖人無常心 以百姓心爲心
    恒常의 마음이 없고 사람의 생각에 따른다.

20. 聖人皆孩之
    만물을 아이처럼 돌본다.

21. 柔弱者生之徒
    부드러움은 생의 길이다.

22. 水善利萬物而不爭
    만물을 이롭게 하는 것은 물이며 다투지 않는다.

23. 天下莫柔弱於水
    천하에 물처럼 부드러운 것은 없다.

24. 含德之厚 比於赤子 精之至也
    아이는 가장 부드러운 존재다.

25. 天之道利而不害 聖人之道爲而不爭
    만물을 이롭게 하며 해치지 않는다.

정리된 내용들에 숨겨진 공통적인 뜻은 生氣를 퍼트려 만물을 이롭게 하려는 것이 道의 움직임이다. 실현방법으로 弱者와 至柔, 沖氣, 動而愈出, 無爲, 均衡, 變化를 활용한다. 老子와 물리학에서 추구하는 가치들이 동일하다. 어쩌면 우리는 동일한 것을 찾고 있는지도 모른다.

제3장
색계色界

01 색계
02 유위
03 권력과 전쟁
04 정치
05 색계 요약

지금까지 道德經의 대부분을 차지하는 빅뱅 이전과 이후를 살피면서 지나왔다. 지금부터는 현실의 삶으로 들어가 보자. 이 章의 구성은 色界 5章, 有爲 4章, 권력과 전쟁 3章, 정치 12章이다. 내용은 어렵지 않으나 老子의 주장은 명확하다. 生氣를 함부로 죽이지 말라. 帝王은 뒤로 물러나라. 절대로 앞으로 나서지 말라. 나서는 순간 세상은 어지러워진다. 老子는 帝王에 전혀 가치를 두지 않았다. 오히려 없어야만 하는 존재로 보았다. 무위를 방해하기 때문이다. 이 핵심만 기억하면 어렵지 않게 남은 章들을 이해할 것이다.

01 색계色界

道德經 2章 - 모두 하나

> 天下皆知美之爲美 斯惡已
> 천하개지미지위미 사오이
>
> 皆知善之爲善 斯不善已
> 개지선지위선 사불선이
>
> 故有無相生 難易相成 長短相較 高下相傾
> 고유무상생 난이상성 장단상교 고하상경
>
> 音聲相和 前後相隨 是以聖人處無爲之事
> 음성상화 전후상수 시이성인처무위지사
>
> 行不言之敎 萬物作焉而不辭
> 행불언지교 만물작언이불사
>
> 生而不有 爲而不恃
> 생이불유 위이불시
>
> 功成而弗居 夫唯弗居 是以不去
> 공성이불거 부유불거 시이불거

•의역•

사람들은 모두 아름다움을 알지만 인위적인 아름다움으로 추한 것이다. 아름답다고 느끼는 것은 분별하는 마음 때문이다. 아름다움과 추함은 동일한 것으로 나뉠 성질의 것이 아니다. 모두 선함을 알지만 인위적인 선함일 뿐 진정한 선함이 아니다. 우주가 창조되기 이전에는 선악과 시비가 한 덩어리로 섞여 나누어지지 않았다. 따라서 있음과 없음은 서로 生하고, 어렵고 쉬움이 서로 이루고, 길고 짧음이 서로 비교하고, 높고 낮음이 서로 기울고, 음성이 서로 화하고, 앞뒤가 서로 따른다. 聖人(道)은 無爲로 행하고, 말없이 가르친다. 만물을 만들어 냈음에도 자랑하지 않고, 생하면서도 소유하지 않으며, 행하면서도 집착하지 않으며, 功을 이루고도 머물지 않으며, 머물지 않기에 가지도 않는다.

2章에서 분별없는 세상을 강조하고 있다. 無와 有는 동일한 것이니 무슨 분별이 있을 것인가? 2章의 중점 내용은, 無에서는 보이지 않았던 對稱문제가 色界에서는 뚜렷하게 드러난다. 有物混成으로 분별이 없어 동일했던 것들이 달라 보이기 시작하고 결과적으로 是非를 따지는 문제가 생겨났다. 老子는 이런 분별이 옳지 않다고 한다.

天下皆知美之爲美 斯惡已 천하개지미지위미 사오이
세상 사람들은 모두 아름다움을 알지만 인위적인 아름다움으로 추한 것이다. 천하가 아름답다고 느끼는 것은 인위적인 분별이다. 생각할 문제가 있다. 과연 老子는 아름다운 자연을 보고서도 추하다고 했을까? 이 문장을 해석하기를, 아름다움은 추함과 비교할 수 있기 때문이라고 하지만 老子의 생각과는 거리가 멀다. 老子는 아름다움과 추함이 한 쌍으로 이루어졌으니 구분하지 말라고 하는데 비교하라고 부추기는 꼴이다.

老子의 의도는 무엇일까? 아름답다고 판단하는 것 자체가 혐오스러운 행위라는 의미일까? 아름다운 것을 아름답다고 생각하면 안되는 것인가? 입자와 파동은 동일한 것처럼, 아름다움과 추함도 동일한 것이다. 따라서 아름다운 것은 아름답다고 말하고 추한 것은 추하다고 말할 수는 있지만 아름다움만 취하고 추함은 배척하려는 행위는 나쁘다. 아름다움과 추함은 한 쌍이기에 구분하지 말라는 것이다. 참으로 어려운 경계를 요구하고 있다.

皆知善之爲善 斯不善已 개지선지위선 사불선이
모두 선함을 알지만 인위적인 선함으로 선함이 아니다. 이 또한 분별을 가졌기 때문이다. 빅뱅 이전에는 선악, 시비, 명암이 한 덩어리로 섞여 분별이 존재하지 않는다. 사람들은 아름답고 선함을 따지지만 달라 보일 뿐 동일한 것이다.

故有無相生 難易相成 長短相較 高下相傾 音聲相和 前後相隨
고유무상생 난이상성 장단상교 고하상경 음성상화 전후상수
고로, 있음과 없음은 서로 生하고, 어렵고 쉬움이 서로 이루고, 길고 짧음이 서로 비교하고, 높고 낮음이 서로 기울고, 음성이 서로 화하고, 앞뒤가 서로 따른다. 전혀 달라 보이는 모든 것들은 동일한 것이다. 전혀 달라 보이는 대칭구도로 순환하는 것이 우주의 법도였다.

是以聖人處無爲之事 行不言之敎 시이성인 처무위지사 행불언지교
따라서 성인은 무위로 일을 처리하고, 말없는 가르침을 행한다.

萬物作焉而不辭 만물작언이불사
만물을 만들어 냄에도 자랑하지 않고.

生而不有 爲而不恃 功成而弗居 夫唯弗居 是以不去
생이불유 위이불시 공성이불거 부유불거 시이불거
만물을 생하면서도 소유하지 않으며, 행하면서도 집착하지 않으며, 功을 이루고도 머물지 않는다. 머물지 않기에 가지도 않는다.

어렵지 않은 문장이지만 짚어야 할 것들이 있다. 우리는 지금까지 聖人을 時間으로 바꿔서 살피면 쉽게 이해할 수 있음을 알았다. 조금 더 분석해보자.

是以聖人 處無爲之事 夫唯弗居 是以不去
聖人은 無爲로 처리하며, 머물지 않기 때문에 사라지지 않는다. 道德經 전체 내용을 이해하는데 굉장히 중요한 단어가 聖人이다. 어떻게 해석하느냐에 따라 전혀 다른 道德經으로 바뀌어버린다. 단어는 쉽지만 해석은 어렵다. 聖人은 사람을 지칭하지 않는다. 엄청난 능력의 소유자로 겸손하고, 소유욕 없고, 집착 없으며 바람처럼 자유롭다고 생각하는 것은 옳지 않다. 老子는 자연을 다스리는 방식을 설명하고자 聖人으로 의인화시켰다. "하나님이 이르시되 빛이 있으라 하니 빛이 있었고 하나님이 보시기에 좋았더라."라는 표현은 전지전능한 하느님의 행위다. 老子도 聖人을 끌어와 그 행위를 의인화 시킨다.

마지막 문장 不居, 不去의 뜻을 살펴보자. 聖人은 머물지 않기에 사라지지도 않는다. 왜 머물지 않고 사라지지도 않는 것일까? 時間의 특징이 그러하다. 時間은 끊임없이 흘러가며 자연스럽게 순환하기 때문이다. 물러날 줄 알기에 다시 찾아온다. 봄이 물러나기에 여름이 오고 가을이 오고 겨울을 지나니 사라졌던 봄이 다시 온다. 머물지 않았기에 사라지지도 않았다. 이것이 老子가 표현한 不居, 不去다.

聖人, 道는 순환하는 時間을 뜻한다. 생명체를 내고 이롭게 하면서도 억지로 하는 것이 없다. 時間은 미련 없이 현재를 떠나보낸다. 無爲를 행하는 자는 時間뿐이다.

道德經 3章 - 知와 智, 賢

> 不尚賢 使民不爭 不貴難得之貨 使民不爲盜
> 불상현 사민부쟁 불귀난득지화 사민불위도
> 不見可欲 使民心不亂 是以聖人之治
> 불견가욕 사민심불란 시이성인지치
> 虛其心 實其腹 弱其志 强其骨
> 허기심 실기복 약기지 강기골
> 常使民無知無欲 使夫智者不敢爲也
> 상사민무지무욕 사부지자불감위야
> 爲無爲 則無不治
> 위무위 즉무불치

• 의역 •

재물과 권력을 교묘하게 취하는 현명한 자들을 존경하지 않도록 하여 백성들이 다투지 않게 하라. 얻기 어려운 재화를 귀하게 여기지 않게 하여 남의 것을 탐하지 않도록 하라. 탐할만한 것들이 보이지 않게 하여 백성들의 마음이 어지럽지 않도록 하라.

따라서 聖人이 다스리는 방법은 그 마음을 허하게 하고, 그 배를 실하게 한다. 얻기 어려운 재물을 취하려는 의지를 약하게 하고 그 육체를 건강하게 한다. 항상 백성들이 無知와 無慾의 상태를 유지하게 하고 지혜로운 자들이 감히 권력과 재물을 탐하지 못하게 하라. 만물과 생명체를 無爲로 대하면 다스리지 못할 것이 없다. 자연스럽게 순환하면서 재물도, 권력도, 명예도, 젊음도 집착하지 못하게 하는 유일무이한 존재는 시간뿐이다.

道德經이 난해한 이유는 우리의 생각과 전혀 다른 방식으로 세상을 보기 때문이다. 老子는 우주를 주유했다. 우리가 4%의 물질에서 헤맬 때 老子는 無爲로 이루어진 96%의 우주를 여행하였다. 4%로는 절대로 보이지 않는 96%를 표현한 老子의 생각을 따라잡지 못한다. 화려한 물질이 최고라고 생각하고 더 많이 얻으려고 知와 智를 추구한다. 이런 욕망은 터무니없는 짓이라는 老子를 이해하기 힘들다. 3章은 겉과 속뜻이 전혀 다르게 구성되었다.

不尙賢 使民不爭 불상현 사민부쟁
현명한 자를 존경하지 않음으로써, 백성들이 다투지 않게 하라. 물질에 대한 老子의 입장이 명확하게 드러난 곳이 12章의 是以聖人爲腹不爲目(시이성인위복불위목)으로 등 따시고 배불리 먹으면 만족할 줄 알아야 한다고 주장한다. 老子에게 賢은, 學으로 축적된 물질만을 추구하는 智이기에 부러워할 대상이 아니다. 그것을 부러워하면 시기, 질투, 경쟁, 불화, 다툼이 생기기 때문이다. 賢한 것 자체는 문제가 없지만 시기, 질투를 양산하는 것이 문제다. 물질을 추구하도록 유혹하는 잔꾀가 늘어가는 것이 賢이다. 탐욕을 갖도록 만들기 때문이다.

不貴難得之貨 使民不爲盜 불귀난득지화 사민불위도
얻기 어려운 재화를 귀하게 여기지 않아서, 남의 것을 탐하지 않게 하라. 이 문장은 不貴 + 難得之 + 貨, 즉, 귀하게 여기지 않다. + 얻기 어려운 + 재물의 구조다. 難得之貨를 만드는 것이 賢이고, 그 결과는 도적질이다.

不見可欲 使民心不亂 불견가욕 사민심불란
탐할만한 것들이 보이지 않게 하여 백성들의 마음이 어지럽지 않도록 하라.

是以聖人之治 시이성인지치
따라서 聖人이 다스리는 방법은. 聖人을 時間으로 이해하면 빠르다. 시간은 멈추지 않으며 계속 변화를 이끌어낸다. 돈이 아무리 많아도 죽고, 권력이 아무리 높아도 반드시 끌어내린다. 인간은 도저히 할 수 없는 행위를 時間은 자유자재로 해낸다. 시간은 가감이 없고 어느 것도 시간을 거스르지 못한다. 老子는 이런 행위를 道, 聖人, 無爲라 표현했다. 인간의 교만하고 탐욕스러운 욕망을 時間이라는 방망이로 박살내 겸손하게 만든다.

虛其心 實其腹 허기심 실기복
그 마음을 허하게 하고, 그 배를 실하게 한다. 12章의 是以聖人爲腹不爲目과 동일한 의미다. 물질에 현혹되기 쉬운 눈의 작용은 멀리하고 소박한 본성, 등 따시고 배부르면 만족하는 검소한 생활을 유도한다.

弱其志 強其骨 약기지 강기골
그 의지를 약하게 하고 그 뼈를 강하게 하라. 얻기 어려운 물질을 취하려는 의지를 약하게 하고, 육체를 건강하게 한다.

常使民無知無欲 상사민무지무욕
항상 백성들로 하여금 無知와 無慾의 상태를 유지하게 한다. 老子는 우리가 배우는 것들은 오로지 물질, 권력을 추구하는 수단일 뿐이라 생각한다. 知를 통하여 지식을 얻은 후 智를 통하여 물질과 권력을 탐하는 잔꾀로 발전하면 그것이 賢이다. 배우는 것이 나쁘다는 의미가 아니라 배움 자체를 물질을 얻기 위한 수단으로 활용하는 것을 경계하라는 것이다.

使夫智者不敢爲也 사 부 지 자 불 감 위 야
지혜로운 자들이 감히 못하게 하라. 賢한 자들이 탐욕, 시기, 질투를 유발하도록 하는 행위를 못하게 하라. 백성들의 마음이 요동치고 불안정해지기 때문이다. 예로 부동산투기다.

爲無爲 則無不治 위 무 위 즉 무 불 치
無爲로 이루면 다스리지 못할 것이 없다. 時間이 자연스럽게 순환하는 것이 無爲다. 내가 부러워하고, 시기, 질투했던 모든 것들이 부질없음을 시간이 깨닫게 해준다. 재물도, 권력도, 명예도, 젊음도 시간 앞에서는 포기할 수밖에 없다.

道德經 12章 - 五感

> 五色令人目盲
> 오 색 령 인 목 맹
>
> 五音令人耳聾
> 오 음 령 인 이 농
>
> 五味令人口爽
> 오 미 령 인 구 상
>
> 馳騁畋獵令人心發狂
> 치 빙 전 렵 령 인 심 발 광
>
> 難得之貨令人行妨
> 난 득 지 화 령 인 행 방
>
> 是以聖人爲腹不爲目
> 시 이 성 인 위 복 불 위 목
>
> 故去彼取此
> 고 거 피 취 차

• 의역 •

화려한 색채는 눈을 멀게 하고, 아름다운 소리는 귀를 멀게 하며, 산해진미는 입만 고급스럽게 만들고, 사냥은 사람을 흥분하여 발광하게 만든다. 얻기 어려운 재물을 구하느라 사람들의 행동이 어지러워진다. 이런 이유로 聖人(道)은 배를 위하고 눈을 위하지 않는다.

道와 時間은 물질과 권력을 탐하지 않는다. 오로지 지극한 生氣를 유지하는데 충실할 뿐 화려한 물질의 세상에 나가지 않는다.

부모가 준 눈, 코, 입 등 감각기관을 가지고 태어나기에 당연한 것으로 생각하지만 지구 역사에서 눈이 달린 시기는 5억 4,300만 년 전에 불과하다. 지구가 생겨나고 40억 년이라는 장구한 세월이 흐른 후에서야 비로소 눈이 달린 생명체가 등장한다. 인체의 오감은 아름다운 세상을 감상할 능력을 부여했지만 아름다운 세상을 얻을 수 없다는 절망감도 주었다. 12章에서 화려한 色界의 부작용에 대하여 경고한다. 오감에 휘둘리지 말라. 다 부질없는 짓이다.

五色令人目盲 오색령인목맹
화려한 색채는 눈을 멀게 만들고

五音令人耳聾 오음령인이농
아름다운 소리는 귀를 멀게 하며

五味令人口爽 오미령인구상
산해진미는 입을 병들게 한다

馳騁畋獵令人心發狂 치빙전렵령인심발광
짐승을 사냥하는 것은 사람을 발광하게 만든다. 흥분된 상태로 사냥하고자 추격전을 벌이는 긴장감을 즐기는 자극적인 쾌락을 의미한다.

難得之貨 令人行妨 난득지화 령인행방
얻기 어려운 재물을 구하느라 사람들의 행동을 어지럽게 만든다.

是以聖人爲腹不爲目 시이성인위복불위목

따라서 聖人은 배를 위하고 눈을 위하지 않는다. 이 문장을 곡해하여 위대한 聖人은 내면을 살피고 물질을 살피지 않는다는 식으로 해석한다. 聖人은 道에 깊은 사람이 아니라 無爲로 이루어지는 본성을 뜻한다. 道는 물질을 탐하지 않는다. 時間은 물질을 탐하지 않는다. 腹(배)는 소박한 삶의 방식. 본능에 충실한 삶을 상징하고, 目(눈)은 화려한 물질계. 절제력을 상실한 과다한 욕망을 상징한다.

故去彼取此 고거피취차

저것을 버리고 이것을 취한다. 오감의 자극을 버리고 배를 취한다. 본능에 충실하면서 소박한 삶을 영위하고 물질계에 나가지 말라고 경고한다.

道德經 13章 - 분별

寵辱若驚 貴大患若身
총 욕 약 경   귀 대 환 약 신

何謂寵辱若驚 寵爲上 辱爲下
하 위 총 욕 약 경   총 위 상   욕 위 하

得之若驚 失之若驚 是謂寵辱若驚
득 지 약 경   실 지 약 경   시 위 총 욕 약 경

何謂貴大患若身 吾所以有大患者 爲吾有身
하 위 귀 대 환 약 신   오 소 이 유 대 환 자   위 오 유 신

及吾無身 吾有何患
급 오 무 신   오 유 하 환

故貴以身爲天下 若可寄天下
고 귀 이 신 위 천 하   약 가 기 천 하

愛以身爲天下 若可託天下
애 이 신 위 천 하   약 가 탁 천 하

•의역•

영예로움과 수치스러움에 큰 가치를 두어 놀란다면 큰 우환을 자신의 몸처럼 귀하게 여기는 어리석은 짓이다. 무엇을 영예롭고 수치스러움에 놀란다고 하는가? 영예로움은 높다고 판단하고, 수치스러움을 낮다고 판단하여 얻으면 기뻐서 놀라고, 잃으면 슬퍼서 놀란다. 이것이 영예로움과 수치스러움에 놀라는 것이다. 큰 우환을 자신의 몸처럼 귀히게 여긴다는 것은 무엇을 일컫는가? 큰 우환을 갖는 이유는 내가 분별하기 때문이다. 만약 어떤 일에도 분별하지 않으면 무슨 우환이 있겠는가? 따라서 자신을 天下(道)처럼 귀하게 여기면 천하를 맡길 수 있고, 자신을 天下처럼 사랑하면 천하를 맡길 수 있다. 나의 분별 하려는 욕망을 버리고 道의 의지를 따르면 無爲의 경계에 이를 것이다.

달마 어록 悟性論(오성론)에 이런 말이 나온다. 망상이 없을 때는 한

마음이 부처세계이지만 망상이 있을 때는 한마음이 바로 지옥이다. 만약 한 생각 마음을 일으키면 선과 악 두 가지 마음이 있게 되어 천당과 지옥이 있지만, 마음을 일으키지 않으면 선업도 악업도 없어 천당도 지옥도 없다. 천당이나 지옥 자체는 있는 것도 아니요 없는 것도 아니지만 범부에게는 천당과 지옥이 있고 성인에게는 모두 없다. 성인은 분별하는 마음이 없기 때문에 마음을 텅 비움이 허공과 같다. 시비를 버리면 천하(본성, 시간)와 하나임을 깨닫는다.

13章 첫 문장은 바로 이런 이치를 표현하고 있다. 이 장은 해석이 까다로워서 첫 문장을 잘못 꿰면 전체가 이상해지고 만다.

寵辱若驚 총욕약경
영예로움과 수치스러움에 마치 놀라듯 한다면. "놀라다"의 의미는 크게 반응하는 것이다. 왜 크게 반응하는가? 어떤 대상에 큰 가치를 두기 때문이다. 만약 명예와 수치에 가치를 두지 않는다면 놀랄 일도 없다.

貴大患若身 귀대환약신
큰 우환을 마치 자신의 몸처럼 귀하게 여기는 것이다. 이 문장의 구조는 貴 + 大患 + 若身. 귀하게 여기다. + 큰 걱정거리 + 마치 자신의 몸처럼. 즉, 큰 걱정거리를 마치 자신의 몸처럼 귀하게 여기다. 왜 우환을 자신의 몸처럼 귀하게 여길까?

何謂寵辱若驚 하위총욕약경
무엇을 영예롭고 수치스러움에 놀란다고 하는 것인가?

寵爲上 辱爲下 총위상 욕위하
영예로움은 높다고 판단하고, 수치스러움을 낮다고 판단하여. 권력, 물질, 명예를 많이 가지면 上이라 판단하고, 정반대의 상황이면 下라고 판단한다.

得之若驚 失之若驚 득지약경 실지약경
얻어도 놀라고, 잃어도 놀란다. 얻으면 좋아서 놀라고, 잃으면 슬퍼서 놀란다.

是謂寵辱若驚 시위총욕약경
이것을 영예로움과 수치스러움에 놀란다고 하는 것이다.

何謂貴大患若身 하위귀대환약신
큰 우환을 마치 자기 몸처럼 귀하게 여긴다는 것은 무엇을 일컫는가?

吾所以有大患者 爲吾有身 오소이유대환자 위오유신
내가 큰 우환을 갖는 것은 에고가 있기 때문이다.

及吾無身 吾有何患 급오무신 오유하환
만약 분별이 없다면 무슨 우환이 있겠는가?

이 문장은 오해의 소지가 매우 크다. 대부분 "내 육체가 있어서 우환이 있기에 만약 내 몸이 없으면 무슨 우환이 있겠는가?"라고 해석한다. 조금만 생각해도 황당한 주장임을 알 수 있다. 육체가 있기에 문제라면 태어난 것 자체가 문제라는 뜻이다. 生氣를 퍼트리고 만물을 이롭게 하려는 神의 의지를 부정한다. 큰 우환을 갖기 싫으면 태어나지 말았어야 한다는 황당한 사실에 직면한다. 老子의 주장은, 육체를 가진 인간이 ego(에고)로 옳다 그르다 분별하기에 우환이 생긴다는 것이다. 물질과 권력에 집착하여 얻어도, 잃어도 크게 반응하는 것이 문제다. 분별하지 않고 반응하지 않으면 우환이 생길 이유가 없고 놀랄 일도 없다. 爲吾有身의 身을 육체로 해석하지만, 분별, 利근나 ego로 이해하는 것이 타당하다. 육체를 가지고 태어난 것이 문제나 죄악이 될 수는 없기 때문이다.

故貴以身爲天下 若可寄天下 고귀이신천하 약가기천하
따라서 자신을 천하처럼 귀하게 여기면 천하를 맡길 수 있다. 이 부분도 해석이 분분하다. 문장 구조를 살펴보자.

故 + 貴 + 以身 + 爲天下 + 若可 + 寄 + 天下
따라서 귀하게 여기다. 자신을 천하처럼 그렇다면 천하에 맡길 수 있다. 문법은 "以A 爲B로 A를 B로 여기다" 이다. 나의 에고를 천하와 동일한 것으로 여길 수만 있다면 천하를 맡길 수 있다. 이 문장의 난해함은 天下의 정체가 무엇이냐는 것이다. 대부분 군주가 천하를 다스리는 것으로 생각한다. 나라를 통치한다는 문구가 전혀 없음에도 天下라는 단어 때문에 왕이 통치하는 것으로 간주한다. 天下는 道, 無爲를 뜻한다. 시간에 순응하여 간택함이 없는 것이다. 따라서 이 문장의 뜻은 "나의 에고를 道와 일치시킬 수만 있다면 천하와 하나 될 수 있다. 無爲의 삶, 어떤 時間에도 흔들리지 않는 삶이다.

愛以身爲天下 若可託天下 애이신위천하 약가탁천하
자신을 천하(자연의 본성)처럼 사랑하면 천하를 맡길 수 있다. 이 문장도 구조를 분석해보자.

愛 + 以身 + 爲 + 天下 + 若可託 + 天下
자신의 에고를 천하의 본성처럼 사랑한다면 천하를 맡길만하다. 老子는 굉장히 독특한 방식으로 이치를 설명하고 있다. 老子가 전개하는 논리과정을 정리해보자.

1. 寵辱若驚 영예로움과 수치스러움에 놀라는 이유는 에고가 있기 때문이다.
2. 及吾無身 吾有何患 만약 에고가 없다면 무슨 우환이 있겠는가?
3. 나의 에고를(以身) 천하처럼(爲天下) 貴愛 귀하고 사랑스럽게 여길 수만 있다면 寄託 天下 천하를 맡길 수 있다. 나와 천하가 하나가 되어 자유를 얻는다.

나와 天下가 하나 되어서 어쩌려는 것일까? 비록 육체를 가졌지만 나와 본성을 일치할 수만 있다면 寵辱若驚은 사라지는 것이다. 즉, 나와 천하가 동일한 경지에 이르면 나와 時間이 同調(동조)되는 것이다. 시간을 좋다 나쁘다 평가할 필요가 없고 寵辱若驚은 사라질 것이다. 이 내용은 10章의 載營魄抱一, 能無離乎와 동일한 의미다. 老子는 굉장히 어려운 표현을 하고 있다.

망상이 없을 때는 한마음이 부처 세계지만 망상이 있을 때는 한마음이 바로 지옥이다. 만약 한 생각 마음을 일으키면 선과 악 두 가지 마음이 있게 되어 천당과 지옥이 있지만, 마음을 일으키지 않으면 선업도 악업도 없어 천당도 지옥도 없다. - 달마어록

道德經 20章 - 是非

> 絶學無憂 唯之與阿 相去幾何 善之與惡 相去若何
> 절학무우 유지여아 상거기하 선지여악 상거약하
> 人之所畏 不可不畏 荒兮 其未央哉
> 인지소외 불가불외 황혜 기미앙재
> 衆人熙熙 如享太牢 如春登臺
> 중인희희 여향태뢰 여춘등대
> 我獨泊兮 其未兆 如嬰兒之未孩
> 아독박혜 기미조 여영아지미해
> 儽儽兮 若無所歸 衆人皆有餘 而我獨若遺
> 루루혜 약무소귀 중인개유여 이아독약유
> 我愚人之心也哉 沌沌兮 俗人昭昭 我獨昏昏
> 아우인지심야재 돈돈혜 속인소소 아독혼혼
> 俗人察察 我獨悶悶 澹兮 其若海 飂兮 若無止
> 속인찰찰 아독민민 담혜 기약해 료혜 약무지
> 衆人皆有以 而我獨頑似鄙 我獨異於人 而貴食母
> 중인개유이 이아독완사비 아독이어인 이귀식모

•의역•

물질과 권력에 대한 배움을 멈추면 걱정할 것이 없다. 공손하게 답하는 것과 경망스럽게 답하는 것에 큰 차이가 있는가? 선하고 악함(추함)에는 얼마나 큰 차이가 있는가? 是非를 반드시 따져야만 하는가? 시비를 따지려는 學이 무슨 의미가 있는가? 사람들이 두려워한다고 나도 두려워해야 한다니 황당하기 짝이 없구나. 나에게 재물과 권력은 참으로 부질없는 것인데 반드시 추구해야 한다니 황당할 따름이로다.

사람들은 즐겁게 연회를 열어 향락을 즐기고 누각에 올라 봄을 만끽하지만 나는 홀로 色界에 담담하여 동요가 전혀 없으니 세상물정 모르는 아이와 같구나. 색계를 대하는 태도가 무기력하고 지쳐 쉴 곳이 없는 것과 같구나. 사람들은 모두 여유롭지만, 나는 홀로 그런 것들과는 거리가 멀어 참으로 어리석구나! 사람들은 화려한 물질 세상에 살지만 나는 홀로 어둠 속에 머문다. 사람들은 따지기를 좋아하지만 나는 홀로 답답하게 사는구나. 잔잔한 바다와 같으면서도 바람처럼 그침 없이 흐름이 멈추지 않구나. 사람들은 각각 쓰임이 있는데, 나는 홀로 고집스럽고 천하여 쓸모가 없다. 나는 홀로 사람들과 달라서, 식모(道)를 귀하게 여긴다.

20장은 밝음과 어둠을 대칭구도로 설명한다. 道와 無爲는 초라하고 어둡고 욕스럽다. 하지만 도가 만들어낸 色界는 화려하며 모두 모여든다. 비유가 절묘한데 道와 色界를 비교하는 과정에 도는 나(老子)요, 상대방은 色界에 물든 사람들로 규정하고 있다.

絕學無憂 절학무우
배움을 멈추면 걱정할 것이 없다. 물질에 대한 知나 智를 배우려고 노력하지 말라는 것이다. 배워야 할 것은 道와 無爲다. 물질을 추구하는 學은 결과적으로는 근심, 걱정을 양산할 뿐이다. 48장의 爲學日益, 爲道日損과 동일한 의미다.

唯之與阿 相去幾何 善之與惡 相去若何
유 지 여 아 상 거 기 하 선 지 여 악 상 거 약 하
공손하게 답하는 것과 경망스럽게 답하는 것에 큰 차이가 있는가? 선하고 악함(추함)에는 얼마나 큰 차이가 있는가? 잘잘한 것까지 분별하는 것이 큰 의미가 있는가? 是是非非를 반드시 따져야만 하는가?

　　唯 - 상대를 높이고 공손하게 대하는 태도
　　阿 - 상대방을 함부로 대하거나 혹은 대충 반응해주는 것.

人之所畏 不可不畏 荒兮其未央哉 인지소외 불가불외 황혜기미앙재
사람들이 두려워하는 것을 나도 두려워해야만 하다니 황당하기 끝이 없구나. 인간의 잣대로 옳고, 그름이 정해지면 반드시 따라야 한다고 여기지만 무조건 따라야만 하는가? 이런 논리는 참으로 황당하구나. 老子에게 무의미

해 보이는 재물과 명예를 사람들이 쫓는다고 해서 老子도 반드시 그렇게 해야만 한다고 주장하는 것은 황당하다는 것이다.

衆人熙熙 如享太牢 如春登臺 중인희희 여향태뢰 여춘등대
사람들은 즐겁게 연회를 열어 향락을 즐기고, 마치 누각에 올라 봄을 만끽하는듯하다. 물질과 향락만이 모두인 것처럼 살아가는구나. 太牢는 고대에 연회를 베풀 때 쓰려고 소, 양, 돼지를 우리에 기르는 것이다.

我獨泊兮其未兆 如嬰兒之未孩 아 독 박 혜 기 미 조   여 영 아 지 미 해
하지만 나는 홀로 담담하여 (色界에) 마음의 동요가 전혀 없구나. 마치 태어나기도 전의 아이와 같다. 빅뱅 이전의 濁을 설명하고 있다. 道는 有物混成으로 섞여 분별이 없는 것임을 태어나기 전의 아이에 비유한다. 老子는 色界이전의 상태에 머물고 있다. 不離輜重, 大制不割의 樸을 원하는 것이다. 향락을 즐기는 사람들이 부럽지 않으며 마음의 동요조차 없다. 35章 道之出口 淡乎其無味(도지출구 담호기무미)로 道의 출구는 담담하여 맛이 없다는 표현과 동일하다.

儽儽兮若無所歸 루루혜약무소귀
낙담하고 무기력하여 지쳐 돌아가 쉴 곳이 없는 것과 같구나. 계속 향락을 즐기는 사람들 반대편에 떨어져 홀로 어둠 속에서 탁하지만 안정된 상태를 묘사하고 있다. 천근만근 무기력하여 향락도 아무런 쓸모가 없다. 色界에 전혀 흥미가 없다는 표현을 하는 것이다.

衆人皆有餘 而我獨若遺 중인개유여 이아독약유
사람들은 모두 여유롭지만, 나는 홀로 그런 것들과는 거리가 멀다. 동일한 의미를 반복하고 있다. 나는 樸에서 머물겠어. 너희들은 풍요롭게 향락을 즐겨. 하지만 그 향락은 내가 만들어준 것이야.

我愚人之心也哉 아우인지심야재
나는 참으로 어리석은 마음을 가졌구나! 사람들은 재물을 더 많이 가지려고 하지만 나는 어찌 그들과 달리 바보처럼 사는 것인가?

沌沌兮 俗人昭昭 我獨昏昏 돈돈혜 속인소소 아독혼혼
사람들은 화려한 물질 세상에 살지만 나는 홀로 어둠 속에 머문다네.

  昭(丙) - 화려한 곳, 물질, 권력, 향락. 色界
  昏(壬) - 어둠. 물질이 없는 곳. 소박한 곳. 空界, 道

俗人察察 我獨悶悶 속인찰찰 아독민민
사람들은 이리저리 따지지만, 나는 홀로 답답하게 사는구나. 좋고, 나쁨. 길흉, 옳고, 그름. 이익, 불이익에 대해 따지기를 좋아하는데 나는 그런 행위에 흥미가 없으니 참으로 답답한 사람이구나. 분별은 원래 없기에 따지는 행위는 무의미하구나.

澹兮 其若海 飂兮 若無止 담혜 기약해 료혜 약무지
잔잔한 바다와 같고, 바람처럼 그침이 없구나.(흐름이 멈추지 않구나) 시비를 따지지 않기에 고요한 바다처럼 靜하면서도 불어대는 바람처럼 움직임과 변화가 그침이 없다. 이 문장은 10장과 25장의 有物混成 混以爲一 周行不殆를 설명한다.

衆人皆有以 而我獨頑似鄙 중인개유이 이아독완사비
사람들은 각각 쓰임이 있는데, 나는 홀로 고집스럽고 천하여 쓸모가 없다. 衆人皆有以는 樸이 散하여 만들어진 有名의 色界를 상징한다. 我獨頑似鄙은 樸이 散하지 않은 본질이다.

我獨異於人 而貴食母 아독이어인 이귀식모
나 홀로 사람들과 달라서, 식모를 귀하게 여긴다. 식모는 谷神, 우주 어미, 道다. 사람들은 물질에 희희낙락하지만 나는 근본에 머물러 어둡고 침침하고 불분명하고 애매하고 둔한 것처럼 보이지만 번거로움 없는 경계에서 노닐 것이다. 이 章을 보면 老子가 얼마나 은유를 즐기는지 알 수 있다. 빅뱅 이전과 이후, 분별과 분별없음을 해독하기 힘든 언어들로 묘사하고 있다. 이 章에서 老子의 주장은 色界의 탐욕을 줄이고 是非가 없는 樸으로 돌아오라는 것이다.

道德經 44章 – 절제

> 名與身孰親 身與貨孰多 得與亡孰病
> 명 여 신 숙 친 신 여 화 숙 다 득 여 망 숙 병
>
> 是故甚愛必大費 多藏必厚亡
> 시 고 심 애 필 대 비 다 장 필 후 망
>
> 知足不辱 知止不殆 可以長久
> 지 족 불 욕 지 지 불 태 가 이 장 구

•의역•

명예와 목숨 중에서 어느 쪽이 더 중요한가? 몸과 물질 중에서 어느 것이 더 가치가 높은가? 얻고 잃음 중에서 어느 것이 더 문제인가? 따라서 깊은 사랑(집착)은 반드시 크게 낭비하고 많이 축적할수록 크게 망한다. 족함을 알면 부끄럽지 않고, 그칠 줄 알면 위태롭지 않으며, 영원할 것이라.

老子는 道를 辱으로, 화려한 물질계를 榮으로 비유한다. 사람들은 榮 화려한 맛을 즐기지만 자신은 辱의 淡하고 無味함을 즐긴다고 설명한다. 1장과 2장에서 無名과 有名이 동일하게 오묘하다고 표현했지만, 자신도 모르게 色界는 좋지 않고, 道를 지키는 행위는 좋다는 양분법적 논리를 펼치고 있다. 그럴 수밖에 없는 것은, 탐욕의 세상에 경종을 울려야 하는 입장에서 물질의 부질없음을 좋다고 할 수는 없었으리라.

名與身孰親 身與貨孰多 得與亡孰病 명여신숙친 신여화숙다 득여망숙병
명예와 목숨 중에서 어느 쪽이 더 친한가? 몸과 물질 중에서 어느 것이 더 많은가? 얻고 잃음 중에서 어느 것이 더 문제인가? 老子의 비유 방식이 독특하다. '친한가, 많은가, 병인가?'로 비교한다. 어느 쪽이 더욱 중요한가를 묻는다. 밖에서 얻는 명성이 중요한가? 재화가 더 중요한가? 돈과 명예가 더 중요한가? 道와 色을 비교하면서 道가 훨씬 좋다고 강조한다.

是故甚愛必大費 多藏必厚亡 시고심애필대비 다장필후망
따라서 깊은 사랑은 반드시 크게 낭비하고. 많이 축적할수록 크게 망한다. 물질과 권력에 대한 집착이 지나치면 반드시 반대급부를 내놔야 한다. 질병으로 몸이 상하거나, 법에 문제가 생기거나 번뇌로 고통 받는다. 재화를 많이 축적할수록 그것을 잃지 않으려고 고통 받는다.

知足不辱 知止不殆 可以長久 지족불욕 지지불태 가이장구
족함을 알면 부끄럽지 않고, 그칠 줄 알면 위태롭지 않으며, 영원할 것이라. 樸(壬)의 근원을 지키면 지나침이 없다. 老子는 옳고 그름, 많고 적음, 좋고 나쁨의 경계에서 탐욕부리지 않는 삶을 강조하고 있다.

02 유위有爲

道德經 18章 – 억지스러움

大道廢 有仁義 慧智出 有大僞
대 도 폐　유 인 의　혜 지 출　　유 대 위

六親不和 有孝慈 國家昏亂 有忠臣
육 친 불 화　유 효 자　국 가 혼 란　　유 충 신

•의역•

大道가 무너지기에 仁義를 앞세우고, 지혜가 생겨나기에 크나큰 허위가 생겨나고, 육친이 불화하기에, 부모효도와 자애를 강조하며, 국가가 혼란스럽기에 忠臣이 생겨나는 것이다. 이런 행위는 모두 유위로 쓸모없는 짓이다.

순환의 이치를 깨달은 老子의 눈에 인간의 행위가 얼마나 억지스러웠을까? 18章과 19章에서 인간의 억지스러움을 한탄한다. 有爲의 부질없음을 지적한다.

大道廢 대도폐	대도가 무너지기에
有仁義 유인의	인의를 앞세우고
慧智出 혜지출	지혜가 생겨나기에
有大僞 유대위	크나큰 허위가 생겨나고
六親不和 육친불화	육친이 불화하기에
有孝慈 유효자	부모효도와 자애를 강조하며
國家昏亂 국가혼란	국가가 혼란스럽기에
有忠臣 유충신	충신이 생겨나는 것이다.

내용은 비교적 명확하여 해석에 무리가 없다. 몇 가지 정리하면, 慧智出의 의미는 48章의 爲學日益의 知를 智로 바꾼 행위다. 즉 물질을 위한 學은 知를 위한 것이지만 결론적으로 智에 이르러 잘못된 쪽으로 활용하여 시기, 질투, 경쟁, 탐욕을 일으켜 貴難得之貨 얻기 어려운 재물을 귀하게 여겨 화를 부르는 것이다.

老子의 지적은 명확하다. 혼란은 모두 동일한 원인 때문이다. 知를 智로 바꾼 행위들 때문이다. 무위가 유위로 변하고 딱딱해진 틀을 지키기 위해서 계속 군더더기 행위들이 늘어나고 세상은 복잡해진다. 나쁜 쪽으로 智하여 백성을 기만하면 살기 어려워진 백성들은 머리를 쥐어짜야 하는 상황에 내몰린다. 이것이 12章에서 언급했던 是以聖人爲腹不爲目(시위성인위복불위목) 바로 道(聖人)는 배를 위하고 눈을 위하지 않는다는 의미다.

인위가 끊임없이 생겨나는 이유는 無爲를 버리고 재물과 명예를 추구하는 인간의 욕망 때문이다. 18章에서 고민할 문제는 따로 있다. 첫 문장에 표현한 大道의 본질이 과연 무엇이냐는 것이다. 또 왜 우리는 대도를 버리고 有爲를 택할 수밖에 없는가를 고민해야 한다. 大道는 無爲로 이루어지는 세상으로 道의 본질이지만 도대체 無爲로 이루어진 세상은 어떤 것일까? 16章에 나온 내용이다.

夫物芸芸 各復歸其根 부물운운 각복귀기근
만물은 번성했다가 각자 뿌리로 돌아가노니.

復命曰常 知常曰明 복명왈상 지상왈명
본성으로 돌아감은 恒常 함을 일컫고, 常을 앎을 밝음이라 부르리.

道乃久 沒身不殆 도내구 몰신불태
道는 영원하기에 항상 위태롭지 않다.

이 내용에서 無爲와 有爲 사이에 어떤 차이가 있을까? 어떤 부분을 놓쳤기에 우리는 인위적인 행위를 할까? 16章에서 눈에 띄는 단어는 "復"이다. 순환이다. 만물은 번성했다 결과적으로 뿌리로 돌아가 안정된 상태를 유지하다가 번성하기를 반복한다. 만물이 번성된 상태를 有爲로 나쁘다고 말하는 것일까? 사실 老子는 안정된 상태를 나쁘다고 한 것도 아니요, 만물이 무성한 상태를 나쁘다고 한 것도 아니다.

16章에서 不知常(부지상) 妄作凶(망작흉) 常의 도리를 깨닫지 못하면 망령되며 흉하다고 하였다. 즉, 시공간이 순환하는 도리를 깨닫지 못하면 흉하다. 모든 것이 변하는 것을 모르면 현재의 권력, 재물, 명예에 집착하고 그것이 전부라는 착각에 빠진다. 이런 행위는 德이 없으며 大道廢로 무너진다. 冲氣로 조화를 이루는 세상. 극에 이르면 근본으로 돌아가는 이치를 모르기 때문에 有大僞가 생겨난다.

道德經 19章 – 素朴

```
絶聖棄智 民利百倍 絶仁棄義 民復孝慈
절 성 기 지   민 리 백 배   절 인 기 의   민 복 효 자
絶巧棄利 盜賊無有 此三者 以爲文不足
절 교 기 리   도 적 무 유   차 삼 자   이 위 문 부 족
故令有所屬 見素抱樸 少私寡慾
고 령 유 소 속   견 소 포 박   소 사 과 욕
```

·의역·

권력과 물질을 숭배하는 聖스러움을 끊고 권력과 물질만을 탐하는 智를 버리면 백성들의 삶은 백배 이로워진다. 仁을 끊고 義를 버리면 백성들은 효도하고 자애를 회복할 것이다. 기교를 멀리하고 이익만 쫓지 않으면 도둑들이 사라질 것이라. 聖智, 仁義, 巧利 세 가지는 허세와 같아서 따르기 어려운 것들이다. 응당 따라야 할 바른 길이 있으니, 素를 보고 樸을 품어야 한다. 소박하게 살아야 하며 사사로운 욕심과 과욕을 버려야 한다.

道德經 19章은 18章의 내용이 이어진다.

絶聖棄智 절성기지	성스러움을 끊고 지혜를 버리면
民利百倍 민리백배	백성들의 삶은 백배 이로워진다.
絶仁棄義 절인기의	인을 끊고 의를 버리면
民復孝慈 민복효자	백성들은 효도하고 자애를 회복할 것이다.
絶巧棄利 절교기리	기교를 멀리하고 이익만 쫓지 않으면
盜賊無有 도적무유	도둑들이 사라질 것이라.
此三者 차삼자	聖智, 仁義, 巧利 세 가지는
以爲文不足 이위문부족	허세와 같아서 따르기에 충분하지 않다.
故令有所屬 고령유소속	응당 따라야 할 바른길이 있으니,
見素抱樸 견소포박	소를 보고 박을 품어야 한다. (소박하게 살아야 한다)
少私寡欲 소사과욕	사사로운 욕심과 과욕을 버려야 한다.

聖은 聖人(道)이 아니고 권위 의식이다. 智는 억지스러운 수단이나 방법을 만들어내는 작은 총명함이다. 권력을 이용하여 백성을 착취할 방법을 만들지만 않아도 좋은 세상이다. <u>以爲文不足</u> 해석이 애매한 부분이 文이다. 의복의 가슴에 놓은 수를 뜻하는데 권위를 상징하며 인위적으로 행하는 법률과 같다.

<u>見素抱樸</u> 素는 염색하기 전의 하얀 천으로 순수함을 뜻한다. 樸은 투

박한, 가공하지 않은 큰 나무 통째를 뜻하며 谷神과 동일한 의미다. 내용을 정리하면, 聖智, 仁義, 巧利는 인위적으로 위선적이며 분별하려는 어리석은 智만 양산한다. 간택함만 늘고 선택하느라 정신이 어지럽다.

道德經 38章 - 人爲

> 上德不德 是以有德 下德不失德 是以無德
> 상 덕 부 덕   시 이 유 덕   하 덕 불 실 덕   시 이 무 덕
>
> 上德無爲而無以爲 下德爲之而有以爲
> 상 덕 무 위 이 무 이 위   하 덕 위 지 이 유 이 위
>
> 上仁爲之而無以爲 上義爲之而有以爲
> 상 인 위 지 이 무 이 위   상 의 위 지 이 유 이 위
>
> 上禮爲之而莫之應 則攘臂而扔之
> 상 례 위 지 이 막 지 응   즉 양 비 이 잉 지
>
> 故失道而後德 失德而後仁 失仁而後義 失義而後禮
> 고 실 도 이 후 덕   실 덕 이 후 인   실 인 이 후 의   실 의 이 후 례
>
> 夫禮者忠信之薄 而亂之首 前識者 道之華而愚之始
> 부 례 자 충 신 지 박   이 란 지 수   전 식 자   도 지 화 이 우 지 시
>
> 是以大丈夫處其厚 不居其薄 處其實 不居其華
> 시 이 대 장 부 처 기 후   불 거 기 박   처 기 실   불 거 기 화
>
> 故去彼取此
> 고 거 피 취 차

•의역•

최상의 德은 부덕해 보이기에 德이 있다. 下德은 德을 잃지 않으려 하므로 無德한 것이다. 上德은 無爲로 행하기에 스스로 이루지만 下德은 인위적이며 억지로 그러함이다. 최상의 仁은 스스로 이루지만, 최상의 義는 억지스러움이 있다. 최상의 禮도 상대가 적절하게 응대하지 않으면, 강압적으로 따르게 만든다. 따라서 道를 지키지 못하기에 德을 추구하며, 德을 지키지 못하기에 仁을 행하며, 仁을 지키지 못하기에 義를 따르며, 義를 잃고서야 禮를 따른다. 따라서 禮는 忠과 信이 부족하며 어지러움의 원인이다. 물질, 권력에 대하여 많이 아는 자들은 道의 화려함이니 바로 어리석음의 시작이다. 고로 대장부는 진실한 곳에 거하고 천한 곳에 거하지 않는다. 진실한 곳에 거하며 화려한 곳에 거하지 않는다. 따라서 저것을 버리고 이것을 취한다.

81章에서 老子는 이런 말을 한다.

天之道 利而不害 천지도 리이불해
하늘의 道는 이롭게 할 뿐 해하지 않고

聖人之道 爲以不爭 성인지도 위이부쟁
성인의 道는 행하면서도 다투지 않는다.

우리는 道의 존재를 모른다. 無名이기 때문이다. 深不可識이다. 깊고 깊어서 그 정체를 알 수 없다. 따라서 道가 우리를 만들어주었음을 인식하지 못하고 不肖하다 생각한다. 심지어 존재하지 않는다고 생각한다. 38章에서 설명하는 내용은 못나 보이는 道와 잘나 보이는 色界를 비교하고 있다. 못나 보이는 道를 버리고 人爲를 택한 문제를 질책한다.

上德不德 是以有德 상덕부덕 시이유덕
최상의 德은 부덕해 보이기에 德이 있다. 어렵게 표현하고 있다. 인위를 싫어하는 老子 입장에서는 자연스러운 표현이다. 덕처럼 보이지 않기에, 의도나 가식이 없기에 진정한 덕이다.

下德不失德 是以無德 하덕불실덕 시이무덕
하덕은 德을 잃지 않으려 하므로 무덕한 것이다. 人爲로 행하는 德은 자연스럽지 않다.

上德無爲而無以爲 상덕무위이무이위
상덕은 무위로 행하기에 스스로 이루어지는 것이지만

下德爲之而有以爲 하덕위지이유이위
하덕은 인위적이며 억지로 그러함이다.

上仁爲之而無以爲 上義爲之而有以爲
상인위지이무이위 상의위지이유이위
최상의 仁은 함에 있어서 스스로 이루지만, 최상의 義는 함에 억지스러움이 있다. 이 표현을 이해하려면 老子의 생각을 살펴야 한다. 老子는 이 문장에서 仁을 無爲 쪽으로, 義를 有爲 쪽으로 나누고 있다.

上禮爲之而莫之應 則攘臂而扔之
상례위지이막지응 즉양비이잉지
최상의 禮도 상대가 적절하게 응대하지 않으면, 팔뚝으로 강압적으로 따르게 만든다.

故失道而後德 失德而後仁 失仁而後義 失義而後禮
고실도이후덕 실덕이후인 실인이후의 실의이후례
따라서 道를 지키지 못하기에 덕을 추구하며, 德을 지키지 못하기에 仁을 행하며, 仁을 지키지 못하기에 義를 따르며, 義를 잃고서야 禮를 따른다.

夫禮者忠信之薄 而亂之首 부례자충신지박 이란지수
따라서 禮는 忠과 信이 부족하며 어지러움의 원인이다.

도덕경 38장

前識者 道之華而愚之始 전식자 도지화이우지시
많이 아는 자들은 道의 화려함이니 바로 어리석음의 시작이다. 學은 물질과 권력을 위한 배움으로 道를 화려하게 과장하기에 어리석음의 시작에 불과하다. 道는 결코 화려하거나 밖으로 향하지 않는다. 不離輜重이기 때문이다.

是以大丈夫處其厚 不居其薄 시이대장부처기후 불거기박
고로 대장부는 진실한 곳에 거하고 천한 곳에 거하지 않는다. 이 문장에서 대장부는 멋진 남자가 아니라 道이다. 其厚는 重이요 其薄은 輕이다.

處其實不居其華 처기실 불거기화
진실한 곳(辱)에 거하며 화려한 곳(榮)에 거하지 않는다.

故去彼取此 고거피취차
따라서 저것을 버리고 이것을 취한다.

道德經 71章

知不知上　不知知病
지 부 지 상　부 지 지 병
夫唯病病　是以不病
부 유 병 병　시 이 불 병
聖人不病　以其病病
성 인 불 병　이 기 병 병
是以不病
시 이 불 병

•의역•

生氣를 퍼트리고 만물을 이롭게 하는 道의 이치를 모르기에 그 것을 깨달으려고 노력하는 것은 上이요. 道는 모르면서도 色界의 욕망만을 추구하는 것을 전부라고 아는 것은 病이다. 따라서 색계의 욕망이 病이라고 인식한다면 벗어날 수 있기에 문제 되지는 않는다. 聖人은 항상 道를 따르기에 病이 없고 색계의 욕망을 病으로 인식하기에 病이 아닌 것이다. 學을 추구하면서도 그 것을 아는 것으로 착각하니 病이요, 道를 추구하면서도 그 깊이를 몰라 알고자 따르는 것이 上이다.

71章은 철학의 느낌이 난다. 道德經 전체 내용과 어울리지는 않아 보인다. 공자도 이와 유사한 표현을 했다. 論語 爲政에서 "知之爲知之 不知爲不知 是知也", 아는 것을 안다고 하고, 모른 것을 모른다고 하는 것이야말로 진정 아는 것이다. 하지만 노자는 道와 色界의 차이점을 설명하고 있다. 道를 모르면서도 그 것을 깨달으려 노력하는 태도가 최선이지만, 學을 따르고 道를 멀리하면서도 마치 그것을 전부인 것으로 착각하는 것은 심각한 病이다.

知不知上 지부지상
모르는 것을 아는 것이 上이요. 무엇에 대해 알고, 모르는가? 도에 대해 모르는 것을 인식하고 깨우치고자 따르는 것은 최선이다.

不知知病 부지지병
모르면서 아는 것처럼 하는 것은 病이다. 道를 모르고 學을 따르면서 그 것이 전부인 듯, 아는 것처럼 하는 것은 병이다.

夫唯病病 부유병병
병을 병으로 알면 물질과 권력만을 추구하는 것이 병이라는 것을 안다면

是以不病 시이불병
병이 아니다. 고칠 수 있기에 병이 아니다.

聖人不病 성인불병
성인은 病이 없다. 성인(道)은 족함을 알고 물질을 탐하지 않으니 병이 없다.

以其病病 이기병병
그 병을 병이라 하기에 또 그 것이 병이라는 것을 알기에

是以不病 시이불병
병이 아닌 것이다. 문제가 되지 않는다.

이 章까지를 有爲로 나눠서 살펴보았다. 사실 어디까지가 무위고 어디까지가 유위인지 알기 어렵다. 道의 본질은 生氣를 부여하고 만물을 이롭게 하며 움직임과 변화를 통하여 순환을 거듭한다. 이 과정에 움직이면 반드시 열이 생기고 열은 물형을 결정한다. 물형에는 중력이 꿈틀대고 욕망이 생겨난다.

물형을 가진 자들의 본성이다. 따라서 無는 有 때문에 존재하기에 有를 나쁘다고 할 수는 없다. 有는 존재하고자 중력을 활용할 수밖에 없고 그것을 무조건 有爲라고 부를 수는 없다. 老子의 주장처럼, 色界를 버리고 樸으로 돌아가는 것만이 옳은 행위라면 굳이 태어나 육체를 가질 필요는 없는 것이다.

13章에 나오는 표현, 吾所以有大患者 爲吾有身(오소이유대환자, 위오유신) 큰 우환을 갖는다는 것은 몸을 가졌기 때문이다. 及吾無身 吾有何患(급오무신 오유하환) "만약 육체가 없다면 무슨 우환이 있는가?"로 해석하여 태어나는 것 자체를 부정하는 표현은 황당하다. 有는 극히 당연한 존재며 욕망을 기본으로 한다. 老子는 단지 지나친 탐욕을 경계하라는 뜻이었으리라.

03 권력과 전쟁

　老子의 道德經이 정치와 병법서라는 소리를 듣는다. 그 의견에 동조하기 어렵다. 道의 본질은 만물에 생기를 부여하고 이롭게 하기 때문이다. 이런 생각을 가진 老子가 백성을 死地로 내모는 전쟁을 좋아할 리 없지 않은가? 3개의 章을 살펴볼 것이다. 살펴야 할 점은 老子가 주장하는 핵심이 무엇인가이다. 老子의 생각은 참으로 명확하다. 백성을 절대로 함부로 괴롭히거나 죽이지 말라는 것이다. 그 이상도 이하도 아니다. 生氣를 죽이지 말라. 그 권한은 오로지 天地에만 있다. 사람은 절대로 사람을 죽일 권한이 없다.

道德經 30章 - 不道는 죽음을 재촉한다.

```
以道佐人主者 不以兵强天下 其事好還
이 도 좌 인 주 자  불 이 병 강 천 하  기 사 호 환
師之所處 荊棘生焉 大軍之後 必有凶年
사 지 소 처  형 극 생 언  대 군 지 후  필 유 흉 년
善者果而已 不敢以取强 果而勿矜 果而勿伐
선 자 과 이 이  불 감 이 취 강  과 이 물 긍  과 이 물 벌
果而勿驕 果而不得已 果而勿强
과 이 물 교  과 이 부 득 이  과 이 물 강
物壯則老 是謂不道 不道早已
물 장 즉 로  시 위 부 도  부 도 조 이
```

•의역•

道에 따라 生氣를 보호하는 것을 중요하게 생각한다면 절대로 군대를 강하게 만들지 않는다. 원한과 복수는 계속 반복된다. 전쟁이 지나간 곳에는 가시덤불이 생겨나고 반드시 흉년이 든다. 道에 따라 生氣를 중시하면, 피하지 못할 전쟁은 억지로 할 수도 있겠지만 감히 군대를 강하게 만들지는 않는다. 백성들이 다치고 죽었기에 전쟁에서 이겼어도 기뻐하지 않으며, 뽐내지 않으며, 교만하지 않으며, 부득이한 결과일 뿐이며, 전쟁을 위해 군대를 강하게 하지 않는다. 만물은 왕성해지면 衰할 뿐이다. 이것을 道에 어긋난다고 하며 죽음을 재촉할 뿐이다.

老子는 전쟁을 극도로 싫어했다. 오죽하면 반드시 전쟁해야만 한다면 방어만 하라고 강조하겠는가? 이 章은 전쟁에 대한 생각을 드러낸다.

以道佐人主者 不以兵强天下 이도좌인주자 불이병강천하
도로써 사람을 보호함을 중요하게 생각한다면 절대로 군대를 강하게 만들지 않는다. 이 문장은 특별한 내용이 없음에도 해석이 분분하다. 대부분 "道로써 임금을 보위하는 자"로 해석을 해버린다. 그 이유는 道德經을 정치로 이해하기 때문이라 생각된다. 문장 구성을 보자.

以道 + 佐人 + 主者 = 도로써 + 사람을 돕다 + 가장 중요하게 생각하는 것, 따라서 道에 따라 생명체를 보호하는 것을 중시한다면, 정도의 해석이다. 이 문장에서 主가 王을 지칭하는 것이 아니다. 그 이유는 아래 문장들과 어울리지 않기 때문이다.

其事好還 기사호환
그 일은 **바꾸기 쉽다. 교환하기 쉽다.** 이런 표현은 묘한데, 군대를 강하게 하여 천하를 다스리면 반드시 상응하는 대가를 치를 것이다. 당한 자는 때를 기다려 반드시 복수하기 때문이다. 그것이 好還이다.

師之所處 荊棘生焉 사지소처 형극생언
군대를 일으켰던 곳에서는 가시덤불이 생겨난다.

大軍之後 必有凶年 대군지후 필유흉년
대군(전쟁)이 지나간 뒤에는 반드시 흉년이 든다. 말발굽 지나간 땅에서 농

사가 잘 될 리는 없다. 흉년이 들고 백성들은 고통 받는다.

善者果而已 不敢以取强 선자과이이 불감이취강
善者(道에 따라 생명을 중시하면), 피하지 못할 전쟁은 억지로는 하지만 감히 강하게 만들지 않는다.

果而勿矜 과이물긍	이겼다고 자랑하지 않으며(기뻐하지 않으며)
果而勿伐 과이물벌	뽐내지 않으며
果而勿驕 과이물교	교만하지 않으며
果而不得已 과이부득이	부득이한 결과일 뿐이며
果而勿强 과이물강	강해지려 하지 않는다.
物壯則老 물장즉로	물질은(만물) 왕성해지면 衰할 뿐이다.

내용을 보면, 帝王과 아무런 관련이 없다. 제왕을 道로 보호한다는 의미가 아니다. 왕을 논하는 것이 아니라 전쟁하지 말라는 것이다. 왕을 언급해야 할 이유를 느끼지 못한다. 전쟁하는 제왕은 무조건 나쁘기 때문이다. 이것이 老子의 생각이다.

是謂不道 不道早已 시위부도 부도조이
이것을 도에 어긋난다고 하며 죽음을 재촉할 뿐이다. 억지로 전쟁하면 백성들만 죽어 나간다. 道는 만물을 이롭게 하는 것이지 전쟁하여 백성들 죽이는 것이 아니다.

道德經 31章 - 상서롭지 못한 기물

```
夫佳兵者 不祥之器 物或惡之 故有道者不處
부가병자  불상지기  물혹오지  고유도자불처

君子居則貴左 用兵則貴右 兵者不祥之器 非君子之器
군자거즉귀좌  용병즉귀우  병자불상지기  비군자지기

不得已而用之 恬淡爲上 勝而不美 而美之者 是樂殺人
부득이이용지  염담위상  승이불미  이미지자  시락살인

夫樂殺人者 則不可得志於天下矣
부락살인자  즉불가득지어천하의

吉事尙左 凶事尙右 偏將軍居左 上將軍居右
길사상좌  흉사상우  편장군거좌  상장군거우

言以喪禮處之 殺人之衆 以哀悲泣之 戰勝以喪禮處之
언이상례처지  살인지중  이애비읍지  전승이상례처지
```

• 의역 •

전쟁을 아름답게 여기는 것은 상서롭지 않으며, 추악한 것이다. 따라서 道를 따르면 전쟁에 머물지 않는다. 군자는 도를 따르기에 왼쪽에 거함을 귀하게 여기고, 용병은 오른쪽을 귀하게 여긴다. 병기란 상서롭지 못한 기물이며 군자가 다룰 물건이 아니다. 부득불 사용해야 한다면 조용히 담담하게 하는 것이 최상이다. 전쟁에서 이겨도 추한 것이며 만약 전쟁에서 승리했다고 즐거워한다면 살인을 즐기는 것이다. 함부로 살인을 저지르는 자는 天下(道)의 뜻을 얻지 못한다. 전쟁하지 않는 것을 우선순위에 두기에 길사는 왼쪽에, 흉사는 오른쪽에 오르며, 편장군은 왼쪽에 상장군은 오른쪽에 거한다. 전쟁으로 백성들이 다치고 사망하니 전쟁은 상례로 처리해야만 하는 것이다. 백성들이 죽어 나갔으니 비통하게 슬피 울어야 하며 승전조차도 상례로 여겨야 한다.

老子는 통치, 병법을 다룬 것이 아니다. 앞으로 나오는 군사와 통치의 내용을 살펴보면 쉽게 확인할 수 있다. 31章에서는 병기가 나온다. 먼저 이해할 것은 左右의 개념인데 좌측이 우측보다 더 중요하다. 따라서 <u>일을 처리하는 우선 순위</u>를 표현한 것으로 사람이나 사물의 배치를 설명하는 것이 아니다.

夫佳兵者 不祥之器 物或惡之 故有道者不處
부 가 병 자 　불 상 지 기 　물 혹 오 지 　고 유 도 자 불 처

전쟁을 아름답게 여기는 것은 상서롭지 않으며, 추한 것이다. 따라서 道를 따르면 머물지 않는다. 道가 있는 곳에는 전쟁할 리가 없다는 것이다.

君子居則貴左 用兵則貴右 군자거즉귀좌 용병즉귀우

군자가 거함에 왼쪽을 귀하게 여기고, 용병은 오른쪽을 귀하게 여긴다. 왼쪽과 오른 쪽이 지칭하는 것은 중요도를 설명하는 것이지 배치가 아니다. 君子가 왼쪽에 좌하는 이유는 道를 중시하기 때문이다. 즉, 전쟁하지 않는다. 용병은 반드시 전쟁하는 것을 암시한다. 따라서 절대로 우선순위에 둘 수 없다. 이 문장을 오해하여 반드시 왼쪽에는 왕이 오른 쪽에는 군대가 있어야 하는 것이 禮나 법도라는 식의 해석은 황당하다. 老子는 禮를 흉하다고 본다.

兵者不祥之器 非君子之器 不得已而用之 恬淡爲上
병 자 불 상 지 기 　비 군 자 지 기 　부 득 이 이 용 지 　염 담 위 상

병기란 상서롭지 못한 기물이며 군자가 다룰 물건이 아니다. 부득불 사용해야 한다면 조용히 담담하게 하는 것이 최상이다. 전쟁하지 말라는 것이다. 어떻게 전쟁을 조용히 담담하게 하는가?

勝而不美 而美之者 是樂殺人 승이불미 이미지자 시락살인
전쟁에서 이겨도 추하며, 만약 아름답다고 한다면 살인을 즐기는 것이다.
전쟁에서 이겼다고 즐거워할 일이 아닌 이유는 백성들이 상하기 때문이다.

夫樂殺人者 則不可得志於天下矣 부락살인자 즉불가득지어천하의
기꺼이 살인을 저지르는 자는 천하의 뜻을 얻지 못한다.

吉事尚左 凶事尚右 길사상좌 흉사상우
길사는 왼쪽에 오르고 흉사는 오른쪽에 오른다. 길사를 왼쪽에 올린다는 뜻은 전쟁하지 말라. 죽이지 말라는 뜻이다. 길사가 아니기 때문이다. 전쟁하지 않는 것이 무조건 우선이다.

偏將軍居左 上將軍居右 편장군거좌 상장군거우
편장군은 왼쪽에 상장군은 오른쪽에 거한다. 편장군이 왼쪽을 차지한다는 뜻은 지위가 낮은 사람이 더욱 중요한 곳에 처하고 상장군이 덜 중요한 곳에 자리한다. 이 표현도 전쟁하지 말라는 뜻 이상도 이하도 아니다. 왼쪽이 일의 우선순위다. 반드시 그것을 먼저 해라.

言以喪禮處之 언이상례처지
전쟁을 상례로 처리함을 말함이라. 전쟁으로 백성들이 사망하여 흉사니, 상례로 처리할 일이지 전쟁에서 이겼다고 향연을 베풀 일이 아니며 그런 짓은 살인자나 하는 것이다.

殺人之衆 以哀悲泣之 戰勝以喪禮處之
살 인 지 중 이 애 비 읍 지 전 승 이 상 례 처 지

백성들이 많이 죽어 나갔으니 비통하게 슬피 울어야 하며 승전을 상례로 여겨야 하느니.

이런 표현에서 兵法을 운운한다면 老子의 주장을 전혀 이해하지 못하는 것이다. 老子의 주장은 명료하다. 백성을 죽이지 말라는 것이다. 王은 백성 죽일 권한을 부여받지 않았기 때문이다.

道德經 69章 - 후퇴만 하는 전쟁.

```
用兵有言
용병유언
吾不敢爲主而爲客 不敢進寸而退尺
오 불감 위 주 이 위 객    불감 진 촌 이 퇴 척
是謂行無行 攘無臂 扔無敵 執無兵
시 위 행 무 행  양 무 비  잉 무 적  집 무 병
禍莫大於輕敵 輕敵幾喪吾寶
화 막 대 어 경 적   경 적 기 상 오 보
故抗兵相加 哀者勝矣
고 항 병 상 가   애 자 승 의
```

•의역•

병법에 이르기를, 전쟁을 감히 주도적으로 할 수 없고 피동적이어야 하며, 감히 일촌도 나가지 말고 뒤로 한자나 물러나야 한다. 이것이 전쟁하면서도 전쟁하지 않는 것과 같다.

병기를 들어 올릴 어깨가 없고, 공격할 적군이 없고, 잡을 병기가 없어야 한다. 전쟁에서 적을 가볍게 여기는 것보다 큰 재앙은 없고, 적을 가볍게 여기면 보배(生氣)를 잃을 징조다. 따라서 싸워야 하는 상황에서는 비통해하는 쪽이 승리하기 나름이다. 백성들이 전쟁에서 죽어나가는 것을 비통하게 여기기에 절대로 전쟁하지 않는다.

老子는 오로지 하나의 주장만을 견지한다. 전쟁하지 말라. 백성을 죽이지 말라. 그 이상도 이하도 아니다.

用兵有言 吾不敢爲主而爲客 不敢進寸而退尺
용병유언 오불감위주이위객 불감진촌이퇴척

병법에 이르기를, 감히 주도적일 수 없고 피동적이며, 감히 일촌도 나가지 말고 뒤로 한자나 물러야 한다. 겁쟁이 병법이다. 극히 老子다운 병법이다. 백성을 죽이지 말라는 것이다. 공격하지 말고 방어만 하고 절대로 나가지 말라고 한다. 이런 방식으로 무슨 전쟁을 하라는 것인가?

是謂行無行 시위행무행
이것을 전쟁하면서도 전쟁하지 않는 것과 같다고 한다. 하지 않으면서도 행한다. 방어 위주의 전략은 백성을 최소로 상하게 한다. 老子에게 중요한 것은 전쟁이 아니고 백성의 목숨이 상하지 않는 것이다. 老子는 오로지 그 생각뿐이다. 정치, 병법, 전쟁 전혀 흥미가 없고 오로지 백성들이 다치지 않을 방법만 연구하고 있다.

攘無臂 양무비
들어 올리지만 들어 올릴 어깨가 없고

扔無敵 잉무적
공격하지만 공격할 적군이 없고

執無兵 집무병
잡지만 잡을 병기가 없다.

모두 전쟁하지 말라는 것 이상도 이하도 아니다. 무기를 쥐어 휘두를 수 없고, 공격할 적군도 없고 잡을 병기도 없는데 어떻게 전쟁을 할 수 있는가?

禍莫大於輕敵 輕敵幾喪吾寶 화막대어경적 경적기상오보
전쟁에서 적을 가볍게 여기는 것보다 큰 재앙은 없고, 적을 가볍게 여기면 보배를 잃을 징조다. 幾喪 "잃을 가능성이 높다." 보물은 무엇인가? 道가 만들어낸 生氣다. 백성의 목숨을 잃으니 절대로 전쟁하지 말라는 것이다. 적을 가볍게 여기는 것이 핵심이 아니라 가볍게 여겨서 백성들이 전쟁터에서 죽는 것이 더욱 중요한 일이다.

故抗兵相加 哀者勝矣 고항병상가 애자승의
따라서 싸워야 하는 상황에서는 비통해하는 쪽이 승리하기 나름이다. 老子는 백성들이 죽어나가는 것을 극도로 싫어한다. 따라서 슬퍼하는 쪽이 이긴다는 뜻은 백성의 죽음을 애통해하기에 전쟁하지 말고 물러서라는 뜻이다. 슬퍼한다고 전쟁에서 이길 수는 없는 것이다. 이런 문장에서 兵法을 느낀다면 황당한 것이다.

哀兵必胜 애병필승
道德經 때문에 생겨난 고사성어다. 세력이 비슷한데 강한 쪽이 약한 쪽을 밀어붙이면 약한 쪽은 오히려 이기고자 더욱 노력하여 승리한다는 뜻이라고 한다. 하지만 이런 해석은 老子의 생각과 전혀 어울리지 않는다. 악착같이 이기려고하면 이길 수 있다는 논리는 老子의 생각이 아니기 때문이다. 老子

는 <u>백성들을 죽이지 말라</u>는 것 이상도 이하도 아니다.

老子는 적군이건 아군이건 전쟁하는 것에 전혀 흥미가 없다. 이런 생각을 가진 老子에게 帝王은 어떤 존재였는지 상상해보라. 매우 위험하여 없어야 할 존재였다. 이런 생각이 17章에 명확하게 드러난다. 太上下知有之(태상, 하지유지) 비록 백성들이 왕이 있다는 것은 알지만 잊고 살아가는 정도의 帝王을 최상으로 보았다.

이런 老子를 이해하면 수십 章에 걸쳐 드러난 묘한 표현들을 이해한다. 분명히 전지전능하여 모든 일을 무위로 이루면서도 왜 그렇게 겁쟁이처럼 보수적이고, 내성적이고, 수줍어하고, 뒤에 숨어 있으려 하고, 조용히 일처리하고 반드시 사라지려고 하는지.

老子는 生氣를 죽이는 모든 것들을 흉하다고 본다. 인간의 탐욕도 포함된다. 難得之貨를 탐하게 만들고자 智하고 賢하게 만들어 백성들의 행동을 어지럽게 하고 심하면 전쟁으로 많은 백성들이 죽어나가기 때문이다. 老子에게 정치도 병법도 없다. 단지 백성을 죽이지 말라는 외침 뿐.

04 정치政治

老子에게 道의 본질은 간단하다. 生氣를 부여하고 만물을 이롭게 하는 것이다. 이런 생각을 가진 老子에게 정치란 무엇이었을까? 정치가 무엇인지 알기나 하였을까? 老子는 백성들을 괴롭히지 말라는 잔소리만 잔뜩 하였다. 겁쟁이 병법에서 보듯, 老子에게 가장 훌륭한 정치는 제왕이 사라지는 것이거나 없는 듯 숨어있어야 한다. 帝王이 할 수 있는 일이라고는 尙賢하여 백성을 탐욕에 빠트리고 전쟁으로 死地로 내몰기 때문이다. 심하게 표현하면 老子에게 제왕은 상서롭지 못한 기물이었다. 내용을 살펴보면서 老子의 생각을 따라가 보자.

道德經 17章 - 존재조차 모르는 王

太上 下知有之 其次 親而譽之
태상 하지유지 기차 친이예지

其次 畏之 其次 侮之
기차 외지 기차 모지

信不足焉 有不信焉 悠兮 其貴言
신부족언 유불신언 유혜 기귀언

功成事遂 百姓皆謂我自然
공성사수 백성개위아자연

•의역•

최상의 통치는 백성들이 王의 존재조차도 잘 모르고, 차선의 통치는 王에 대하여 친근하고 존경한다. 그 다음은 백성들이 왕을 두려워하는 것이요, 최악은 왕을 경멸하고 업신여기는 것이다.

믿음이 부족하면 믿지 않는다. 왕은 한가로우며 말을 극히 아끼니 그 존재가 드러나지 않는다. 모든 일들은 道에 따라 자연스럽게 이루어지니, 공을 이루고 일이 완성되면, 백성들은 말하기를 우리가 자연스럽게 이루었노라고 한다.

17장은 국가를 통치하는 자가 마땅히 취할 태도를 설명한다. 옛날 태평시대에 왕이 암행을 떠나 왕을 어떻게 생각하는지 들어보았는데 백성들은 왕의 존재조차 모르더라. 그 존재도 모르는 帝王이 진정한 성군이다. 老子는 이런 왕을 원한다. 그래야 不尙賢이다. 도덕경은 왕을 위해 쓴 글이 아니라 오로지 백성의 입장에서 왕의 태도를 설명한다. 道나 帝王은 不離輜重으로 항상 수레의 무거움을 지키며 백성들 앞에 나서면 안 되는 존재였다.

太上 下知有之 其次 親而譽之 태상 하지유지 기차 친이예지
최상의 통치는 존재조차도 모르고, 차선의 통치는 친근하고 존경한다.

其次 畏之 其次 侮之 기차 외지 기차 모지
그다음은 두려워하는 것이요, 최악은 경멸하고 업신여긴다.

信不足焉 有不信焉 신부족언 유불신언
믿음이 부족하면 믿지 않는다.

悠兮 其貴言 유혜 기귀언
한가로우며 말을 극히 아끼니, 백성들 입장에서 쓸 만한 왕은 존재도 모르는 것이다. 백성들 입장에서 배부르고 등 따시면 그만이다. 이 법률, 저 법률이 불필요하다. 老子가 가장 좋아하는 왕의 형태이다. 老子는 통치를 논하는 것이 아니라 王이 불필요함을 암시하고 있다. 老子에게 帝王은 無爲가 아니라 有爲이기 때문이다.

功成事遂 百姓皆謂 我自然 공성사수 백성개위 아자연
공을 이루고 일이 완성되면, 백성들이 모두 말하기를 우리가 이루었노라.

"自然"의 의미가 정확하게 무엇일까? 백성을 이롭게 한다는 명분아래 갖은 방법으로 통제할수록 백성의 삶은 피폐해진다. 반대로, 최소한의 통치만으로 태평성대가 이루어지면 백성들은 그런 상황을 당연한 것이라 느낄 것이다. 이 또한 老子의 역설로 道德經 전반에 흐르는 無爲와 연결된다. 학문을 배우지 않아도 본성대로 유지되며, 왕이 뒤로 물러나 있기만 하면 백성들은 스스로 이룬다. 그런 쉬운 방법이 있음에도 권력을 남용하고 이권을 챙기느라 나라를 혼란스럽게 만들지 말라는 암시다. 이런 老子의 주장을 정치라고 하면 老子가 얼마나 억울할까?

道德經 53章 – 政治의 무상함

```
使我介然有知 行於大道 唯施是畏
 사 아 개 연 유 지   행 어 대 도   유 시 시 외
大道甚夷 而民好徑 朝甚除 田甚蕪 倉甚虛
 대 도 심 이  이 민 호 경  조 심 제  전 심 무  창 심 허
服文綵 帶利劍 厭飮食 財貨有餘
 복 문 채  대 리 검  염 음 식  재 화 유 여
是爲盜夸 非道也哉
 시 위 도 과   비 도 야 재
```

•의역•

만약 내가 조금이라도 道를 안다면, 반드시 그 길을 따를 것이고 바르지 않은 길로 들어서는 것을 두려워할 것이다. 바른길은 매우 평탄하건만 사람들은 지름길(샛길)만을 좋아한다.

王과 위정자들을 위한 궁궐은 잘 정돈되어 있으나 백성들이 먹고 살고자 농사 지어야만 하는 논밭에는 풀이 무성하고 곡간은 텅 비었구나. 위정자들은 화려한 실크 옷을 두르고, 보검을 차고, 좋은 음식을 먹는 것도 지겨울 정도며, 재물이 남아도는 행위들은 모두 도적질과 같으며 잘못된 길이다.

53章은 부패한 정치가들을 신랄하게 비판하고 있다. 이 또한 정치, 법도와는 거리가 멀다. 타락한 정치에 괴롭힘 당하는 백성들 입장에서 쓴 것이다.

使我介然有知 사 아 개 연 유 지
만일 내가 조금이라고 道에 대해 안다면. 介는 조금이라도 라고 해석한다. 무엇을 안다면? 바로 아래에 나오는 대도를 조금이라도 알면.

行於大道 唯施是畏 행 어 대 도 유 시 시 외
대도의 길에 들어설 것이요 샛길로 빠지는 것을 두려워할 뿐이라. 위 문장까지 연결해서 해석해보자. 만약 내가 조금이라도 도를 안다면, 반드시 그 길을 따를 것이고 바르지 않은 길로 들어서는 것을 두려워할 것이다. 施는 "기울다"로 大道에서 치우치는 것이다.

大道甚夷 而民好徑 대 도 심 이 이 민 호 경
바른길은 매우 평탄하건만 사람들은 지름길(샛길, 사도)만 좋아한다. 여기에서 지칭하는 사람은 백성들이 아니라 권력으로 재물을 취하려는 권력추종자들이다. 그 이유는 다음 문장에서 조정이 나오기 때문이다.

朝甚除 田甚蕪 倉甚虛 조 심 제 전 심 무 창 심 허
궁궐은 잘 정돈되어 있으나 밭에는 풀이 무성하고 곳간은 텅 비었다. 除는 掃除(소제)로 먼지나 더러운 것을 쓸고 닦아서 깨끗한 상태다. 궁궐이 매우 깨끗함을 암시한다. 蕪는 황무지로 밭이 황무지처럼 변한 상태다.

服文綵 帶利劍 厭飲食 財貨有餘 是謂盜夸 非道也哉
복 문 채 대 리 검 염 음 식 재 화 유 여 시 위 도 과 비 도 야 재

화려한 실크 옷을 두르고, 보검을 차고, 좋은 음식 먹는 것도 지겨울 정도며, 재물은 넘치는 행위들은 도적질이요 잘못된 길이라.

이 章도 보는 바와 같이 老子는 정치를 언급할 맘이 전혀 없다. 老子에게 정치는 무조건 나쁜 것이다. 道를 따르지 않기 때문이다. 53章에 어울리는 詩經 한 구절을 올려본다.

不稼不穡	심고 기르지도 않음서
胡取禾三百廛兮	창고는 왜 그리 가득 찼단 말인가?
不狩不獵	사냥도 하지 않았는데
胡瞻爾庭有縣貆兮	어찌 짐승 가죽들로 장식할 수 있단 말인가?
彼君子兮	이러한 군자는
不素餐兮	밥그릇에 밥을 퍼 담을 자격도 없는 놈이라!

-출처불명-

道德經 54章 - 德이 넘치는 세상

```
善建者不拔 善抱者不脫 子孫以祭祀不輟
선 건 자 불 발   선 포 자 불 탈   자 손 이 제 사 불 철
修之於身 其德乃眞 修之於家 其德乃餘
수 지 어 신   기 덕 내 진   수 지 어 가   기 덕 내 여
修之於鄕 其德乃長 修之於國 其德乃豊
수 지 어 향   기 덕 내 장   수 지 어 국   기 덕 내 풍
修之於天下 其德乃普
수 지 어 천 하   기 덕 내 보
故以身觀身 以家觀家 以鄕觀鄕 以國觀國 以天下觀天下
고 이 신 관 신   이 가 관 가   이 향 관 향   이 국 관 국   이 천 하 관 천 하
吾何以知天下然哉 以此
오 하 이 지 천 하 연 재   이 차
```

• 의역 •

德을 잘 세우면 뽑히지 않는다. 잘 품으면 벗어나지 않는다. 자손들은 조상의 제사를 멈추지 않는다. 수신을 위한 德은 진실 되고, 가정을 위한 德은 여유롭고, 마을을 위한 德은 오래가며, 국가를 위한 德은 풍요로우며, 천하를 위한 德은 두루 퍼진다. 따라서 德으로 가득 찬 세상에서 모든 개인, 가정, 고향, 국가, 천하는 덕과 함께 하는 것이다. 천하가 그런가를 내가 어찌 아는가? 이것으로 알 수 있다.

善建者不拔 善抱者不脫 선건자불발 선포자불탈
잘 세우면 뽑히지 않는다. 잘 품으면 벗어나지 않는다. 여기서 무엇을 잘 세우고 품는다는 것인지 목적어가 없다. 아래에 德이 있다. 德을 잘 세운 자는 뿌리가 깊어 흔들림이 없고 德을 잘 품은 자는 德에서 벗어나지 않는다.

子孫以祭祀不輟 자손이제사불철
자손들은 제사를 멈추지 않는다. 갑자기 이상한 문구가 끼어든 느낌이다. 참으로 부적절해 보이는 문구다. 전체적으로 어울리지 않기 때문이다.

修之於身 其德乃眞 수지어신 기덕내진
수신을 위한 德은 진실 되고

修之於家 其德乃餘 수지어가 기덕내여
가정을 위한 德은 여유롭고

修之於鄕 其德乃長 수지어향 기덕내장
마을을 위한 德은 오래가며

修之於國 其德乃豊 수지어국 기덕내풍
국가를 위한 德은 풍요로우며

修之於天下 其德乃普 수지어천하 기덕내보
천하를 위한 德은 두루 퍼진다.

故以身觀身 以家觀家 以鄕觀鄕 以國觀國 以天下觀天下
고 이 신 관 신 이 가 관 가 이 향 관 향 이 국 관 국   이 천 하 관 천 하
따라서 德으로 가득 찬 세상에서 모든 개인, 가정, 고향, 국가, 천하는 덕과 함께 하는 것이다.

吾何以知天下然哉 以此 오하이지천하연재 이차
나는 천하가 그런가를 어찌 아는가? 이것으로 알 수 있다. 내가 德으로 修身하면 그 덕은 바르게 나와 함께한다. 따라서 德으로 상대를 대하니 상대도 나를 德으로 대한다. 23章에 나오는 내용을 살펴보면 좀 더 이해가 쉽다.

同於道者 道亦樂得之
道를 따르면 道 또한 기꺼이 함께하며

同於德者 德亦樂得之
德을 따르면 德 또한 기꺼이 함께하며

同於失者 失亦樂得之
잃음을 따르면 잃음도 역시 기꺼이 함께한다.

다시 아래 문장의 뜻을 생각해보자.
故以身觀身 以家觀家 以鄕觀鄕 以國觀國 以天下觀天下

만물에 스며든 道에 따라 행하는 德이 가득 찬 세상에서 모두 하나다. 개인과 가정, 마을, 국가, 천하가 道와 德으로 충만하여 하나가 되는 것이다. 老子는 천국을 꿈꾸고 있다. 이런 내용에 무슨 정치가 있을 것인가?

道德經 57章 - 스스로 다스린다

```
以正治國 以奇用兵 以無事取天下
 이 정 치 국   이 기 용 병   이 무 사 취 천 하
吾何以知其然哉 以此 天下多忌諱 而民彌貧
 오 하 이 지 기 연 재  이 차  천 하 다 기 휘  이 민 미 빈
民多利器 國家滋昏 人多伎巧 奇物滋起
 민 다 리 기   국 가 자 혼   인 다 기 교   기 물 자 기
法令滋彰 盜賊多有 故聖人云
 법 령 자 창   도 적 다 유   고 성 인 운
我無爲而民自化 我好靜而民自正
 아 무 위 이 민 자 화   아 호 정 이 민 자 정
我無事而民自富 我無欲而民自樸
 아 무 사 이 민 자 부   아 무 욕 이 민 자 박
```

•의역•

나라를 바르게 다스리고, 군대를 뛰어나게 운용하는 것도 좋지만 無事(無爲)로 천하를 취해야 한다. 어떻게 그럴 수 있는지 아는가? 바로 이런 이유 때문이다. 천하에 기피하고 꺼리는 것이 많을수록 백성은 더욱 가난해지고, 이로운 물건들을 많이 가질수록 국가는 더욱 어지러워진다. 다양한 기교들이 넘쳐날수록 괴이한 물건들이 생겨나고 법령이 뚜렷해질수록 도둑은 더욱 많아진다. 이런 이유로 聖人(道)은 말한다. 나는 無爲로 백성들이 스스로 순화되게 하며, 안정을 유지하여 스스로 바르게 하며, 도모하지 않음으로써 백성들이 부유해지도록 하며, 무욕으로 백성들이 소박해지도록 한다.

57章은 마치 治國과 用兵을 설명하는 듯하다. 老子가 정치를 논하는지, 병법을 논하는지 살펴보도록 하자.

以正治國 以奇用兵 이정치국 이기용병
나라를 바르게 다스리고, 군대를 뛰어나게 운용하지만, 奇는 뛰어난 전략이나 기묘한 계책을 뜻한다.

以無事取天下 吾何以知其然哉 以此
이 무 사 취 천 하 오 하 이 지 기 연 재 이 차
無事(無爲)로 천하를 취해야 한다. 어떻게 그러할 수 있는지 아는가? 바로 아래의 이유 때문이다. 老子는 正治國 奇用兵 보다 無事取天下하는 것이 훨씬 더 높은 단계임을 설명한다.

天下多忌諱而民彌貧 천하다기휘 이민미빈
천하에 기피하고 꺼리는 것이 많을수록 백성은 더욱 가난해진다. 忌諱는 꺼리고 싫어하는 것이다. 彌貧은 더욱 가난해진다. 이 문장은 帝王과 국가통치를 부정하는 것이다. 80章에서 老子는 이런 말을 했다. "小國寡民" 나라도 백성도 작아야 하는 이유는 多忌諱를 두려워하기 때문이다. 복잡한 법령들이 생겨날수록 백성들은 더욱 가난해지는 이치를 설명하고 있다. 왕의 존재를 모르는 나라가 최상이라는 생각과 연결되어 있다.

民多利器 國家滋昏 민다리기 국가자혼
백성들이 이로운 물건들을 많이 가질수록 국가는 더욱 어지러워진다.

人多伎巧 奇物滋起 인다기교 기물자기
다양한 기교들이 넘쳐날수록 괴이한 물건들이 생겨나게 된다. 먹고살기 힘들면 힘들수록 백성들은 교활해지는데 예로 보이스피싱 처럼 교묘한 방법으로 사람들을 기만한다. 滋起는 불어나는 것이다. 老子의 혜안에 놀라울 따름이다.

法令滋彰 盜賊多有 법령자창 도적다유
법령이 점점 뚜렷해질수록 도둑은 더욱 많아진다. 滋彰은 법령이 점점 구체화되고 명백해지는 것이다. 법령이 촘촘해지면 범법행위를 걸러내기에 범죄가 줄어야 함에도 오히려 증가하는 이유는 무엇일까? 등 따시고 배부를 때는 도적질할 생각도 못 했는데 법령으로 백성들을 구속하니 살기 힘들어지면서 도적질 수법이 점점 교활해질 수밖에 없다. 선순환으로 인식하였으나 결과적으로 악순환의 원인이다.

故聖人云 고성인운
따라서 성인은 말한다.

我無爲而民自化 아무위이민자화
나는 무위로 백성이 스스로 순화되게 하며

我好靜而民自正 아호정이민자정
나는 안정을 유지하여 백성이 스스로 바르게 되며

我無事而民自富 아무사이민자부
나는 도모하지 않음으로써 백성이 부유해지며

我無欲而民自樸 아무욕이민자박
나는 무욕으로써 백성이 소박해지게 하는 것이다.

老子의 생각은 명확하다. 정치에 대한 이야기가 아니다. 人爲로 나라를 다스리면 어떤 문제가 발생한다고 경고한 후, 만약 자신이 나라를 다스린다면 어떤 방식을 취할 것인가를 설명한다. 그의 통치 방법은 참으로 황당하다. 樸처럼 谷神처럼 뒤로 물러나 어두운 곳에서 아무 행위도 하지 않는다. 간섭만 하지 않으면 스스로 이루어지는 이치를 알기 때문이다. 이것이 老子가 주장하는 정치의 본질이다. 어떻게 다스릴까를 연구하는 것이 아니라 어떻게 다스리지 않을까를 연구한다.

道德經 58章 - 가만두라

> 其政悶悶 其民淳淳 其政察察 其民缺缺
> 기 정 민 민   기 민 순 순   기 정 찰 찰   기 민 결 결
> 禍兮 福之所倚 福兮 禍之所伏 孰知其極
> 화 혜 복 지 소 의   복 혜   화 지 소 복   숙 지 기 극
> 其無正 正復爲奇 善復爲妖 人之迷 其日固久
> 기 무 정   정 복 위 기   선 복 위 요   인 지 미   기 일 고 구
> 是以聖人方而不割 廉而不劌 直而不肆 光而不耀
> 시 이 성 인 방 이 불 할   렴 이 불 귀   직 이 불 사   광 이 불 요

• 의역 •

통제, 간섭이 없는 정치방식은 백성들을 순박하게 만들지만 최대한 통제하고 간섭하는 정치방식은 백성들을 부족하게 만든다. 禍는 福에 의지하고, 福 속에는 禍가 잠복되어 있다. 정치를 깐깐하게 해야 잘 다스린다지만 실제로는 정반대다. 따라서 禍처럼 보이지만 福으로 나타나고, 福처럼 보이지만 禍가 나타난다. 정치를 답답하게 하여 백성을 편하게 해주면 오히려 복이다.

누가 이런 경계를 아는가? 옳고 그름의 경계가 없다. 정치를 깐깐하게 할수록 바름은 어그러짐으로 바뀌고 선함은 요사스러워진다. 이런 인간의 어리석음은 오래된 것이라. 도와 무위를 벗어난 인위적인 방식들은 참으로 오래된 것이다. 어찌하여 청개구리처럼 반대로만 행동하는가? 따라서 성인(道)은 방정하면서도 나누지 않고 청렴하면서도 상하지 않으며 곧으면서도 제멋대로 하지 않으며 밝게 비추면서도 그 빛에 현혹되지 않게 한다.

58章도 동일한 주장이 이어지지만 내용은 많이 다르다. 정치방식과 有物混成, 丁壬癸 회오리의 경계가 모호함을 설명한다.

其政悶悶 其民淳淳 기정민민 기민순순
그 정치가 답답하면 백성은 순박해진다. 57장의 설명과 동일한 의미다. 백성들을 최대로 간섭하지만 않으면(政悶悶) 모든 것이 자연스럽게 이루어지기에 백성들이 힘들게 살면서 도둑질할 이유가 없다. 많은 정책, 법률, 세금을 통해서 통제하면 할수록 생존을 위해 교활하고 잔인해진다.

其政察察 其民缺缺 기정찰찰 기민결결
정치가 깐깐하면 백성들은 부족해진다. 察 관찰하다. 정치가 너무 깐깐하면 백성들의 삶이 부족해지고 그것을 채우고자 순박함을 잃으며 결과적으로 도적질을 해야만 하는 상황에 내몰린다.

禍兮 福之所倚 福兮 禍之所伏 화혜 복지소의 복혜 화지소복
禍는 福에 의지하고, 福 속에는 禍가 잠복되어 있다. 대칭으로 이루어진 세상은 계속 회오리치기에 일방적으로 옳고, 일방적으로 틀린 것은 존재하지 않는다. 정치를 깐깐하게 해야만 잘 다스릴 수 있다고 말하지만 실제로는 정반대의 결과로 나타난다. 이런 이유로 禍처럼 보이지만 福으로 나타나고, 福처럼 보이지만 그 결과가 禍가 나타난다. 노자는 정치를 답답하게 하여 백성들을 편하게 해주라는 암시를 하고 있다.

孰知其極 숙지기극
누가 그 경계를 알 수 있는가? 丁壬癸로 有物混成이 회오리치면 무엇이 선이고 악인지 어디가 천국이고 지옥인지 알 길이 없다. 이렇게 이루어진 본성의 소치를 어찌 인간의 능력으로 알 것인가? 누가 행복과 재앙의 경계를 명확하게 규정할 수 있는가? 정치도 마찬가지다. 마치 무정부 상태로 극히 혼란스러워 보이는 통치에서 백성들은 오히려 가장 행복하고 편안한 생활을 영위하는데 매우 잘 규정된 법률로 다스리면 백성들의 삶은 오히려 매우 힘들어진다. 따라서 이런 이치를 안다면 정치를 답답하게 하는 것이 옳다.

其無正 기무정
그것은 옳고 그름의 경계가 없다. 무조건 옳고, 무조건 그름은 없다. 정치도 마찬가지다. 인간의 잣대로 규정할 뿐 그 경계는 분별이 없다. 老子는 人爲적인 정치를 질타하고 있다. 丁壬癸가 회오리치는 이치를 설명하고 있다. 道의 본성으로 만들어진 세상이니 모든 것은 도의 이치대로 無爲로 이루어지는 것이지 어찌 억지로 만든 법령으로 다스려질 것인가? 인간이 옳다고 느끼는 방식은 틀렸을지 모르고, 틀린다고 생각하는 방식은 맞는지도 모른다. 따라서 우리는 옳고 그름의 경계를 알 수 없다. 이런 이치로 정치를 깐깐하게 하면 백성의 생활은 더욱 힘들어지는 것이다.

正復爲奇 善復爲妖 정복위기 선복위요
바름은 어그러짐으로 바뀌고 선함은 요사스러워질 수 있다. 따라서 바르게 다스리는 통치방식은 결과적으로 어그러지고 선하다고 행한 것들의 결과는 오히려 어지러울 수 있다. 인간이 만들어낸 잣대와 분별은 무엇이 옳고 그른지 모를 일이다. 하지만 道와 無爲의 본성을 따르면 무슨 문제가 있을 것인가? 억지로 하지 않으면 되는 것이다. 국가를 바르게 다스리려는 의지는 人爲로 바르지 않으며 그 결과가 나쁘다는 암시다.

人之迷 其日固久 인지미 기일고구
인간의 혼란스러움은 오래된 것이라. 도와 무위를 벗어난 인간의 인위적이고 어리석은 방식과 태도들은 참으로 오래된 것이다. 어찌하여 정반대로만 판단하고 행동하는지 참으로 모를 일이다.

是以聖人 시이성인
따라서 성인은,

方而不割 방이불할
방정하면서도 나누지 않고 41章 大方無隅와 연결된다. 대방은 모서리가 없다.

廉而不劌 렴이불귀
청렴하면서도 상하지 않으며 청렴하게 대하면서도 상대를 상하지 않게 한다.

直而不肆 직이불사
곧으면서도 제멋대로 하지 않으며

光而不耀 광이불요
밝게 비추면서도 그 빛에 현혹되지 않게 한다.

聖人은 無爲다. 전체 내용을 정리하면, 老子는 帝王에게 따진다. 제발 까다롭게 백성들을 괴롭히지 말라. 분별이 많아지면 백성들을 불편하게 하고 삶은 부족해진다. 법률을 계속 만들면 갈수록 살기 어렵다. 따라서 帝王은 뒤로 물러나거나 사라지면 좋겠다. 가만 두면 세상은 자연스럽게 돌아가는 것이지 통제와 간섭이 많기에 나라가 바르게 서는 것이 아니다. 이렇게 老子에겐 政治가 없다. 도덕경을 읽었던 사람들이 도덕경에서 政治를 찾아냈다고 억지를 부리는 것이다. 道와 無爲의 본성을 설명하는 道德經을 정치, 전쟁, 양생, 수양과 같은 책으로 만들고 싶었던 것이다.

道德經 59章 - 순박함으로 돌아가자

> 治人事天 莫若嗇 夫唯嗇 是謂早服(復)
> 치인사천 막약색 부유색 시이조복
>
> 早服謂之重積德 重積德則無不克
> 조복위지중적덕 중적덕즉무불극
>
> 無不克則莫知其極 莫知其極可以有國
> 무불극즉막지기극 막지기극가이유국
>
> 有國之母 可以長久
> 유국지모 가이장구
>
> 是謂深根固柢 長生久視之道
> 시위심근고저 장생구시지도

•의역•

사람을 다스리고 하늘을 섬기는데 嗇만큼 좋은 것은 없다. 嗇은 早服하는 것이다. 早服은 德을 두텁게 쌓는 것이고 그렇게 하면 극복하지 못할 것이 없다. 모든 것을 극복하기에 그 끝을 모르며 그 곳에 나라(道의 어미)가 있다. 道의 어미가 있기에 우주, 자연은 영원한 것이다. 이것을 뿌리는 깊고 바탕은 단단하다고 하며 오래 유지되고 오래도록 본받을 道다.

59장에서 嗇이라는 단어는 모호하다. 대부분 "아끼다"로 이해한다. "인색하다"로 쓰이는데 아껴서 욕먹는 행위다. 첫 문장에서 治人事天 莫若嗇 사람을 다스리고 하늘을 따르는데 嗇만큼 좋은 것이 없다. 嗇을 "아끼다"라고 번역하는 순간 전체 문장은 틀어지고 만다. 老子가 물건을 아끼라는 주장을 할 이유가 없다. 다음 문장에 嗇을 다시 설명한다.

治人事天 莫若嗇 夫唯嗇是謂早服 치인사천 막약색 부유색시위조복
사람을 다스리고 하늘을 섬기는데 嗇만큼 좋은 것은 없다. 嗇은 일찍 服하는 것이다. 早服은 早復으로 일찍 돌아감이다. 16장에서 復命曰常과, 28장에서 復歸於嬰兒, 復歸於樸의 표현을 살펴보았다. 色界로 나오기 이전의 소박하고 생기 넘치는 상태를 표현하고 있다. 常으로 변하지 않는 기준이다. 따라서 嗇은 樸의 다른 표현이다. 본성으로 돌아감이다.

早復(服)謂之重積德 조복위지중적덕
조복은 德을 두텁게 쌓는 것이다. 嗇은 "아끼다" 의 의미가 아님이 분명하다.

重積德則無不克 중적덕즉무불극
중적덕 하면 극복하지 못할 것이 없다. 重爲輕根 不離輜重 본성에 머무르면 극복하지 못할 것이 없다.

無不克則莫知其極 무불극즉막지기극
극복하지 못함이 없음은 그 끝을 모름이다. 莫知其極은 樸이자 谷神이다. 바로 우주본질이다. 그 경계를 모르는 것이다.

莫知其極 可以有國 막지기극 가이유국

그 끝을 모르니 나라가 있을 수 있다. 전체 문장의 오류를 양산하는 가장 심각한 단어가 國이다. 지극함을 모르니 나라가 있다. 무리한 해석을 할 수밖에 없는 표현이다. 國을 道나 樸이나 谷神으로 바꾸면 극히 명료해진다. 國은 인간이 다스리는 나라가 아니다. 우리가 알지 못하는 그곳에 우주 본성이 있다. 莫知其極은 深不可識의 다른 표현이다. 우리는 그 정체를 모른다. 無名이다. 모름의 끝에는 우주 본성이 있다. 老子의 황당한 표현에 찬사를 보낸다.

有國之母 可以長久 유국지모 가이장구

국모가 있기에 장구할 수 있다. 有道之母 可以長久로 바꾸면 도의 근원이 있기에 영원할 수 있다. 지극한 도 때문에 우주는 면면히 이어가는 것이다.

是謂深根固柢 시위심근고저

이것이 바로 뿌리는 깊고 바탕은 단단하다고 한다.

長生久視之道 장생구시지도

이것이 바로 오래 유지되고 오래도록 본받을 道다.

결론적으로 이 章에서는 嗇과 國을 잘못 이해하면 문제가 생긴다. 이 章도 정치처럼 보였던 내용들이 엉뚱하게도 본성을 찾아가자는 소리였다. 道德經은 글자 하나를 잘못 해석하는 순간 낭떠러지로 떨어지고 만다. 그것이 매력이기도 하지만.

道德經 60章 - 鬼神

> 治大國若烹小鮮 以道莅天下 其鬼不神
> 치 대 국 약 팽 소 선　이 도 리 천 하　기 귀 불 신
> 非其鬼不神 其神不傷人 非其神不傷人 聖人亦不傷人
> 비 기 귀 불 신　기 신 불 상 인　비 기 신 불 상 인　성 인 역 불 상 인
> 夫兩不相傷 故德交歸焉
> 부 양 불 상 상　고 덕 교 귀 언

•의역•

우주를 창조한 道의 의지는 生氣를 부여하고 만물을 이롭게 하는 것이다. 따라서 우주에 生氣가 펼쳐졌고 그것을 본성으로 한다. 큰 나라(우주)를 다스리려면, 작은 생선(생기) 다루듯 해야 한다. 道가 천하에 임하면 生氣를 상하게 하는 鬼의 작용은 통하지 않는다. 鬼의 작용이 신통하지 않은 것이 아니라, 그 神(지구에 펼쳐진 협소한 道의 본성)이 사람을 상하지 않게 한다. 그 神이 상하지 않게 하는 것이 아니라 聖人(道)도 역시 상하지 못하게 한다. 鬼도 聖人도 만물을 상하지 않으니 그 德이 모두 道로 돌아가는(歸) 것이다. 道의 生氣가 충만하면 그 누구도 만물을 상하게 하지 못한다.

60장은 묘한 비유들이 등장한다. 특이한 점은 鬼라는 단어다. 靈의 세계를 상징하기 때문이다. 老子는 鬼로 무엇을 표현하고픈 것일까? 道와 鬼의 대립을 설명한다. 道가 임한 곳에서 鬼가 설치지 못하고 道가 없다면 惡鬼의 세상으로 바뀐다. 내 몸 안에 선악이 공존하고 내가 무슨 생각을 하느냐에 따라 달라진다는 표현과 다를 바 없다.

治大國若烹小鮮 치대국약팽소선
큰 나라를 다스리려면, 작은 생선 다루듯 해야 한다. 비유가 색다르다. 작은 생선은 요리하면 쉽게 상한다. 나라를 다스림에 극히 조심스러워야 한다는 뜻이다.

以道莅天下 其鬼不神 이도리천하 기귀불신
道가 천하에 임하면 鬼의 작용은 통하지 못한다. 莅는 "임하다"는 뜻이다.

非其鬼不神 其神不傷人 비기귀불신 기신불상인
鬼의 작용이 신통하지 않은 것이 아니라, 그 神이 사람을 상하게 하지 못한다.

非其神不傷人 聖人亦不傷人 비기신불상인 성인역불상인
그 神이 상하지 못하게 하는 것이 아니라 聖人도 역시 상하지 못하게 한다.

夫兩不相傷 故德交歸焉 부양불상상 고덕교귀언
鬼도 聖人도 모두 상하게 하지 않으니 그 덕이 모두 돌아가는 것이다. 전체 문장을 보면 정치와는 거리가 멀다. 道로 나라를 다스리면 백성들이 편해지는 것이다. 天下有道면 걱정스러울 일이 없다. 帝王만 뒤로 물러나면 살기 좋은 나라가 된다. 60章에서 비유는 복잡해 보이지만, 老子의 주장은 명료하다. 道는 우주에 生氣를 퍼트려 만물을 이롭게 하는 것이다. 생기가 충만하면 그 누구도 만물을 상하게 할 수 없다. 따라서 道를 따르고 퍼트려야만 한다.

이 章에 언급한 鬼神을 時空圖로 살펴보자. 鬼神은 癸2의 양면성을 표현한다. 중력에 갇힌 인간본성은 善惡이 공존하는데 상황에 따라 鬼로, 神으로 변한다. 聖人은 癸1로 色界에 갇히지 않는 본성이다. 聖人이 나라를 다스리면 사악한 무리들이 끼어들 수 없으니 백성이 상하지 않는다. 鬼는 道를 모르고 권력과 물질을 탐하는 사악한 정치가들을 암시한다.

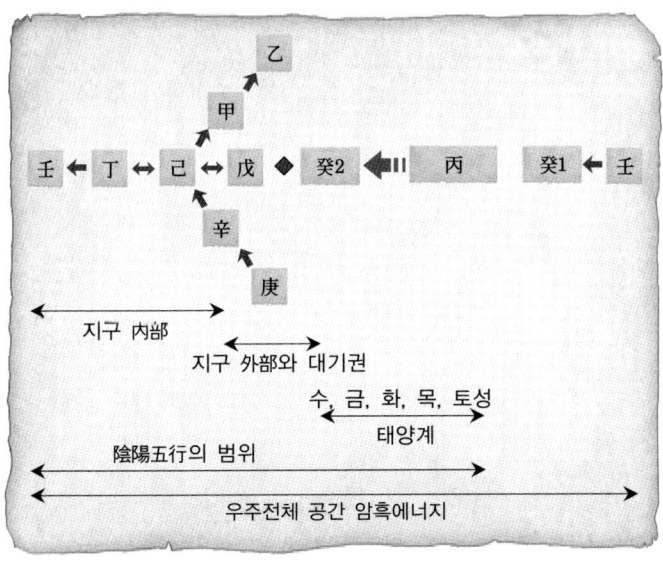

도덕경 60장 409

癸2는 戊(지구)에 갇혀 윤회하는 鬼다. 癸1은 色界가 만들어지기 전의 本性이다. 생기를 만들고 만물을 이롭게 하는 주체다. 우리는 癸2에서 癸1로 가려고 노력하지만 불가능하다. 중력에 갇힌 육체 때문이다. 이런 이유로 聖人이라 불릴만한 인간은 지구에 존재하지 않는다.

道德經 72章 - 두렵지 않은 통치

```
民不畏威 則大威至 無狎其所居 無厭其所生
민 불 외 위  즉 대 위 지  무 압 기 소 거  무 염 기 소 생
夫唯不厭 是以不厭 是以聖人自知 不自見
부 유 불 염  시 이 불 염  시 이 성 인 자 지  불 자 현
自愛 不自貴 故去彼取此
자 애  불 자 귀  고 거 피 취 차
```

• 의역 •

백성들이 王의 위엄을 두려워하지 않는다면 진정한 위엄을 갖춘 聖君이다. 성군은 백성들의 거처를 불안하지 않게 하고, 생활에 장애를 느끼지 않게 하여 사는 것에 압박을 느끼지 않게 해주어야 백성들은 삶에 염증을 느끼지 않는다. 따라서 聖人(道)은 스스로 알면서도 드러내지 않고, 스스로 사랑하면서도 귀하게 여기기 않는다. 위엄과 권력을 내세워 백성을 핍박하지 않고 道로써 나라를 평안하게 다스린다.

道德經 72章도 정치를 논하는 것처럼 보이지만 無爲로 백성을 다스리라는 설명이다. 이 章도 해석에 심각한 오류가 있다. 대부분 해석을 아래와 같이 하고 있다.

民不畏威
백성들이 위세를 두려워하지 않으면

則大威至
나라에 큰 문제가 발생하게 된다.

道德經을 읽어가는 과정에 저런 번역은 참으로 의아하다. 계속 강조한 것처럼, 老子에게 帝王은 나타나지 말아야할 존재다. 백성을 괴롭히고 사망하게 만드는 존재이기 때문이다. 老子가 생각하는 道의 본질과 너무도 다른 물건이 帝王이다. 老子는 왕의 권위나 위엄이 망가지거나 없어지는 것을 걱정하지 않을 뿐만 아니라 권위는 없애야 한다고 생각한다. 이런 老子의 사상을 이해하면, 왕의 위엄을 두려워하지 않으면 나라에 큰 문제가 발생한다는 식의 해석을 할 수는 없다. 백성들이 帝王의 위엄을 두려워하지 않는 것이 훨씬 더 위대한 통치다. 17章에 나오는 太上 下知有之를 기억할 것이다. 가장 좋은 통치방법은 백성들이 그 존재만 알거나 존재조차도 모르는 것이다. 마지막 문구에 是以聖人自知 不自見 自愛不自貴 故去彼取此 聖人은 스스로 알지만 드러내지 않으며, 사랑으로 대하면서도 스스로를 귀히 여기지 않는다는 표현과 통한다.

따라서 이 문장은 아래와 같이 해석해야 한다.

民不畏威 민불외위
백성이 왕의 위엄을 두려워하지 않는다면

則大威至 즉대위지
진정한 위엄에 이르는 것이다.(진정한 성군이다)

無狎其所居 무압기소거
백성들이 거처함에 불안감을 느끼지 않게 하고

無厭其所生 무염기소생
백성들이 추구하는 삶에 장애를 느끼지 않게 하라.

夫唯不厭 부유불염
백성들이 살아감에 압박을 느끼지 않을 때에서야

是以不厭 시이불염
삶에 염증을 느끼지 않는 것이다.

是以聖人 自知不自見 自愛不自貴 시이성인 자지불자현 자애불자귀
따라서 聖人은 스스로 알면서도 드러내지 않고, 스스로 사랑하면서도 귀하게 여기지 않는다. 제왕과는 달리 時間은 순차적으로 흘러가면서 모든 일을 척척해내면서도 절대로 잘난 척하지 않고 백성을 괴롭히지 않는다. 이章의

聖人도 時間, 神을 암시한다.

故去彼取此 고거피취차
따라서 저것을 버리고 이것을 취한다. 道로 나라를 다스려야 한다. 위엄과 권력을 내세워 백성을 핍박하지 말라. 老子에게 政治는 없다. 제왕의 통치에 관심을 두는 것이 아니라 오로지 백성만을 위하며 제왕은 나타나면 안되는 존재일 뿐이다. 道, 時間, 神은 절대로 政治하지 않는다. 生氣를 부여하고 만물을 이롭게 할 뿐이다. 제왕도 이런 道의 이치를 따르라고 한다.

老子의 帝王에 대한 입장을 이해하면, 전지전능한 道를 왜 그토록 은둔적이고 보수적이고 내성적이고 절대로 나서지 않으려고 하는 성격으로 몰고 가는지 이해할 것이다. 老子는 帝王도 道를 따라야 한다고 강조하는 것이다. 첫 문장을 다시 보자.

民不畏威 백성이 왕의 위엄을 두려워하지 않는다면
則大威至 위대한 위엄에 이르는 것이다.

있는 듯 없는 듯한 왕이 성군이라는 뜻이 분명하다.

道德經 74章 - 죽이지 말라

```
民不畏死  奈何以死懼之
민 불 외 사    내 하 이 사 구 지
若使民常畏死  而爲奇者
약 사 민 상 외 사    이 위 기 자
吾得執而殺之  孰敢
오 득 집 이 살 지    숙 감
常有司殺者殺  夫代司殺者殺
상 유 사 살 자 살    부 대 사 살 자 살
是謂代大匠斲  夫代大匠斲者
시 위 대 대 장 착    부 대 대 장 착 자
希有不傷其手矣
희 유 불 상 기 수 의
```

•의역•

통치자가 백성들을 심하게 핍박하여 차라리 죽는 것이 낫다고 생각하는 상황에 처하면 백성들을 위협하는 통치방식으로는 다스리지 못한다. 반대로 태평성대를 누리기에 백성들이 죽는 것을 두려워하는 상황이라면 잘못된 행위를 저지른 자들에 국한하여 다스려야 한다. 나 또한 범법자들을 잡아들여 사형을 집행할 수 있고 만약 그렇게 한다면 누가 감히 잘못된 행동을 하겠는가? 하지만 이런 상황에서도 오로지 생살권을 가져 정당하게 죽일 수 있는 자만이 죽여야 하고 권한이 없는 자가 대신하여 죽인다면 마치 서투른 기술자가 목기를 다듬는 것과 같고 그렇게 한다면 거의 대부분 자신의 손을 상하고 만다. 백성은 절대로 죽이면 안되는 것이다. 生氣를 퍼트리고 만물을 이롭게 하는 道의 이치를 따라야 하기 때문이다.

74章에서 老子는 生命에 대한 입장을 명확하게 드러낸다. 道德經 전반에 흐르는 사상이다. 생기를 퍼트리고 만물을 이롭게 하는 神의 의지를 따르라. 生氣를 죽음으로 내몰 권한이 있는 자는 세상에 없다. 죽여야 할 상황에 처한다면 권한을 위임받은 자이어야 한다. 의미를 확장하면, 사형을 집행할 권한을 받은 자는 세상에 없지만 억지로 하는 상황이면 극소수만이 행해야 한다. 즉 가능한 죽이지 말라는 것이다.

1) 民不畏死 奈何以死懼之 민불외사 내하이사구지
   백성이 죽음을 두려워하지 않으면 어찌 죽음으로 백성을 두렵게 하겠는가?

2) 若使民常畏死 而爲奇者 吾得執而殺之 孰敢
   약사민상외사 이위기자 오득집이살지 숙감
   백성이 죽음을 두려워하는데, 이상한 짓을 하는 자가 있다면 내가 집행하여 죽이면 누가 감히 그렇게 하겠는가?

1)과 2)는 전혀 다른 정치행태다. 1)은 폭정을 표현하였다. 백성이 죽음을 두려워하지 않는다는 의미는 차라리 죽는 것이 좋다고 느낄 정도의 폭정이다. 이런 상황에서 백성들에게 따르지 않으면 죽이겠다고 협박해도 소용이 없다.

2)는 태평성대를 의미한다. 살기 좋아서 죽기를 두려워하는 상태. 만약 태평을 깨트리면 老子가 집행하고 죽이면 누가 감히 어지럽히겠는가?

老子의 표현은 그런 범죄자는 죽여 마땅하다는 설명처럼 보인다. 태평성대를 깬다면 죽여도 문제가 없다는 표현이다. 하지만 老子의 無爲

를 이해하면 정반대로 해석해야 맞다. 즉 범죄자들을 잡아서 죽여 버리는 것은 누구나 할 수 있는 일이지만 그런 행위는 옳지 않다. 그 이유는 무엇인가? 老子는 노파심에서 다음 문장으로 보충 설명하고 있다.

常有司殺者殺 상유사살자살
항상 사람을 죽이려면 정당한 위치에 있는 자가 죽여야 하고.

夫代司殺者殺 是謂代大匠斲 부대사살자살 시위대대장착
권한을 가진 자를 대리하여 죽이는 행위는 서투른 목수가 나무를 깎다가 자기 몸을 상하는 이치와 동일하다. 그렇다면 누가 감히 목숨을 빼앗을 권한을 가졌는가? 老子는 道만이 권한을 가지고 있다고 한다. 목숨을 함부로 빼앗을 자는 세상에 없다. 죽이지 말라! 따라서 司殺者는 道다. 생기를 퍼트리는 존재요 절대로 죽이려는 자가 아니다. 전체 문장을 정리해보자.

民不畏死 민불외사
죽는 것을 두려워하지 않는 백성들에게

奈何以死懼之 내하이사구지
어찌 죽이는 것으로 백성을 두렵게 하는가?

若使民常畏死 약사민상외사
만약 백성이 죽는 것을 두려워하는 상황이라면

而爲奇者 이위기자
행위가 잘못된 자들에 국한해야 한다.

吾得執而殺之 오득집이살지
나도 그러한 자를 잡아서 사형을 집행할 수 있다.

孰敢 숙감
그렇게 한다면 누가 감히 잘못된 행동을 하는가?

常有司殺者殺 상유사살자살
정당하게 죽일 수 있는 자가 죽여야 하고

夫代司殺者殺 부대사살자살
그러한 권한이 없는 자가 대신하여 죽인다면

是謂代大匠斲 시위대대장착
마치 서투른 기술자가 목기를 다듬는 것과 같고

夫代大匠斲者 부대대장착자
그렇게 목기를 다듬는 보조자는

希有不傷其手矣 희유불상기수의
거의 대부분 자신의 손을 상하고 만다.

이런 복잡한 설명을 한마디로 줄이면, "죽이지 말라!"

道德經 75章 - 有爲의 다스림

民之饑 以其上食稅之多 是以饑
민 지 기 이 기 상 식 세 지 다 시 이 기

民之難治 以其上之有爲 是以難治
민 지 난 치 이 기 상 지 유 위 시 이 난 치

民之輕死 以其上求生之厚 是以輕死
민 지 경 사 이 기 상 구 생 지 후 시 이 경 사

夫唯無以生爲者 是賢於貴生
부 유 무 이 생 위 자 시 현 어 귀 생

• 의역 •

백성들이 굶주리는 이유는 세금을 너무 많이 걷어 들이기 때문이다. 백성들을 다스리기 어려운 이유는 정치를 有爲로 행하기 때문이다. 백성이 쉽게 죽어 나가는 이유는 위정자들만 배 부르려 하기 때문이다. 生氣를 퍼트리려는 道의 의지를 따라 억지로 살려고 하지 않는 자만이 生氣를 귀하게 여긴다.

75장에서는 정치의 행태를 비판한다. 백성들은 등 따시고 배부르게 해주는 것만으로도 만족하는데 정반대 행위를 하는 통치를 비판한다. 권력을 유지하고자 권모술수를 사용하고 자기 목숨 귀한 줄은 알아도 백성들을 死地로 내몬다.

民之饑 以其上食稅之多 是以饑 민지기 이기상식세지다 시이기
백성들이 굶주리는 이유는 위에서 세금을 너무 많이 받기 때문이다.

民之難治 以其上之有爲 是以難治 민지난치 이기상지유위 시이난치
백성들을 다스리기 어려운 이유는 위에서 有爲로 행하기 때문이다.

民之輕死 以其上求生之厚 是以輕死 민지경사 이기상구생지후 시이경사
백성이 쉽게 죽어 나가는 이유는 위에서 두텁게 살려고 하기 때문이다. 권력을 유지하고자 혹은 전쟁을 일삼아 백성들을 동원하여 죽음으로 내몰면서 자신들의 목숨은 중히 여김을 한탄하고 있다. 求生之厚. 생을 두텁게 구하는 주체는 통치자들로 권력을 유지하고자 재물을 착취하기에 백성들이 죽어나가는 것이다.

夫唯無以生爲者 是賢於貴生 부유무이생위자 시현어귀생
억지로 살려고 하지 않는 자만이 현명하게 생기를 귀하게 여긴다. 無以生爲는 권력과 물질을 탐하는 행위를 하지 않는 것이다. 그럴 경우에야 비로소 더욱 가치 있는 생이 되는 것이다. 예로, 10%의 세금을 부과하다가 갑자기 30%를 부과하면 백성들은 20%를 보충하고자 갖은 잔꾀를 내야만 한다. 백성들은 나라를 원망하면서 20%를 아낄 방법을 찾거나 불가능하면 하던 일

을 포기하고 세금을 내지 못한다. 20% 세금을 올려서 더욱 배를 불리고자 했는데 결과적으로 10%의 세금을 받을 때보다 상황이 나빠지고 말았다.

이런 태도가 求生之厚다. 반대로, 10%를 5%로 낮추고 백성들의 움직임을 더욱 활발하게 해주면 10%를 받을 때보다 더 많은 세금을 걷을 수 있다. 이것이 是賢於貴生이다. 道德經 전반에 흐르는 老子의 생각이자 道, 無爲와 연결된다.

이런 老子의 주장을 정치, 병법으로 볼 수는 없다. 老子는 전쟁이나 정치를 논하는 것이 아니라 道의 본성을 설명하면서 生氣를 함부로 죽이지 말라는 이야기를 하고 싶은 것뿐이다. 백성의 목숨 귀한 줄 알라. 조물주로부터 받은 생명체를 함부로 다루면 안 된다. 어찌 감히 生氣를 퍼트리려는 神의 의지를 거스르는가?

道德經 79章 - 원혼

```
和大怨 必有餘怨 安可以爲善
화 대 원  필 유 여 원  안 가 이 위 선
是以聖人執左契 而不責於人
시 이 성 인 집 좌 계   이 불 책 어 인
有德司契 無德司徹
유 덕 사 계  무 덕 사 철
天道無親 常與善人
천 도 무 친  상 여 선 인
```

•의역•

크나큰 원한을 해결한다 해도 그 앙금은 반드시 남는다. 이것을 어찌 善이라 할 수 있는가? 聖人은 비록 행함의 주체일지라도 함부로 요구하지 않는다. 德이 있는 자는 덕으로 관리하지만 무덕한 자는 강제로 집행하려 한다. 하늘의 법도는 편애함이 없으며 항상 善人편에 있음이라. 道는 세상 어디에도 스며들어 항상 만물을 善하게 대한다.

79~80章도 老子의 안타까움이 이어진다. 백성들을 죽음으로 내모는 통치자들을 비판한다. 백성들의 죽음으로 원하는 것을 얻고 태평성대를 누린다고 백성들의 원혼이 사라질 것인가?

和大怨 화대원
크나큰 원한을 해결한다 한들(화해한들)

必有餘怨 필유여원
반드시 앙금은 남는 것이니

安可以爲善 안가이위선
이것을 어찌 善이라 할 수 있을 것인가? 백성들이 죽어서 원혼을 위로하고자 제사를 지내고 살아있는 백성들에게 德을 베푼다고 한들 쌓인 원망을 완전히 없애겠는가?

是以聖人執左契 시이성인집좌계
따라서 聖人은 행함의 주체일지라도. 이 문장에서 聖人은 道를 뜻하며 執左契은 계약의 갑방, 주도권을 쥔 쪽. 통치자를 뜻하지만, 근본 의미는 우선적으로 행하는 것이다. 즉 생기를 퍼트리려는 행위가 우선이다. 죽이지 말라는 다른 표현이다.

而不責於人 이불책어인
함부로 책무를 요구하지 않는다. 남용하지 않는다.

有德司契 유덕사계
德이 있는 자는 그 계약을 덕으로 관리하지만

無德司徹 무덕사철
무덕한 자는 강제로 집행하려 한다. 순리대로 관리하는 것과 강제로 집행하는 것의 차이를 설명한다. 道의 본질이 생기를 퍼트리려 한다는 것을 알면 쉽게 이해되는 문장이다. 위의 75章과 다른 표현이지만 동일한 의미다.

　　契 - 대나무에 채권과 채무관계를 명기하고 좌우로 나누어서 왼쪽은 채권자 오른쪽은 채무자
　　徹 - 세금을 받는 제도. 周나라 때 10%를 받는 것이 세금 제도였다. 세금을 강제로 탈취한다는 뜻이다.

天道無親 常與善人 천도무친 상여선인
하늘의 법도는 편애함이 없으며 항상 善人편에 있음이라. 49章의 聖人無常心 以百姓心爲心과 동일한 의미다. 만물을 다스림에 편애함이 없으며 생기를 퍼트림을 목적으로 할 뿐이다. 모두에게 道는 항상 선하게 머무른다. 도는 세상 어디에도 스며들어 있으니 그저 따를 뿐이라. 老子의 이런 표현에서 무슨 정치를 따질 것인가?

道德經 80章 - 왕래하지 말라

> 小國寡民 使有什佰之器而不用
> 소 국 과 민　사 유 십 백 지 기 이 불 용
> 使民重死而不遠徙 雖有舟輿 無所乘之
> 사 민 중 사 이 불 원 사　수 유 주 여　무 소 승 지
> 雖有甲兵 無所陳之 使民復結繩而用之
> 수 유 갑 병　무 소 진 지　사 민 복 결 승 이 용 지
> 甘其食 美其服 安其居 樂其俗
> 감 기 식　미 기 복　안 기 거　락 기 속
> 隣國相望 鷄犬之聲相聞 民至老死 不相往來
> 린 국 상 망　계 견 지 성 상 문　민 지 노 사　불 상 왕 래

• 의역 •

국가의 규모를 작게 하고 백성들의 숫자도 작게 하라. 수많은 병기나 도구들을 사용할 필요가 없게 하라. 백성들 목숨을 중시하고 전쟁 때문에 먼 곳까지 다닐 필요가 없게 하라. 비록 배와 차가 있어도 그것을 타지 못하게 하고 무장한 병사가 있으나 군영에 머물지 않게 하라. 백성들로 하여금 새끼줄 매듭을 사용하던 순박한 과거로 돌아가게 하라. 백성들이 음식에 단맛을 느끼게 하고, 의복이 아름답다 느끼게 하고, 주거에 안락함을 느끼게 하고, 풍속에 즐거움을 느끼게 하라. 국경이 서로 보이고 닭과 개 짖는 소리가 들릴 정도로 가깝더라도 절대로 백성들이 죽을 때까지 왕래하지 않도록 하라.

老子의 안타까움이 느껴진다. 백성들을 얼마나 힘들게 했을지 짐작케 한다. 영토 확장을 위한 전쟁, 통치계급과 백성 사이의 권력 불균형, 살아남기 위한 인간의 탐욕, 잔인해져 가는 心性. 이런 세상에서 老子는 백성들이 순박한 상태로 배불리 먹고 행복한 삶을 영위하는 방법을 고민했다. 군대가 없기에 전쟁할 필요가 없고 통제하지도 않으며 세금을 착취하지 않는 이상적인 국가관을 제시한다.

小國寡民 소국과민
국가의 규모를 작게 하고 백성의 숫자도 작게 하라.

使有什伯之器而不用 사유십백지기이불용
수많은 병기나 도구들을 사용할 필요가 없게 하라. 什伯은 고대 병제에서 사용하는 용어로 열 사람을 什, 백 사람을 伯이라 불렀다. 10배, 100배의 병기이니 엄청나게 다양하고 많은 병기를 상징한다.

使民重死而不遠徙 사민중사이불원사
백성의 목숨을 중시하고 먼 곳까지 힘들게 다닐 필요가 없게 하라. 전쟁으로 고향을 떠나 전쟁터에서 죽어가는 백성들이 안타까웠던 것이리라. 重死는 목숨을 중시하다는 뜻이다.

雖有舟輿無所乘之 수유주여 무소승지
비록 배와 차가 있어도 타야 할 필요가 없게 하라. 배나 차에 올라타 전쟁터로 이동할 필요가 없으니 전쟁하지 말라는 의미다. 舟輿은 배와 차량이다.

雖有甲兵無所陳之 수유갑병무소진지
비록 무장한 병사가 있으나 군영을 사용할 필요가 없게 하라.

使民復結繩而用之 사민복결승이용지
백성으로 하여금 새끼줄 매듭을 사용하던 과거로 돌아가게 하라. 結繩는 두 개의 새끼줄의 끝을 서로 연결하라는 의미인데 문자가 없던 시절에 숫자를 기록하거나, 업무를 처리하거나, 소식을 전달할 때 사용했던 방법이다. 큰일이면 크게 매듭짓고, 작은 일이면 작게 매듭지었다. 신기한 것은 현대에도 문자가 없는 곳에서는 이런 방법으로 일을 처리한다. 과거로 돌아가라. 문명의 利器에 휘둘리지 말라는 상징이다.

甘其食 감기식
음식에 단맛을 느끼게 하고

美其服 미기복
의복이 아름답다 느끼게 하고

安其居 안기거
주거에 안락함을 느끼게 하고

樂其俗 락기속
풍속에 즐거움을 느끼게 하라.

隣國相望 린국삭망
국가 간 국경이 서로 보이고

鷄犬之聲相聞 계견지성상문
닭과 개가 짖는 소리가 서로 들릴 정도라도

民至老死不相往來 민지노사 불상왕래
백성들로 하여금 죽을 때까지도 왕래가 없도록 하라.

매우 가까워 국경이 보이고 작은 소리도 들릴 정도이니 얼마든지 침략하여 빼앗을 수 있지만 절대로 군대를 만들고 진영을 세워서 백성들을 죽음으로 내몰지 말라는 것이다. 여기에 정치도 병법도 없다. 단지 죽이지 말라는 것 뿐.

05 색계色界 요약

> 떴다 지는 해는 다시 뜬 곳으로 돌아가고 남쪽으로 불어갔다 북쪽으로 돌아오는 바람은 돌고 돌아 제자리로 돌아온다. 모든 강이 바다로 흘러드는데 바다는 넘치는 일이 없구나. 강물은 떠난 곳으로 돌아가서 다시 흘러내리는 것을 세상만사 속절없이 무엇이라 말할 길 없구나. 아무리 보아도 보고 싶은 대로 보는 수가 없고, 아무리 들어도 듣고 싶은 대로 듣는 수가 없다. 지금 있었던 것은 언젠가 있었던 것이요. 지금 생긴 일은 언젠가 있었던 일이라. 하늘아래 새로운 것은 있을 리가 없다. - 전도서 1:5~9

老子가 色界의 章에서 표현한 심정과 다를 바 없는 내용이다. 모든 것은 시간의 수레바퀴에서 회오리치면서 돌고 돌아가기를 반복한다. 色界에서 설명한 내용들을 요약해보자.

有無相生 難易相成 유무상생 난이상성
不尙賢 使民不爭 불상현 사민부쟁
不貴難得之貨 使民不爲盜 불귀난득지화 사민불위도
虛其心 實其腹 허기심 실기복
難得之貨 令人行妨 난득지화 령인행방
是以聖人爲腹不爲目 시이성인위복불위목
吾所以有大患者 爲吾有身 오소이유대환자 위오유신

及吾無身 吾有何患 급오무신 오유하환
絶學無憂 절학무우

老子는 백성들의 탐욕을 걱정하고 있다. 근본원인은 정치에 있다. 學, 知, 智로 변하는 과정에 尙賢하고 爭하며, 貴難得之貨의 문제를 일으켜 결과적으로 令人行妨하여 盜의 탐욕을 견디지 못한다. 따라서 虛其心 實其腹하라고 주장한다.

약 25장에 걸쳐 설명한 내용을 단 두 마디로 정리할 수 있다. 백성을 함부로 죽이지 말라, 왕은 나서지 말라. 여기에는 정치도, 권력도, 전쟁도 없다. 딱 두 마디를 설명하고자 복잡하게 표현한 것이다. 마지막으로 빅뱅 이전, 빅뱅 이후 그리고 色界를 설명하고자 활용했던 용어들을 정리해보자.

빅뱅 이전과 이후 그리고 색계 대조표

빅뱅 이전	빅뱅 이후	색계色界
有物混成 混而爲一	無爲	有無相生 難易相成
獨立不改	膨脹 橐籥	不尙賢 使民不爭
周行不殆	虛而不屈 動而愈出	不貴難得之貨 使民不爲盜
谷神不死	冲氣	虛其心 實其腹
重爲輕根	無有入無間	難得之貨 令人行妨
不離輜重	冲氣以爲和	是以聖人爲腹不爲目
復命曰常	道生一	吾所以有大患者 爲吾有身及
沒身不殆	載營魄抱一	吾無身 吾有何患
樸雖小	天地不仁	絶學無憂
無名	生地 畜之	

빅뱅 이전	빅뱅 이후	색계色界
大制不割	反者道之動	
復歸嬰兒	弱者道之用	
辱	功遂身退	
大象	天下母	
道之出口 淡 無味	萬物之奧	
不可致詰	有道者不處	
莫能知, 莫能行	天網恢恢	
深不可識	飄風 驟雨不終日	
恍惚	利萬物而不爭	
道大 似不肖	聖人無常心 以百姓心爲心	
	聖人皆孩之	
	上善若水	
	萬物 莫不存道而貴德	
	天地道利以不害	
	聖人之道爲而不爭	
	對稱 無名 有名	

| 제3부 |

도道를 찾아서

제1장 도덕경에서 찾는 도
제2장 부록

제1장
도덕경道德經에서 찾는 도道

지금까지 道德經 81章을 모두 살펴보았다. 빅뱅 이전과 이후, 色界로 굵게 나누어서 老子가 알려주려고 했던 道의 정체를 이해하려고 노력했다. 이제 스스로 물어보기로 하자. 老子가 설명하는 "道는 무엇인가?" 여전히 쉬운 문제가 아니다. 분명히 답할 수 있을 것 같은데 이상하게 어렵다. 老子가 다양한 방법으로 道를 설명했음에도 왜 답하지 못할까? 가장 큰 이유는 대부분 내용이 형이상학적 우주법도를 다루기 때문이다. 현실에서 확인 가능한 것들을 묘사한 것이 아니라 체감할 수 없는 세상을 다루기 때문이다. 2部에서 다루었던 용어들을 다시 살펴보자.

빅뱅 이전

有物混成, 混而爲一, 獨立不改, 周行不殆, 谷神不死, 重爲輕根, 不離輜重, 復命曰常, 沒身不殆, 樸小, 無名, 大制不割, 嬰兒, 辱, 大象, 淡, 無味, 莫能知, 莫能行, 深不可識, 恍惚, 道大, 似不肖.

빅뱅 이후

無爲, 無名 天地之始, 有名 萬物之母. 膨脹, 橐籥, 虛而不屈, 動而愈出, 冲氣, 無有入無間, 冲氣以爲和, 道生一, 載營魄抱一, 天地不仁, 生之, 反者道之動, 弱者道之用, 功遂身退, 天下母, 萬物之奧, 有道者不處, 天網恢恢, 利萬物而不爭, 聖人無常心, 上善若水, 萬物莫不存道而貴德, 天地道利以不害, 聖人之道爲而不爭.

색계

有無相生, 不尙賢, 使民不爭, 不貴難得之貨, 使民不爲盜, 虛其心, 實其腹, 難得之貨, 令人行妨, 是以聖人爲腹不爲目, 絶學無憂.

거의 모두 일상생활에서는 사용하지 않는 단어들이다. 이해할만한 용어들은 보이지 않는다. 참으로 신기한 일이다. 중국어에서 어려움을 느끼고, 뜬구름 잡는 표현들에 지치고, 쏟아지는 은유들을 따라잡기 힘들다. 神이나 時間처럼 그 정체를 모르는 道를 찾는 과정에 老子의 현란한 문장까지 더해져 더욱 어렵게 느껴진다. 좀 더 쉽게 道에 접근하는 방법은 없을까?

가만 생각해보면, 老子는 천지창조 이전과 이후의 과정을 자세히 설명하였다. 천지창조 이전의 상황을 有物混成 周行不殆로 묘사하였고 천지창조 이후도 또한 유물혼성의 변화된 모습임을 표현하였다. 無에서 有로의 변화가 아니라 有에서 有로의 변화를 설명한 것이다. 또 현실에서 이루어지는 정치와 전쟁, 색계의 특징도 함께 설명했지만 사실 빠트린 부분이 있다. 그것은 우리가 매일 생활하는 지구에서 발생하는 <u>四季의 순환원리</u>다. 老子의 道에 접근하려면 더욱 현실적이고 감각적으로 체득할 수 있는 것들이 필요하다. 老子가 소홀히 다루었던 지구에서 이루어지는 道의 움직임을 살펴보기 전에 노자가 도덕경에서 설명했던 도의 정체를 먼저 정리해보자.

1. 도道의 정체

老子가 81章에 걸쳐 표현했던 道를 정리해보자. 老子의 표현들을 종합하면 그 정체를 발견할지도 모른다.

1) 빅뱅 이전

마구 섞여 이루어진 어떤 것은 절대 불변의 존재자다. 끊임없이 움직이며 절대로 멈추지 않는다. 모든 것을 창조하고 불사조처럼 죽지 않는다. 극도로 응축되어 무겁기에 팽창하여 부드러운 우주를 창조한다. 무거움을 절대로 벗어나지 않고 유지한다. 마구 섞여 회오리치며 시작도 끝도 없으며 뱀이 자신의 꼬리를 입에 문 것처럼 순환한다. 인간은 그 정체를 알 수 없고 분별하지 못한다. 그 본질은 절대로 훼손되지 않으며 어둡고 침침하며 담담하고 맛을 느끼지 못한다. 우주를 만들어낸 어미와 같기에 매우 크며 그 깊이를 모른다. 우리는 그 정체를 모호하게 느낄 뿐이다.

2) 빅뱅 이후

마구 섞여 회오리치는 불변의 존재자가 우주를 창조했다. 자식은 어미를 따랐지만 그 특징은 사뭇 다르다. 어미는 응축 상태인데 자식은 멈추지 않고 팽창한다. 끊임없이 무언가를 우주에 쏟아내는데 沖氣로 조화를 이룬다. 너무도 부드럽고 가볍기에 우주 어디에도 있으며 부딪혀 끝없이 변화한다. 우주에 만물을 만들고 그 내면에 깃들어 生氣를 부여하고 기른다. 만물은 그의 존재에서 벗어나지 못하며 그의 의지에 따라 생장쇠멸을 반복한다. 물처럼 부드럽고 만물을 이롭게 하며 다투지 않는다. 우주의 모든 것을 아이처럼 대하며 그들의 뜻에 동조한다. 生氣의 충만함을 머금지 않은 만물은 존재하지 않는다.

신비로운 것은 그가 행하는 모든 것은 인간의 의지와는 다르다. 절대로 나서지 않고 집착하지 않고 머물지 않으며 억지스럽게 하지 않으면서도 이루지 못하는 일이 없고 스스로 물러나기에 그 존재를 모른다. 우리는 만물의 변화과정을 통하여 그의 존재와 의지를 확인할 뿐이다. 그는 무심해보이며 만물의 生死에 전혀 관여하지 않으며 움직임을 반복할 뿐이다. 대칭으로 균형을 맞추면서 순환한다. 행위는 엉성해 보이면서도 모든 것을 품기에 만물은 그를 천하의 어미라 부른다.

3) 색계色界

만물에 스며든 그의 존재로 生氣가 동하면 탄생하고 생기가 사라지면 죽는다. 우주 어미가 부여한 生氣의 의지대로 눈을 뜨고 色界를 깨달아 화려한 물질세상을 향하여 달려간다. 물질과 권력, 명예를 부러워하고 시기하고 질투하고 많이 얻고자 몸부림치면서 죽음을 재촉한다. 등따시고 배부름에 만족하지 못하고 끝없는 탐욕으로 행동이 어지럽다. 그는 만물에 生氣를 부여하면서 부드러움을 유지하기를 바랐는데 탐욕은 그칠 줄 모른다. 더욱 많은 물질을 탐하고자 學을 통하여 知하고, 智하여 결과적으로 賢의 탐욕을 배양한다. 모든 죄악은 賢에서 시작하여 백성들을 사지로 내몰고 生氣를 없애버린다.

이런 행위들은 모두 不道로 그가 원하던 것이 아니었다. 이런 상황을 안타까워한 老子는 色界에서 빅뱅이전으로 復하여 영원히 유지하기를 바란다. 그것이 復命曰常이다. 덜어내고 덜어내면 無爲에 이른다. 無爲의 끝은 빅뱅의 순간이다. 물질이 생겨나기 이전의 상태다. 丁壬癸가 한 쌍으로 균형을 이룬 有物混成의 상태다. 생기를 만들어낼 수 있는 부드러운 상태. 老子는 그곳에 머물라고 한다. 언제라도 생기를 만들 수 있고 長生하기 때문이다. 문제는 인간은 중력(丁)쪽으로 욕망이 강해진 세상을 살고 있기에 無爲에 이르지 못한다. 老子의 요구는 너무 과하다. 불가능한 요구를 하고 있다.

지금까지 우리는 道德經에 나타난 道의 정체를 파악한 것처럼 보이지만 움직임과 특징을 규정했을 뿐, 그 정체를 여전히 모른다. 老子도 모른다.

도道는 과연 무엇일까?

道의 움직임과 특징을 이해했으니 이쯤에서 멈추는 것도 나쁘지 않아 보인다. 생기를 부여하고 만물을 이롭게 하지만 양면성을 가졌기에 선악이 공존하면서도 분리될 수 없는 성질의 존재다. 그래도 道의 정체가 궁금하면 다시 원점으로 돌아가야 한다. 너무도 적극적이고 전지전능한 존재가 아니라, 극히 피동적이고 내성적이고 수줍어하고 뒤로만 숨으려는 老子의 神을 찾아야 한다.

우리는 그런 존재를 <u>원자, 時空間, 熱과 중력, 無와 對稱</u>으로 규정하고 살펴보았다. 이 중 하나이거나 모두를 합하여 놓은 존재라 느껴진다. 老

子는 이런 존재들을 설명하지 않았지만 道와 깊은 연관성을 가지고 있음은 분명하다. 여러분은 이들 중에서 무엇을 道라고 규정하고 싶은가?

2. 도덕경道德經의 교훈 – 나는 누구인가?

천지창조 이전에 有物混成, 先天地生이라는 老子의 표현은 종교, 철학에 깊은 의미가 있다. 잘라 말하면, 세상에 천국도 지옥도 없다는 의미다. 마구 섞여서 정신없이 회오리치는데 천국, 지옥이 있을 겨를이 없다. 善을 베풀어 德을 쌓아서 다시 세상에 올 때 혜택을 받으려 했던 계획이 다 틀어졌다. 아무리 착하게 굴어도, 도를 닦아도 그런 혜택은 주어지지 않는다.

끊임없는 움직임과 변화는 자연스러운 것이다. 아무리 樸, 谷神, 大象이 무거워서 겉으로는 움직임이 없어 보이지만 그 속에서는 끊임없이 요동치고 있다. 따라서 수양을 통하여 쉬지 않고 움직이는 번뇌와 잡념을 없애려고 노력해도 소용없다. 내려놓았다고 확신하고 돌아서는 순간 다시 번뇌에 빠진다. 우리는 끊임없이 時間을 평가하고 고통 받는다. 이 시간은 좋고, 저 시간은 나쁘다. 熱과 重力으로 만들어진 물질이 좋다 나쁘다 평가하기 바쁘다. 無의 대칭과 균형이 깨지면 불균형이 좋은지 나쁜지 간택하기 바쁘다.

하지만 어쩌랴! 生氣의 본질이 그러하다. 절대로 멈추지 않고 끊임없이 움직여 어디로 튈지 모른다. 원자의 움직임과 다를 게 무엇인가? 이런 세상을 살면서 마음을 안정시킬 수 있을까? 자유로울 수 있을까? 우주가 팽창하는 이유는 冲氣의 접촉면이 계속 증가하기 때문이다. 충돌면이 확장한다. 우리 마음도 그러하다. 충돌하면 할수록 잡념은 배가된다. 불확실하고 무의미한 상상이 끝없이 이어진다.

왜 나는 이런 모양인가? 우주법도가 그렇다. 有物混成이자 周行不殆다. 마구 섞여 절대로 멈추지 않는다. 인간은 죽어야 멈춘다. 아니 죽어서도 멈추지 않는다. 육체만 낡아서 버릴 뿐 그 영혼은 여전히 움직이고 있다. 언제 다시 탄생할까를 궁리하면서. 움직임과 변화가 본질임을 인정해야 한다. 인간의 촐싹거림은 죄악이 아니다. 잡념과 번뇌는 문제가 아니다. 원자구조를 이해하면 마음을 안정시키려는 노력을 멈출 것이다.

그렇다면, 태어났다는 이유만으로 육체를 얻고, 에고를 가졌다는 이유만으로 평생 번뇌에 시달려야 하는가? 그렇지 않다. <u>움직임과 변화를 인정하고 멈추려는 시도들이 부질없음을 이해하면</u> 그만이다. 그리고 차분하게 나의 움직임을 따르며 관찰하면 나를 발견할 것이다. 그 움직임에는 일정한 규칙이 있다. 바로 丁壬癸 회오리다. 중력과 척력이 충돌하면서 끊임없이 변화하는 과정에 壬은 계속 균형을 맞춘다. 노자가 주장하는 復, 反, 순환이다. 老子는 흔들리지 않는 기준을 꿈꾸었다. 영원히 변하지 않는 기준이 樸이다.

충돌하여 폭력과 파괴를 통하여 새롭게 창조하려는 움직임과 변화가 우주본성임을 이해하면, 내 번뇌를 멈출 수 있다는 생각으로 <u>움직임을 멈추려는 행위</u>를 하지 않는다. 멈출 수 없는데 멈추어서 무엇 할 것인가? 멈추면 죽는다. 丁壬癸로 회오리치는 것이 본성임을 이해하는 것은 매우 중요하다. 이것을 모르면 내가 왜 방황하는지 모른다. 방황은 본능이다. 이상한 것이 아니라 당연한 움직임이다.

인간의 눈이 없을 때에는 번뇌는 극히 작았다. 色界에 빠지지 않았고 어둠 속에서 淡하고 無味한 세상을 살았다. 눈을 뜨고 화려한 색채에 취하고 빛이 확장하고 열이 만들어낸 열매를 탐하기 시작한다. 學으로 물질을 축적하려는 욕망을 기르고 知와 智를 통하여 賢을 기른다. 이 모든 움직임은 色 때문이다. 老子가 극도로 미워하는 것이다. 생기를 퍼트리고 만물을 이롭게 하려는 도는 빛에 반하여 본성을 잃고 물질을 탐한다. 인간의 탐욕은 당연한 것인지도 모른다. 그 대가로 죽음을 재촉하는 단점이 있을 뿐.

老子는 道德經 여러 곳에서 길을 인도하고 있다. 23章에서 우리의 생각이 우리의 길을 열어줄 것이라고 한다. 내가 무슨 생각을 하느냐에 따라 道는 우리 곁에 머무른다. 同於道者 道亦樂得之, 道와 함께 살라고 한다. 또 38章에서 學을 쌓지 말라고 한다. 죽음을 재촉하기 때문이다. 우리는 무엇이 내 생각을 변화시키는지 이해했다.

冲氣다. 빅뱅 이전도, 이후도 살아도 죽어도 절대로 멈추지 않는다. 老子는 명확하게 이 정체를 설명했다. 신비로운 점은, 冲氣는 절대로 한 쪽으로 쏠리지 않고 반드시 균형을 유지한다는 것이다. 이 또한 우리의 본능이다. 균형을 유지하려는 神의 의지를 물려받았다. 선도 악도 없다. 선이 악으로 악이 선으로 계속 변한다. 우리는 그 변화속도를 따라잡지 못한다. 1초에 수만 번을 움직이는데 무슨 재주로 따라잡을 것인가? 어떻게 해야만 하는가? 따라잡으려는 노력을 하지 않으면 그만이다.

善惡을 분별하려는 노력에 적극적으로 게을러지는 것이다. 좋다, 나쁘다를 평가하지 말고 기다리는 것이다. 사람과 사물은 좋다가 나쁘기를 반복하면서 결과적으로 좋다가 나쁘고, 나쁘다가 좋다. 평가를 멈추면 분별하지 않는 경지에 이른다. 壬이요 樸이고 深不可識의 상태다. 본질은 절대로 쪼개지지 않는다고 하였다. 평가를 멈추면 움직임이 아무리 빨라도 무의하다. 평가하지 않는데 善惡이 무슨 소용이람?

조금 더 현명하게 관찰하는 방법도 있다. 내가 善惡 사이를 어떤 방식으로 움직이는지 관조하는 것이다. 원자들이 마구잡이로 움직이듯 어지러운 내 마음의 움직임을 관찰 해보는 것이다. 老子의 주장이 맞는다고 할지도 모른다. 樸은 나뉘지 않는다는 의미를 깨달을 수 있을 것이다. 분리될 성질의 것이 아니었다. 옳고 그름, 좋고 나쁨, 아름다움과 추함은 내가 만들어낸 환상이었노라고 외칠지도 모른다.

우리는 오랜 세월 나를 찾으려 해도 찾지 못했다. 움직임과 변화가 우주 어미의 본성이기에 고정된 체성을 찾을 수 없었다. 변덕이 본성이었다. 無의 대칭이 깨지고 불균형으로 色界에 나와 중력의 탐욕을 버리지 못하기 때문이었다. 바라는 것이 너무 많은데 이루어지는 것은 거의 없다고 투덜거렸다. 이루고 얻어 봐야 시간방망이에게 금방 빼앗길 것을 알면서도 그 집념을 놓지 못한다. 그래도 우리는 生氣를 퍼트리려는 神의 의지를 내면 깊은 곳에 품었다. 만물을 이롭게 하려는 그의 뜻을 따르려는 욕망이 매우 강하다. 우리가 神을 찾는 이유다. 그를 따르고 싶은 것이다. 그가 되고픈 것이다. 내 생각이 그의 생각이기 때문이다.

나는 神이다.

나는 움직이고 변하는 본성을 품은 불멸의 時間이다. - 時間관찰자.

그대의 삶에서 선과 악을 마주치더라도

괴로움과 고통 혹은 행복과 평화를 맛보더라도

운명의 바퀴는 아무런 잘못이 없다.

이 세상의 바퀴는 그대보다 그 힘이 천 배나 약하도다.

≪시간의 탄생≫ 알렉산더 데만트 지음 | 이덕임 옮김

老子 道德經

제2장
도덕경道德經 밖에서 찾는 도道-부록

이 章은 부록으로 추가하는 내용임을 밝힌다. 道德經과 命理學, 물리학, 종교와 철학은 인간이 확인할 길 없는 빅뱅 전후를 살피고 그 상황이나 조건이 인간내면에 어떤 방식으로 존재하고 작용하는지 파악하려는 노력들이다. 파악하는 방식이나 수단에 따라서 물리학, 과학, 종교, 철학, 명리학이라 부를 뿐 알고자 하는 대상은 동일하다. 최종적으로는 나의 정체성을 찾고 싶은 것이다. 예로, 神의 존재를 찾는다고 해도 결론적으로는 그 神을 통하여 나의 존재를 투영하고 싶은 것이다.

모든 학문이 동일한 곳을 향한다고 해도 도덕경을 다루는 이 책에서 너무도 달라 보이는 命理學의 이치를 복잡하게 언급하는 것이 부적절해 보이기에 간략하게 부록으로 남기려고 한다. 그 이유는 章의 서두에 언급했듯, 노자가 빠트리고 다루지 않았던 부분 때문이다. 빅뱅 이전과 이후를 거의 70%에 걸쳐 설명했고 나머지는 色界를 다루었지만, 우리가 쉽게 체감하고 느끼는 지구에서 발생하는 시공간 순환과정을 빠트려서 도덕경의 내용이 비현실적으로 느껴진다. 노자는 우주의 법도는 자세히 설명했지만 지구에서 매년, 매월, 매일 이루어지는 현상들에 대해서 다루지 않았고 도덕경을 이해하기 어렵게 만든 요인이다.

노자가 주장했듯, 어미를 알면 자식을 알고, 자식을 알면 어미를 안다. 우주의 순환법도를 알았으니 지구의 순환법도를 알 수 있을 것이다. 우리가 지구에서 이루어지는 시공간의 순환과정을 살피기 전에 반드시 기억할 점은, 빅뱅 후 물질의 有無에 관계없이 우주 어디에도 존재하는 癸(1)과 중력으로 뭉쳐진 지구에 존재하는 癸(2)는 근본적으로 다르다는 점이다. 癸(1)과 癸(2)의 가장 큰 차이점은 중력과 중력으로 만들어진 지구다.

중력은 有無를 가르는 기준이다. 중력이 있기에 지구가 회전하고 만물이 존재한다. 중력이 있기에 인간은 利己적이고 내 쪽으로 당겨오려는 집착에서 벗어나지 못한다. 이런 인간의 욕망은 버릴 수 없다. 인간의 利己心은 인간역사의 중심에 있다. 인간의 잔인하고 어두운 역사에 숨겨진 본질은 모두 이기심이다.

따라서 우리가 지구의 시공간 순환원리를 살피기 전에 기억할 점은 우리의 눈으로 보이는 모든 현상들 사이에는 <u>중력과 이기심이 숨어있다</u>는 것이다. 동일한 현상이 사람마다 다르게 표현되는 이유도 모두 이기심 때문이다.

여기에 명리학의 내용을 추가한 이유는, 老子의 道에 접근하려면 더욱 현실적이고 감각적으로 체득할 수 있는 것들이 필요했기 때문이다. 老子가 소홀히 다루었던 지구에서 이루어지는 道의 움직임을 살펴보면 도덕경에서 설명했던 도의 정체를 좀 더 쉽게 이해할 것이다.

지금부터 살펴보려는 내용은 지구에서 이루어지는 시공간 순환 원리에 대한 것들이다. 道가 지구에 無爲로 펼쳐지고, 만물에 깃든 道의 의지에 따라 움직이는 춤사위가 어떤 모양인지 살펴보는 것이다. 道의 정체를 이해하려면 만물의 움직임과 변화를 감각적으로 관찰해야 한다. 다만, 道德經을 살피는 책이기에 주제를 벗어나지 않는 범위 내에서 다루고자 한다.

아래 내용은 "時空間부호 地藏干"이라는 책을 요약한 것이다. 부록으로 첨가한 것이기에 道德經에 집중하고 싶다면 읽지 않고 지나쳐도 문제가 없다. 만약 모호한 道德經의 개념을 지구자연의 순환원리로 현실화시키고 싶다면 읽어보는 것도 좋을 것이다. 내용에 공감하여 더 자세한 내용을 읽고 싶다면 "時空間부호 地藏干"을 일독하기 바란다. 命理學에 익숙하지 않은 독자라면 이해하기 어려운 내용들이기에 간단하게 요약한 十干의 움직임을 정리하고 넘어가자.

壬(임) - 극도로 응축하는 움직임. 만물을 응축시킨다. 추운 겨울을 상상하자.

癸(계) - 발산하는 움직임이다. 만물을 펼쳐낸다. 빅뱅을 상상하자.

甲(갑) - 수직하강, 상승한다. 뿌리가 땅 속으로 내려갔다가 땅을 뚫고 오른다.

乙(을) - 좌우로 펼치는 움직임이다. 봄에 새싹들이 펼쳐지는 것을 상상하자.

丙(병) - 무한대로 분산하는 움직임이다. 꽃이 활짝 펼쳐지는 것을 상
상하자.

丁(정) - 열과 중력으로 수그리는 움직임이다. 열매가 열리는 것을 상
상하자.

戊(무) - 지구 땅으로 자연의 모든 것이 펼쳐진다.

己(기) - 지구내부로 씨앗을 저장하고, 새싹을 내놓는다.

庚(경) - 꽃처럼 활짝 펼쳐졌다가 줄어들어 점점 딱딱해지는 움직임이다.

辛(신) - 극도로 딱딱해져 쪼그라든 상태다. 庚이 사과라면, 辛은 사과
씨다.

이 내용들은 지구에서 이루어지는 에너지들의 움직임을 十干으로 표현한 것이기에 인간의 심리상태에 그대로 활용할 수 있다. 예로 乙의 성격은 봄의 새싹처럼 생동감이 넘치고 좌우로 펼치는 것을 좋아하며 순수하고 아이와 같은 성정이다.

지금부터 자연에서 발생하는 시공간 움직임과 변화를 살펴보자.

자연본성自然本性 - 정임계丁壬癸 원리

빅뱅 과정에 엄청난 열기가 펼쳐졌다. 빅뱅 이전상태는 丁으로 수렴과정을 거치고 빅뱅 직전상태 壬은 무한 응축한 작은 공과 같으며, 빅뱅으로 癸의 엄청난 폭발이 생겨난다. 이 세 개는 움직임과 변화를 결정하는 핵심운동 에너지다. 입자와 에너지, 시간과 공간, 중력과 척력으로 회오리친다. 丁은 물질을 뭉치고, 癸는 물질을 흩어버리고 공간을 확

장한다. 壬은 丁과 癸를 양쪽에 품고 冲氣로 회오리치다 폭발하면 有의 시공간이 생겨난다.

그리고 癸에 숨은 丁 중력을 활용하여 우주공간에 물질과 생명을 만들어낸다. 丁이 없으면 물형을 가진 존재들은 없고, 인간도 존재하지 못했다. 丁은 色界를 만드는 에너지이지만 수렴이 극에 이르면 블랙홀처럼 壬으로 회귀한다. 老子가 주장한 谷神이자 樸으로 復歸하여 常을 이룬다.

癸는 시공간을 펼치고 만물에 生氣를 부여하는 존재다. 老子가 설명하는 無爲와 같고, 우리가 깨닫고자 하는 대상이며, 수련을 통해 얻고자 하는 아이와 같은 生氣다. 老子가 그토록 강조하던 물처럼 부드러운 성질을 가졌다. 자연에 生氣를 퍼트려 만물을 이롭게 하려는 것이 癸의 의지다. 특이한 것은 癸속에는 중력이 공존한다는 점이다.

이런 움직임을 이해하면 물질과 생명을 만들어낼 수 있었던 이유를 이해한다. 정리하면, 壬은 양쪽에 중력과 척력을 품어서 丁癸 冲氣로 회오리치는 속성이다. 원자세계에서 이뤄지는 양성자 중성자 전자의 움직임과 유사하다. 어쩌면 동일할지도 모른다. 壬에서 癸로 변화된 과정을 빅뱅이라 부르고, 癸와 丁의 변화를 통해 은하, 별, 지구, 인간 등 물질의 형태를 갖추었다. 이런 이치에 따르면 인간의 육체와 정신은 극히 이중적이다. 癸는 뇌로 들어와 영혼을 지배하고, 丁은 심장으로 들어와 몸통의 중심을 지배한다. 선과 악, 정신과 육체를 동시에 갖는 이중적 존재가 인간이다.

20세기 들어서 전자기학과 입자와 파동에 대한 이해가 깊어지면서 양자물리학은 큰 발전을 이루었다. 양자세계와 우주는 동일한 구조요,

변화의 핵심은 중력과 척력의 沖氣를 벗어나지 않는다. 우주는 밀고 당기는 작용으로 존재한다. 丁壬癸의 춤사위로 움직임과 변화를 이끌어낸다. 丁壬癸의 긴장감으로 회전하고 沖하면서 중력이 강해졌다가 척력이 강해졌다가 하면서 色空이 순환한다. 인간도 중력으로 육체를 만들고 생기를 유지하다 壬 영혼의 세계로 들어가 癸의 새로운 영혼을 얻은 후 탄생한다. 순환과정은 아래와 같다.

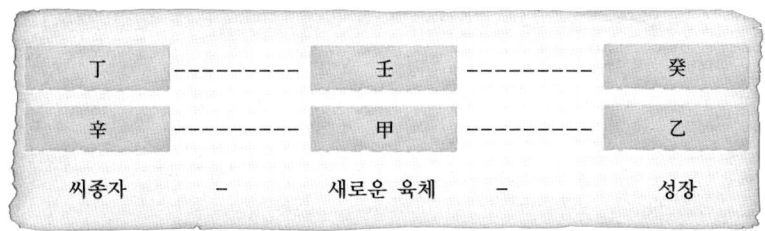

丁壬癸의 움직임으로 영혼의 세계에서 육체의 세계로 윤회하는 것이다. 우리는 丁癸의 균형으로 이루어진 시공간에서 살고, 壬은 丁癸를 만드는 근원이지만 우리는 <u>壬의 존재를 모른다</u>. 老子가 표현한 深不可識이다. 壬은 블랙홀처럼 時空間을 없애버린 후, 새로운 시공간을 창출한다. 이런 순환작용이 영원히 이루어지는 것이다. 老子는 6章에서 우주 순환과정을 綿綿若存, 用之不勤이라 표현했다. 이어지고 이어져 마치 존재하는 것과 같으며 작용력은 끝이 없다. 丁壬癸는 生死, 時空間, 色空의 경계를 결정하는 不變, 不死의 기준점이다.

時空圖 - 우주자연구조

丁壬癸 회오리 움직임으로 펼쳐진 자연구조를 時空圖라는 명칭으로 살펴보자. 이 그림은 빅뱅 이전의 壬에서 癸로 폭발하여 지구에 존재하는 壬癸(道)의 실체를 느낄 수 있다. 형이상학적인 표현들이 아니라 현실적으로 우주 어미가 지구만물에 깃들어 있음을 실감한다. 이런 이치를 이해하면, 인간은 神의 의지에 따라 희로애락을 즐기는 피조물임을 깨우친다. 인간은 살아서도 죽어서도 벗어날 수 없는 불멸의 존재가 우리의 육체와 정신에 깃들어있다.

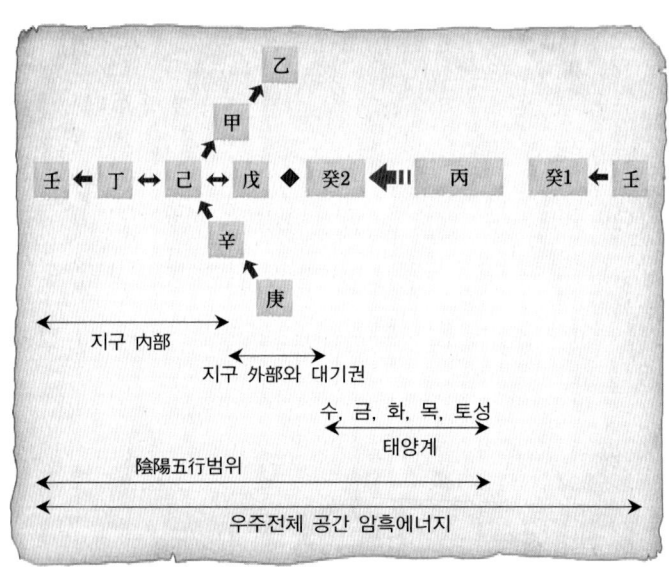

時空圖의 構造

태양과 달, 수성, 금성, 화성, 목성, 토성의 범위까지가 음양오행의 구간이다. 태양계는 우주변방이며 지구는 태양계에서 극히 작은 시공간을 차지하고 있다. 따라서 우주는 지구와 인간을 위해 존재하는 것이 아니다. 老子의 天地不仁이다. 우리는 위대한 조물주를 神, 道, 時間 등 상이한 명칭으로 부르지만 본질은 壬이요 그 의지를 실현하는 자들은 丁癸 冲氣다. 老子의 道冲이자 無有入無間이다.

1. 壬 - 우주본성 / 무한응축 / 樸小, 谷神不死

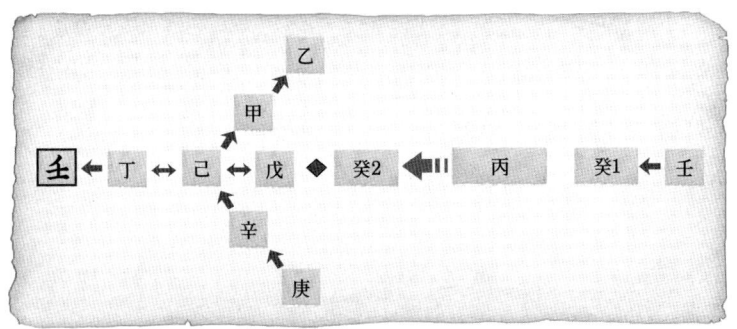

時空圖의 범위는 지구 내부와 외부, 태양계를 벗어나 우주전역에 펼쳐진 에너지를 모두 표현하였다. 老子는 4章에서 象帝之先, 조물주 보다 앞선 존재라고 표현했다. 壬은 우주에 물질을 내놓고 거두기를 반복한다.

2. 丁 - 열과 중력 / 수렴작용 / 열정과 탐욕

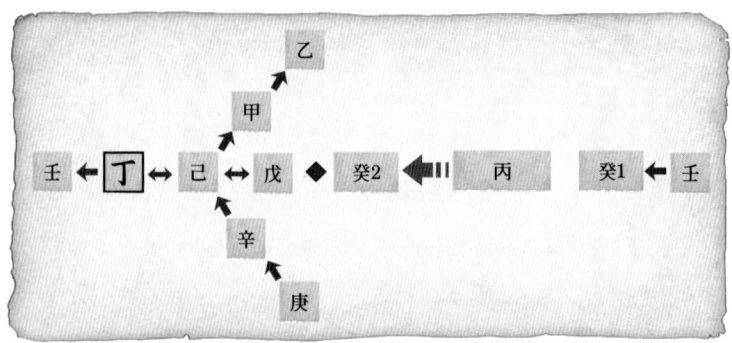

丁은 지구내부에 중력으로 존재한다. 丁이 없다면 지구도 없고, 물질과 생명체도 없다. 丁이 있기에 우주가 팽창해도 지구는 일정한 물형을 유지한다. 지구 내부에 熱을 품어 얼지 않게 해주며, 熱의 폭발작용을 통하여 물형에 변화를 준다. 해일, 지진, 화산폭발 등은 모두 丁의 작용이다. 물질과 육체를 통제하며, 壯丁처럼 강건하고 왕성한 에너지다.

3. 癸 - 빅뱅, 척력 / 발산작용 / 팽창본능

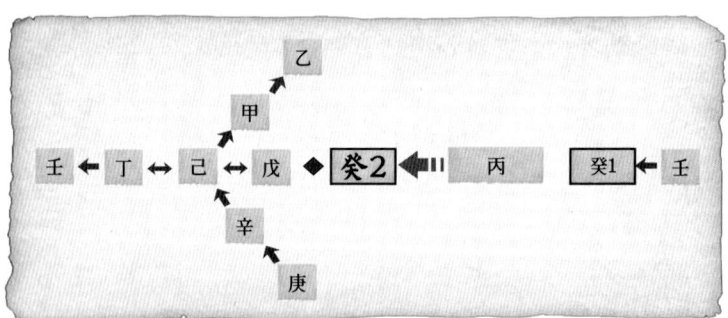

癸의 작용은 참으로 오묘하다. 老子의 無爲와 같다. 癸는 모든 것을 팽창시킨다. 육체와 정신도 마찬가지다. 癸는 인간의 뇌에 들어와 생각이 끊임없이 이어지고 죽을 때까지 잡념을 멈추지 않는다. 丁은 인간의 심장으로 들어와 육체의 열기와 열정을 담당한다. 둘은 丁癸 沖으로 이중성을 갖는다. 인간본성은 性惡, 性善으로 분리될 성질의 것이 아니다. 老子가 道德經 1章과 2章에서 주장했던 내용과 동일하다. 우주 본성이 그러하기에 인간 본성도 그러하다.

癸1은 우주 전역에 펼쳐진 無爲다. 만물에 깃든 神의 의지다. 실체도 없는 癸가 色界에 개입하여 丁 중력으로 물형을 갖는다. 癸(2)는 지구 외부에 형성된 대기로 생명체를 만드는데 중요한 역할을 한다. 만약 없다면 태양 빛을 걸러내지 못해 지구에 생명체는 생겨나지 않았다.

地藏干 – 지구에서 이루어지는 時空間의 순환

지구에서 이루어지는 시간과 공간의 순환원리를 설명할 도구는 오로지 地藏干 뿐이다. 지장간이 없다면 시공간의 순환원리를 아무리 자세히 설명해도 관념적이고 모호하다. 아무리 시간의 정체를 규정해도 무언가 개운하지 않다. 老子가 我道大 似不肖라고 할 수밖에 없었던 이유다. 아무리 자세히 설명해도 관념의 유희처럼 손에 잡히지 않는다. 時間의 정체를 인류의 역사동안 밝히고 규정하지 못한 이유다.

時間의 존재, 시간의 순환과정과 방법을 설명해줄 도구가 세상에 존재하지 않는다. 時計는 단지 시간을 측정하는 도구일 뿐, 시간의 순환원리를 설명하지는 못한다. 지구에서 時空間의 움직임과 변화를 완벽하게

설명해 낼 수 있는 도구는 유일무이하게도 地藏干 뿐이다. 지장간은 사계절이 어떤 방식으로 순환하는지, 시공간이 어떤 방식으로 얽히고설켜 움직이는지 자세하고 명료하게 설명한다. 老子의 天網恢恢처럼 성기어 보이는 시간과 공간은 綿綿若存 用之不勤으로 순환한다. 지장간을 이해하면 老子가 주장했던 시공간, 무와 대칭, 순환원리를 명확하게 이해한다.

저자도 地藏干의 순환원리를 이해하고 나서야 비로소 老子의 생각을 따라잡을 수 있었음을 밝힌다. 지금까지도 어떤 원리로 자연이 순환하는지 밝히지 못했다고 생각했는데 선인들은 오래전에 地藏干으로 그 이치를 설명했던 것이다. 그토록 원했던 不變, 不死의 기준을 지장간에서 발견했고 四季의 순환원리를 깨우쳤으며 그 이치를 7개의 표에 담아냈다.

地藏干을 이해하면 老子가 주장하는 樸, 谷神, 道, 無爲를 十干으로 표현해낸다. 뜬구름 잡는 것이 아니라 극히 현실적인 세상을 그려낸다. 시공간이 순환하는 지장간에 삼라만상이 담겼다. 전생과 이생의 시간 실타래가 어떤 방식으로 윤회하는지를 깨우친다. 地藏干의 순환원리를 벗어날 시공간은 지구에 존재하지 않는다. 老子가 14장에서 표현한 것처럼 시공간은 절대로 끊어지지 않고 이어진다. 迎之不見其首 隨之不見其後로 영원히 순환하기 때문이다.

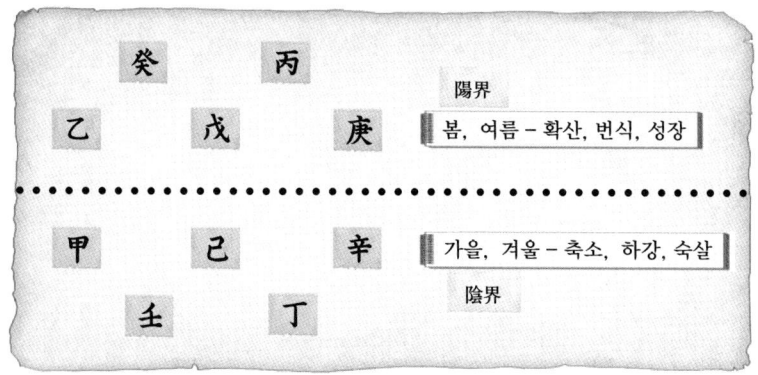

四季圖 - 4季의 순환원리

　자연의 순환원리는 복잡하지 않다. 생장쇠멸을 무한반복하기에 인간은 위대한 자연에서 태어나 代를 이룬 후 자연으로 돌아간다. 이런 순환과정을 설명한 것이 四季圖다. 에너지가 물질을 만들고 물질은 낡으면 사라지고 새로운 陽氣가 동하여 다시 물질을 만들어낸다.

　老子는 이런 에너지를 15章에서 故能蔽不新成이라 표현했다. 時間은 아무리 흘러도 낡아서 사용할 수 없는 상황에 처하지 않는다. 138억 년이 지난 지금도 매일 새로워지고 있다. 四季의 움직임은 응축과 분산을 주축으로 발산과 수렴으로 이루어진다. 壬丙癸丁 4개의 핵심 에너지들은 甲乙庚辛 물질계를 내놓고 거두기를 반복한다. 甲乙은 生氣를 가진 생명체의 움직임이요, 庚辛은 여름과 가을에 얻어진 꽃과 열매로 甲乙이 생기를 잃은 모습이다. 죽음을 상징하는 부호요 老子가 76章에서 표현했던 其死也堅强이다. 죽음에 이르면 딱딱해지는 이치다.

1. 壬(응축)과 丙(분산)

四季는 두 가지 핵심운동 응축과 분산으로 이루어진다. 응축은 만물을 움츠리게 하고 계절로 겨울이다. 분산은 만물의 부피를 활짝 펼치며 계절로 여름이다. 상반된 에너지가 道沖으로 응축과 분산을 반복하면서 물형에 변화를 일으킨다.

2. 水火의 순환과정

각 계절에 주도하는 에너지가 있는데, 겨울에 壬이 움츠리게 하고, 봄에 癸가 만물의 성장을 촉진하며, 여름에 丙이 부피를 확장하며, 가을에 丁이 수렴작용으로 열매를 완성한다.

3. 水火木金 순환과정

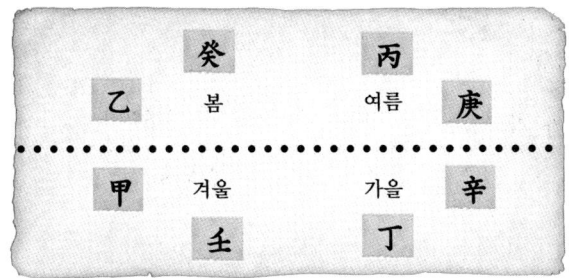

에너지들이 물질의 생장쇠멸을 이루는 과정이다. 癸와 乙이 짝을 이루어 봄을 주도하여 生氣를 퍼트리고, 丙과 庚이 짝을 이루어 여름을 주도하여 꽃피고 열매를 맺으며, 丁과 辛이 짝을 이루어 가을을 주도하여 열매를 완성하고, 壬과 甲이 짝을 이루어 겨울을 주도하고 땅 속에서 뿌리 내린다. 이런 순환과정은 지구가 사라질 때까지 영원히 반복된다.

十宮圖 1 - 천지창조

지장간의 순환원리를 이해하면 時間이 空間을 창조하는 방식을 깨닫는다. 天地가 열리고 지구에 생명체가 살아가는 과정을 표현한 것이 十宮圖 1이다.

戊	壬 ⇨ 癸(1)
癸(2)	丁 ⏎

빅뱅 이전 상태가 壬이고, 빅뱅으로 우주에 펼쳐진 척력에너지가 癸다. 癸는 중력 丁을 품은 참으로 오묘한 작용이다. 丁은 癸와 冲氣로 가스와

먼지들을 회오리치게 하여 100억 년을 회전하여 지구를 만들어낸다. 영겁의 세월동안 회오리쳐 생명체가 살아갈 터전을 만들어낸 것이다. 그것이 戊다. 지구 표면이 딱딱하게 굳어진 것은 39억 년 전의 일이다. 丁에서 戊는 먼지와 가스층이 단단하게 뭉쳐 지구로 변하는 과정이다. 지구가 생겨나면서 외부와의 경계가 정해지고 지구 밖의 존재를 외계인이라 부른다. 생명체가 없던 지구에 대기권이 형성되는 과정을 살펴보자.

戊	壬 ⇨ 癸(1)
癸(2)	丁 ↵

癸(1)은 老子의 道이자 無爲다. 癸(2)는 중력으로 뭉쳐진 지구가 회전하는 과정에 당겨온 대기다. 대기는 지구를 감싸고 있는 산소가 풍부한 담요가 아니라 태양 에너지를 받아 끊임없이 움직이는 공기층이다.
≪만물 과학≫ 마커스 초운 지음 | 김소정 옮김
대기가 없으면 태양이 아무리 어둡더라도 태양에서 오는 자외선 때문에 분자들의 결합이 끊어져 버린다.
≪거의 모든 것의 역사≫ 빌 브라이슨 지음 | 이덕환 옮김

지구에 대기가 있어야 비로소 생명체가 존재한다. 이런 이유로 癸(2)는 지구의 어미와 같고 생명을 주관한다.

甲(단세포)	戊(행성)	壬⇨癸(빅뱅)
	癸(대기)	丁 ↵ (중력)

우리 모두는 40억 년 전에 시작되었던 단 한 번의 유전적 마술이 세대를 통해서 이어진 결과다. 지구가 만들어지고 癸와 조화를 이루어 대략 7억 년이 흐른 후 생명체가 생겨난다. 오로지 빛으로만 에너지를 만들어내는 단세포 생물이었다.

甲(단세포)	戊(행성)	壬⇨癸(빅뱅)
己(다세포)	癸(대기)	丁 ↲ (중력)

6억 년 전 화석에 다세포로 이루어진 최초의 생물이 발견되었다. 단세포 생물이 생겨난 후 20억 년이 흐른 후에야 이루어진 사건이다. 단세포 생물은 지구표면을 뚫고 땅속으로 들어가야 종자를 보존할 수 있었다. 지구 표면에서 내부에 뿌리내리기까지 근 20억년이 걸린 것이다.

庚(뼈, 척추)	甲(단세포)	戊(행성)	壬⇨癸(빅뱅)
	己(다세포)	癸(대기)	丁 ↲ (중력)

다세포로 변하고 수억 년이 흐르는 동안 뼈대, 척추가 생긴다. 생명체는 신체 일부를 딱딱하게 하여 자신을 보호한다. 뼈는 부드러운 상태에서 단단하게 변하는 과정을 거치는데 丙 빛의 분산작용의 결과물이다. 빛이 없다면 物形을 만들지 못한다. 이 작용은 생물의 진화과정에 매우 중요한 의미를 갖는다. 단단한 뼈가 출현한 것은 빛과 관련이 깊다.

庚(뼈, 척추)	甲(단세포)	戊(행성)	壬⇨癸(빅뱅)
乙(손발활용)	己(다세포)	癸(대기)	丁 ↲ (중력)

지구에 동물 설계도는 38가지뿐으로, 중요한 진화 사건이 46억 년 지

구역사에서 단 38번 밖에 없었다. 38동물 門 가운데 35가지는 <u>5억 4,800년</u> 전부터 단 500만 년 동안 새로운 겉모습을 선보였다. 보이지 않았던 딱딱한 껍질을 가진 동물화석들이 갑자기 나타난다. 고생대 초입 캄브리아기였다. 甲이 쪼개지면서 활용 가능한 부위가 생겨난다. 팔과 다리가 생기고 뼈마디가 출현한다. 이런 기능을 乙이라 부른다. 머리와 몸통을 연결하고 몸통과 꼬리를 연결하며 손과 발, 발목, 손목 등 자유롭게 활용하는 부위는 모두 乙에 속한다.

<u>丙(빛, 눈)</u>	庚(뼈, 척추)	甲(단세포)	戊(행성)	壬 ⇨癸
	乙(손발활용)	己(다세포)	癸(대기)	丁 ↵

5억 5,000만 년 전 지구에는 장님들만 살았다. 그 후 500만 년 사이에 동물들은 딱딱한 외피를 진화시키고, 무기와 방패를 만들어낸다. 눈 깜짝할 사이에 동물문의 수는 3개에서 38개로 불어나고 오늘날까지 유지되고 있다. 이 엄청난 사건이 캄브리아기 폭발이다. 5억 4,400만 년 전에서 5억 4,300만 년 전의 100만 년 사이에 지구 역사상 처음으로 동물 하나가 눈을 떴다.

눈이 달린 최초의 삼엽충이 출현한 것이다. 눈이 달리자 빛은 모든 것을 바꾸고 동물들은 빛에 적응해야 했다. 동물들은 갑옷을 두르고 경고색을 과시하고 위장색을 띠거나 추적하는 적을 따돌릴 수영실력도 갖추어야 했다. ≪다윈의 잃어버린 세계 : 캄브리아기 폭발의 비밀을 찾아서≫ 마틴 브레이 지음 ǀ 이정모 해제 눈을 통하여 빛을 받아들이고 사물을 인식하고 분별이 생겨난다. 경계가 정해지고 자신을 보호할 무기가 필요했다. 생존을 위해 단단한 껍질을 갖추고 싸움에 필요한 날카로운 주둥이와 치아가 생겨났다. 과연 빛은 생명체들에게 축복일까 저주일까? 老子는 56章에서 塞其兌 閉其門이라 표현했다. 色界의 문을 닫으라는 것이다. 이 문제의 출발점은 5억 4,300만 년 전에 눈을 뜬 삼엽충 때문이다.

丙(빛, 눈)	庚(뼈, 척추)	甲(단세포)	戊(행성)	壬⇨癸
辛(죽음)	乙(손발활용)	己(다세포)	癸(대기)	丁↵

빛은 분별을 주고 육체를 확장하게 해주면서도 딱딱하게 굳게 만들었다. 乙의 부드러움이 딱딱해지면 庚이라 부른다. 빛이 강해지면 丙 ⇨ 庚 ⇨ 丁 ⇨ 辛 흐름으로 육체가 굳어서 죽음을 맞이한 후 윤회의 길에 오른다. 老子는 이런 이치를 76章에 풀어놓았다. 人之生也柔弱이다. 생명체는 반드시 부드러워야 하는 것이다. 윤회과정은 아래와 같다.

壬 (1)	丙	庚	甲	戊	壬-->癸
	辛	乙	己	癸	丁

丙 빛은 色界를 상징한다. 丙이 만들어낸 물질은 庚 열매다. 庚이 딱딱해지면 辛씨종자로 분리된다. 丙庚의 화려한 色界를 지내다 죽음을 상징하는 辛을 통하여 윤회의 길로 나서는데 辛 ⇨壬 과정이다. 블랙홀로 돌아가는 이치다. 辛은 왜 반드시 壬을 거칠까? 壬을 통해 업보를 풀어낸 후에서야 비로소 癸에서 새로운 영혼을 얻기 때문이다.

十宮圖 2 - 生命의 生死와 윤회

十宮圖 1은 우주, 자연의 순환과정을 살피는데 유용하고, 十宮圖 2는 생명의 탄생에서 죽음까지 과정을 살피는데 유용하다. 시간은 과거에서 현재 미래를 향하여 한쪽으로만 흐른다. 유한적이고 시작과 끝이 있으며 과거와 미래를 바꾸지 못한다. 인간이 태어나고 성장하여 사망에 이르는 흐름을 살펴보자.

甲(1)	壬(9)	庚(7)	戊(5)	丙(3)	甲(1)
	癸(10)	辛(8)	己(6)	丁(4)	乙(2)

직선의 시간흐름 ◀··

1) 甲의 時間 - 탄생, 0~7세

甲은 모체로부터 탄생한 아이가 대략 7세까지 성장하는 시간이다. 인간은 7년마다 새로운 세포로 바뀌며 다른 사람처럼 변한다고 주장했다. 1961년 미국의 생물학자 Leonard Hayflick은 세포의 재생기간은 나이에 따라 조금씩 차이를 보이지만 신경세포는 7년, 뇌세포(brain cell)는 60년에 한번 재생한다고 주장했다. 甲은 순진무구한 영혼의 상태다. 전생의 기억과 현생의 출발 사이에 혼란스럽다. 甲은 癸 모친으로부터 생기를 부여받았다. 老子가 道德經에서 표현했던 赤子, 嬰兒, 孩子다. 아이는 精之至也다. 生氣로 충만하여 절대로 위태롭지 않은 존재다.

2) 乙의 時間 - 인간관계 형성기, 8~15세

乙의 시간에 학교에 입학하고 부모와 가정에서 벗어나는 경험을 한다. 甲은 사회성이 약하고 친화력이 떨어지기에 인맥 형성에 소극적이다. 乙은 가족을 벗어나 인맥을 형성하는 시기로 사회성이 강하며 활동적이다. 乙의 태도를 "좌우확산"이라 표현한다. 인맥, 활동능력, 공간 확장 등 모든 것을 좌우로 펼치지만 집중력은 떨어진다. 老子가 표현한 부드러움과 生氣다.

3) 丙의 時間 - 육체성장, 화려함. 16~23세

16~23세에 丙의 시간을 만난다. 色을 입히는 빛이 丙이다. 16~23세로 가장 활발하고 생기 넘치고 꽃처럼 화려하여 자연에서 요구하는 짝짓기에 적합하다. 丙의 시간에 모든 것이 팽창한다. 육체, 물질, 공간이 팽창한다. 老子의 塞其兌, 閉其門의 문제를 일으키는 시작이자 분별과 시비를 일으키는 원인이다. 세상이 극도로 명확하게 보인다고 착각하기 때문이다. 老子는 20章에서 **唯之與阿 相去幾何 善之與惡 相去若何** 굳이 세세하게 따질 필요가 있는지를 물었다. 有物混成으로 모두가 하나인데 왜 그토록 분별하는가를 묻는다. 이런 문제의 출발점이 바로 丙이요 인체의 눈이다.

4) 丁의 時間 - 인생방향 결정, 24~30세

24세 즈음에 자신의 고유한 특징을 갖추려고 노력한다. 丁 중력으로 자신만의 독특한 능력을 살려 사회에 진출한다. 군대, 휴학, 공부와 취

직갈등, 진로변경 문제, 해외유학을 결정하는 시공간이다. 丁의 시간에 육체는 壯丁처럼 완성되고 삶의 방향을 결정한다. 老子의 20章에 나온 物莊卽老의 원인이며 탐욕과 집착을 절제하지 못하면 죽음을 재촉하는 에너지다.

5) 戊의 時間 - 다양한 경험, 31~37세

31세에 戊의 時間을 만나고 30세까지 학습한 것들을 활용한다. 31세에 인생에서 가장 활발한 사회활동이 펼쳐진다. 좌충우돌하면서 수많은 사람들과 교류하며 광범위하고 불특정 다수를 상대하며 유동적이다. 지구의 표면과 같아서 생명체들의 터전이다.

6) 己의 時間 - 경험축적, 저장, 38~45세

己의 시간에 이르면 인생의 중년기로 38세까지 경험이 개인의 사유물로 저장된다. 자신만의 고유한 사회활동 형태를 갖추는 시기다. 나만의 안식처, 공간, 복부처럼 활동범위는 좁고 고정적이며 변화가 없거나 변화를 싫어한다. 지구의 내부로 종묘사직의 근거지다. 씨종자를 보호하여 후대를 잇는 터전과 같다. 己의 문제는 丁 중력을 가장 많이 품어서 利己적이다. 따라서 丁, 己는 집착과 탐욕을 일으키는 원인이다.

7) 庚의 時間 - 제 2의 인생, 46~53세

庚은 골격이나 척추로 생명을 보호할 필요가 있는 부위를 딱딱하게 만든다. 적으로부터 생명을 보호하고 공격하기 위한 것이다. 甲에서 己에 이르기까지 육체를 무장할 필요성을 느끼지 못하기에 통제 없이 살아간다. 46세 이후 庚의 특성대로 몸이 경직되고 틀 속에 갇힌다. 그 과정에 고통을 겪고 환골탈태의 시간을 경험한다. 잘못 사용하면 죽음을 재촉한다. 육체에 문제가 생겨 질병이 생기거나 수술하거나 직업을 바꾼다.

8) 辛의 時間 - 삶의 완성, 죽음. 53세 이후.

우리 몸은 죽어서 자연 생태계를 지탱하는 세균으로 돌아간다. 동물이 죽으면 균류를 통해 사체는 풀이나 나무의 거름이 되고 섬유는 잘게 부서져 종이가 되고 책이 되고 이런 식으로 영원히 윤회한다. 辛酉는 종자와 같으며 윤회를 이끌어내는 인자다. 甲에서 庚을 거치는 동안 얻어진 일생의 경험은 辛에 저장되며 종자가 된다. 반도체 칩처럼 辛은 내 삶의 결과다. 辛의 시간이 지나면 육체는 늙고 죽음을 맞는다.

9, 10) 壬, 癸의 時間 - 윤회.

재탄생	윤회	시주	일주	월주	년주
甲(1)	壬(9)	庚(7)	戊(5)	丙(3)	甲(1)
	癸(10)	辛(8)	己(6)	丁(4)	乙(2)

직선의 시간흐름 ◀·······································

인간은 죽으면 일생을 통해 얻은 물질은 버리지만 정신은 씨종자를 통하여 윤회한다. 壬癸는 辛酉 종자를 품어 새로운 영혼에 전달하여 木氣로 생명체를 내놓는다. 壬은 새로운 영혼을 얻은 상태가 아니며 癸에서 새로운 영혼으로 바뀐다. 辛壬은 전생의 업보를 풀기 시작하는 단계이며 辛壬癸는 새로운 영혼을 얻은 상태다. 道德經 10章에서 표현했던 營魄의 윤회과정이다.

自然循環圖 - 물질의 생장쇠멸

自然循環圖는 물질의 생장쇠멸 과정을 명확하게 표현한다. 自然循環圖에서 보여주는 지혜는 이런 것이다. 시간은 일직선으로 흘러가지만 물형은 삼각형으로 반응한다. 에너지로 존재하다가 물형이 결정되고 활용하다가 사라지고 다시 나타나기를 반복한다.

自然循環圖는 삼각형 두 개로 구성되며 色界를 상징하는 寅午戌과 空界를 상징하는 申子辰의 영원한 회전운동으로 이루어진다. 인간은 색계를 상징하는 寅午戌 시공간 과정을 살아간다. 寅에서 탄생하고 午에서 육체가 壯丁처럼 변하고 戌에서 죽는다. 寅午戌을 벗어난 시공간이 亥子丑으로 죽어야만 갈 수 있는 영혼의 세계다.

自然循環圖(시공간 순환도)

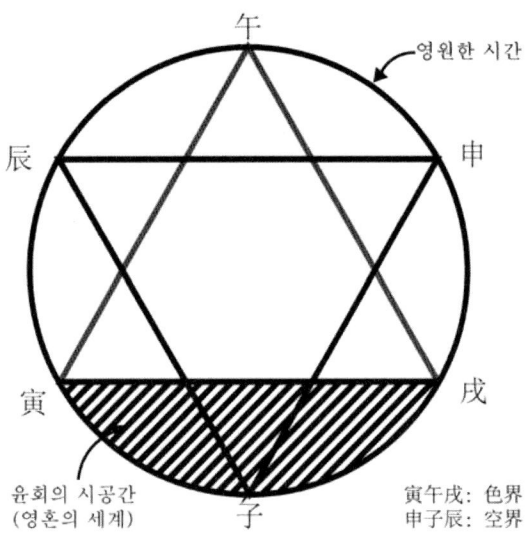

지금까지 살펴본 丁壬癸, 時空圖, 地藏干, 四季圖, 十宮圖 1과 2 自然循環圖로 老子가 활용했던 용어들을 다시 살펴보면 훨씬 쉽게 이해할 것으로 믿는다.

빅뱅 이전

有物混成, 混而爲一, 獨立不改, 周行不殆, 谷神不死, 重爲輕根, 不離輜重, 復命曰常, 沒身不殆, 樸小, 無名, 大制不割, 嬰兒, 辱, 大象, 淡, 無味, 莫能知, 莫能行, 深不可識, 恍惚, 道大, 似不肖.

빅뱅 이전은 丁壬癸 회오리 작용을 기본으로 하지만 근본속성은 壬이다. 무한응축 상태다. 四季圖를 활용하면 壬은 겨울에 배속되고, 時空圖를 활용하면 지구내부 깊숙한 곳에 숨겨진 응축에너지다. 겨울을 상상하면 道德經에서 설명하던 내용들이 빠르게 이해될 것이다. 예로 15章의 기기묘묘한 표현들은 겨울에서 봄을 향하는 움직임들을 설명하고 있다. 또 예로, 樸小는 겨울의 응축된 모습이며, 辱은 추운 겨울에 느껴지는 춥고 배고픔이다. 겨울에는 빛이 약하니 深不可識처럼 그 존재를 모른다. 谷神不死, 重爲輕根, 不離輜重, 復命曰常과 같은 표현들은 不死, 不變의 기준 壬을 표현한 것이다. 谷神不死의 표현은 壬은 辛 씨종자를 품어 죽음을 삶으로 바꿔놓기 때문이다. 生死의 중간에서 끊임없이 윤회를 창조하기에 老子는 절대불변의 움직임을 常으로 표현하였다. 大象은 우주 모든 것을 쏟아내는 壬의 거대함을 상징한다.

빅뱅 이후

無爲, 膨脹, 槖籥, 虛而不屈, 動而愈出, 冲氣, 無有入無間, 冲氣以爲和, 道生一, 載營魄抱一, 天地不仁, 生之, 反者道之動, 弱者道之用, 功遂身退, 天下母, 萬物之奧, 有道者不處, 天網恢恢, 利萬物而不爭, 聖人無常心, 上善若水, 萬物莫不存道而貴德, 天地道利以不害, 聖人之道爲而不爭.

예로, 無爲는 우주팽창 후에 생겨난 시공간의 작용력으로 癸다. 우주팽창은 生氣의 본질과 관계가 깊으며 만물을 이롭게 할 기본조건이다. 이런 이치를 이해하면 老子가 주장하는 無爲, 膨脹, 槖籥, 虛而不屈, 動而愈出,

冲氣, 無有入無間, 冲氣以爲和, 道生一, 載營魄抱一, 弱者道之用, 萬物之奧, 有道者不處, 天網恢恢, 利萬物而不爭, 聖人無常心, 上善若水, 萬物莫不存道而貴德, 天地道利以不害, 聖人之道爲而不爭의 의미들을 쉽게 이해한다.

팽창하는 폭발이 없으면 지구에 生氣가 생겨나지 않는다. 지구의 기울기로 四季가 생겨나고 時空間이 순환하는 과정에 물질의 생장쇠멸 이치를 이해하면 老子의 표현들을 쉽게 깨우친다. 예로 天地不仁, 生之, 反者道之動, 功遂身退, 天下母 등의 용어들이 어렵지 않다.

色界

不尙賢, 使民不爭, 不貴難得之貨, 使民不爲盜, 虛其心, 實其腹, 難得之貨 令人行妨, 聖人爲腹不爲目, 絶學無憂.

色界는 빛의 분산작용 때문에 생겨난다. 눈이 없다면 화려한 色界를 느끼지 못하며 道之出口 淡, 無味의 세상을 살았다. 눈을 통한 탐욕은 尙賢하고, 貴難得之貨하고, 爭하며, 行妨하게 만들었다. 學으로 知하고 智하여 賢하는 과정에 탐욕만 늘어났다.

이제 나의 不肖한 道德經 해석을 마칠 때가 되었다. 2016년 丙申년에 道德經을 해석해보려는 의지가 동하고 근 5년 동안 반복적으로 카페에 글을 올렸고 잘못 해석된 문장이 보일 때마다 수정하기를 반복했다. 2020년 庚子년에 우연히 도덕경을 강의할 기회가 생겨 이번 기회에 책으로 정리하여 출판하게 되었다. 사실, 道德經은 물리학, 종교, 철학, 명리, 심리 등 모든 것과 연결되어 있다.

따라서 도덕경을 이해하면 나머지를 바라보는 안목이 확장됨을 느낀다. 동일한 이치로 물리학을 공부하면서 명리학과 도덕경의 어려운 이치들이 이해되기 시작했다. 소위 시너지 효과가 빅뱅처럼 폭발하였다.

달리 표현하면, 도덕경을 이해하려면 도덕경에서 벗어나 물리학을 살펴야 하고, 命理에 깊어지려면 명리에서 벗어나 도덕경, 물리학을 관찰해야 한다. 모든 길은 하나로 통하며 우리가 표현한 수많은 달라 보이는 표현들은 모두 동일한 것이라 믿는다. 예로 道, 神, 時間, 조물주, 마음, 本性, 소스필드, 無爲 등은 모두 동일한 존재들이라는 믿음을 버릴 수 없다. 道를 찾고 道에서 자유로워지기를 기원하면서 老子를 보낸다.

老子 道德經 - 빅뱅 前, 後

저　자 ■ 時間관찰자 김 광용
　　　　http://cafe.daum.net/sajuforbetterlife
　　　　http://blog.naver.com/fluorsparr
　　　　www.xigong.co.kr
　　　　youtube : 시공명리학
　　　　Tel : 010 8234 7519

펴낸이 ■ 時空명리학
펴낸곳 ■ 時空명리학 출판사
표　지 ■ 時空學

초판 발행 ■ 2021. 01. 29.

출판등록 제 406-2020-00006호
경기도 파주시 탄현로 144-63 319동 102호
Tel ■ (010) 8234-7519

ISBN ■ 979-11-969596-2-3(03140)
정가 ■ 23,000원

잘못 만들어진 책은 구입하신 서점에서 교환해 드립니다.
저자의 동의하에 인지는 붙이지 않았습니다.

본서의 무단전제 또는 복제행위는 저작권법 제98조에 의거 민·형사상의 처벌을 받을 수 있습니다.